本书为昆明理工大学哲学社会科学学术精品培育项目：阿格妮丝·赫勒的异化需要理论研究（JPEC2024002）资助成果

云南省教育厅科学研究基金项目：布达佩斯学派的异化批判方法研究（2025J0120）资助成果

本书获昆明理工大学马克思主义学院"红土文库·马克思主义理论学科建设丛书"资金支持

红土文库·马克思主义理论学科建设丛书

濮蒲天 ◎ 著

阿格妮丝·赫勒的异化需要理论研究

中国社会科学出版社

图书在版编目（CIP）数据

阿格妮丝·赫勒的异化需要理论研究 / 濮蒲天著. -- 北京：中国社会科学出版社，2025.4. -- （红土文库：马克思主义理论学科建设丛书）. -- ISBN 978-7-5227-4843-6

Ⅰ.B515

中国国家版本馆CIP数据核字第2025SC5687号

出 版 人	赵剑英
责任编辑	杨晓芳
责任校对	罗婉珑
责任印制	张雪娇

出　　版	中国社会科学出版社
社　　址	北京鼓楼西大街甲158号
邮　　编	100720
网　　址	http://www.csspw.cn
发 行 部	010-84083685
门 市 部	010-84029450
经　　销	新华书店及其他书店
印刷装订	北京市十月印刷有限公司
版　　次	2025年4月第1版
印　　次	2025年4月第1次印刷
开　　本	710×1000 1/16
印　　张	15.5
插　　页	2
字　　数	205千字
定　　价	98.00元

凡购买中国社会科学出版社图书，如有质量问题请与本社营销中心联系调换
电话：010-84083683
版权所有　侵权必究

丛书编委

王海云　殷国禹　张燕　王威　赵旭　段阳

红土文库·马克思主义理论学科建设丛书

总　序

　　马克思主义是立党立国、兴党兴国的根本指导思想。坚持和加强马克思主义理论指导是我们党坚定信仰信念、把握历史主动的根本所在。马克思主义深刻揭示了自然界、人类社会、人类思维发展的普遍规律，是科学的理论、人民的理论、实践的理论，为人类社会发展进步指明了方向。马克思主义指明了人类寻求自身解放的道路，推进了人类文明的进程。在人类思想史上，就科学性和影响力而言，还没有哪一种理论像马克思主义那样对人类文明进步产生了如此广泛而深刻的影响。当今世界正经历百年未有之大变局，中国正处于以中国式现代化全面推进强国建设、民族复兴伟业的关键时期。中华民族要实现伟大复兴，一刻也不能没有理论思维和思想指引。

　　时代是思想之母，实践是理论之源。实践发展永无止境，我们认识真理、理论创新就永无止境。为深入推进马克思主义基本原理、马克思主义中国化、思想政治教育、中国近现代史基本问题研究，特别是 21 世纪马克思主义研究、当代中国马克思主义，不断开辟马克思主义中国化时代化新境界，推动马克思主义不断焕发出强大的生命力、创造力、感召力，昆明理工大学马克思主义学院推出"红土文库·马克思主义理论学科建设丛书"。该套丛书不仅解答理论之思，回答马克思主义中国化的实践之问，也以新时代党的创新理论为引领，立足新时代伟大实践，研究思想政治理论课改革创新，坚持不懈用习近平新时代中国特色社会主义思想铸魂育人。该套丛书作为一个开放性的文库，将定期推出学院教师国家社科基金、教育部项目系列成果，也推出青年教师的学术启航新作。本丛书的出版旨在激发学院教师进一步投身于马克思主义理论的研究之中，致力于产出高水平的学术成果，为马克思主义理论体系的丰富和发展添砖加瓦。

在庆祝中华人民共和国成立75周年之际，欣闻这套丛书面世，倍感欣慰。自2000年以来，昆明理工大学马克思主义学院的教师们已成功申请并主持了37项国家社会科学基金项目和24项教育部项目，并在此基础上获得省级社科成果一等奖近10项，省部级奖励50余项。这一系列成就的取得，不仅标志着我院教师在学术研究上的显著进展，更体现了老师们从初登讲坛到如今能够深入学习、深刻理解、真诚信仰、积极应用并有效传授马克思主义理论的蜕变过程。昆明理工大学的思政课教师以实际行动践行了对党的庄严承诺，坚守对马克思主义的坚定信仰，肩负起为党育人、为国育才的重大使命。

我投身于马克思主义理论工作已有70余载，经历了高校马克思主义理论教育"85"方案、"98"方案、"05方案"的贯彻实施，参加了马克思主义理论研究和建设工程重点教材《马克思主义基本原理概论》的编写。作为一名耕耘在思政讲坛一线的普通教师，我曾三次踏入人民大会堂，亲耳聆听了三位总书记的重要讲话，即便到了耄耋之年，仍能为党的理论教育贡献一份力量，并被遴选为马克思主义理论研究和建设工程的首席专家，我感到非常荣幸。有人将我比作"老骥伏枥，志在千里"，但我更愿意说，我是"老骥伏枥，志在马列"。回顾70多年的教育生涯，我感到无比的自豪、幸福与光荣。因为我用科学的理论培养了成千上万的学生，助力他们成长为社会主义事业的建设者和接班人。通过不懈的努力，昆明理工大学马克思主义学院的团队正在成长为一支政治强、情怀深、思维新、视野广、自律严、人格正的教师队伍和马克思主义理论研究队伍，我们正以自己的微薄之力，推动着马克思主义理论研究的发展。我们的研究成果尚存诸多不足，恳请各位专家学者给予批评指正，以助我们不断进步。

王展飞

2024 年 10 月

前　言

"人的需要"具有社会性、历史性和实践性，是衡量社会发展程度和人类文明程度的重要标准。对于何为"人的需要"，我们回到了马克思的经典文献，尤其是《1844年经济学哲学手稿》中，剖析马克思提出需要概念的问题域及其叙事逻辑，复现马克思分析"需要"问题的视角和方式。马克思基于异化劳动理论之上，以自由劳动是人满足合理需要的主要方式为理论前提，以动物性需要作为参照，澄清了"人的需要"的本质内涵。厘清马克思对需要问题的叙事，明确马克思对"人的需要"展开叙事的语境和思路，从而更好地廓清赫勒提出异化需要的理论前提、方法论进路，以及赫勒对马克思需要理论的拓展和深化。

沿着马克思对异化需要的论述，赫勒围绕人作为类本质的需要，对异化劳动与异化需要之间的关系进行了剖析，她深入批判了依附和统治的社会关系，指出资本主义国家和东欧社会主义国家的需要都是异化的。本书在考察赫勒对异化需要的深入批判时发现，一些东欧社会主义国家将属人的需要变成政治的需要，资本主义国家将人当作"手段"的需要，这些需要是社会的需要，束缚了人的自由、不符合人的类本质。

赫勒从哲学、人类学、经济学等视域考察了马克思关于"人的需要"的叙述逻辑，她从人的需要具有对象性，哲学视域中引出东欧社会主义国家和资本主义国家中人的需要的异化。她以马克思对异化需要与异化劳动之间的关系的论述为理论依托，分析需要与人的本质之间的关联，批判资本主义国家需要异化和东欧社会主义国家对需要管控过严的现象，指出资本家与工人之间的需要关系实质上是以劳动为"中介"，原子化个体之间赤裸裸的利益需要。由于资本家需要劳动力进行资本增殖，而劳动者需要维持身体机能不得不出卖劳动力；工人的需要与劳动产品疏离，并受到资本家的奴役和支配；人作为类存在的需要降为动物的、非人的需要。资本主义社会的工人长期重复同样的工作，这种单调的工作限制了工人的技能知识和能力，将人的劳动变成抽象劳动。

赫勒预设了在依附和统治的社会中通过自由和平等的合理价值讨论，重建需要结构的理性乌托邦。她认为激进哲学作为一种价值选择，引导被奴役和压迫的人如何生活、思考和行动；激进哲学是一种批判的社会理论，饱含对资本主义社会的批判和质疑，并指向一种彻底的乌托邦，试图建构与人的类本质相符合的"联合生产者社会"多元的需要结构；激进哲学从应然的理念出发，通过合理的价值讨论何种需要具有优先性；追问什么样的需要结构能促进人的能力发展并丰富人的个性。"在联合生产者社会"，除了把人当手段之外的合理需要都应该被承认和满足，赫勒依托交往行动超越依附和统治社会关系的言语情境，重构丰富性需要与类存在统一的理性乌托邦，并建构了联合生产者社会的生产标准、价值标准和分配原则，力图为人的发展提供"属人的需要"图景，旨在对当下无法满足的"根本需要"进行彻底变革。

在本书的修订过程中，我一直犹豫将"radical need"译为"激进的"还是"根本的"，因为对它的不同翻译代表着不同的观点。"radical need"一词究竟译为"根本需要""彻底需要"还是"激进需要"？我首先从"radical"一词的常见译法入手，辨析多种不同译法

前　言

之间的区别与联系。"radical need"一词首先出现在赫勒的著作《激进哲学》(*Radical Philosophy*)一书中,指的是在资本主义社会中始终无法得到满足的需要。只要这些需要得不到满足,人作为类存在的根本需要得不到保障,人就会异化为动物,因此,"radical need"译为"根本需要"更符合赫勒赋予该词的理论内涵。其次,赫勒将哲学作为理论武器,只有掌握这些理论武器的、具有"根本需要"的个体,才能对现存社会体制进行"革命",既然是"革命",就要对现存社会体制"超越"与"否定",赫勒的著作 *Radical Philosophy* 译为《激进哲学》更符合赫勒赋予该理论的历史任务。最后,我结合文本,按照这一概念出场的语境以及赫勒赋予这一概念的内涵、历史任务、与马克思需要理论的连贯性、从上下文和其思想的整体性中去理解"radical need"的含义。因此,我将"radical need"译为"根本需要"。在此,我欢迎任何诚恳的批评。

在赫勒所描绘的彻底乌托邦——联合生产者社会,人们将摆脱痛苦而折磨人的劳动、扬弃异化需要、共享社会财富,人的多元需要得到满足。赫勒描绘的彻底的乌托邦绝不是马克思在《哥达纲领批判》中提到的"按需分配"的社会,而是按质的需要为主的、自我确认的需要。她对异化需要的批判为人们研究人的类本质需要、需要的质与量之间的关系提供了借鉴,也为我们剖析当下需要的精致化和粗陋化之间的矛盾等问题提供了参考。

目　录

第一章　导论 ………………………………………………………… 1

  第一节　问题的提出以及研究意义 …………………………………… 1
  第二节　国内外研究现状 ……………………………………………… 7
  第三节　研究思路、研究方法与创新之处 …………………………… 19
  第四节　核心概念界定 ………………………………………………… 22

第二章　赫勒异化需要理论形成的时代背景及思想渊源 ………… 25

  第一节　赫勒异化需要理论形成的时代背景 ………………………… 25
    一　二战后东欧社会主义国家的需要异化 ……………………… 26
    二　二战后西欧资本主义国家的需要异化 ……………………… 29
  第二节　赫勒异化需要理论形成的思想渊源 ………………………… 34
    一　德国古典哲学中的"需要"概念 …………………………… 34
    二　马克思的异化理论与需要理论 ……………………………… 42
    三　卢卡奇的总体性思想及方法论 ……………………………… 53

第三章　赫勒对马克思异化需要思想的深化及拓展 ……………… 59

  第一节　马克思异化需要概念的出场语境 …………………………… 59

第二节 异化劳动：马克思阐释异化需要的切入点 …… 68
  一 人与劳动产品的异化 …… 69
  二 人与劳动本身的异化 …… 71
  三 人的类本质的异化 …… 73
  四 人与人关系的异化 …… 74

第三节 赫勒对马克思异化需要概念内在规定性的探索 …… 76
  一 政治经济学意义上的"必要需要"（necessary need）
    与"奢侈需要"（luxury need） …… 77
  二 历史哲学意义上的"自然需要"（natural need）
    与"社会生产的需要"（socially produced need） …… 81
  三 人类学意义上的"社会需要"（social need）
    与"社会的需要"（need of society） …… 84

第四节 赫勒对马克思异化需要理论的继承和深化 …… 89
  一 赫勒对劳动产品需要异化的考察 …… 90
  二 赫勒对劳动异化的考察 …… 93
  三 赫勒对人的类本质异化的考察 …… 97
  四 赫勒对人与人关系异化的考察 …… 100

第五节 资本逻辑宰制：异化需要的现代性批判 …… 102
  一 社会生产的手段和目的的颠倒 …… 103
  二 需要的质和量的关系分离 …… 105
  三 工人阶级需要的绝对贫困 …… 109
  四 个人利益成为一切行为的动机 …… 111

第四章 赫勒对异化需要的扬弃及新需要结构的建构 …… 115
第一节 "根本需要"作为革命动力的构想 …… 116

一　马克思需要理论中"根本需要"的哲学内涵 …………… 117
　　　二　赫勒赋予"根本需要"的历史任务及其特征 …………… 120
　　　三　"集体应然"的现实载体与关键力量 …………………… 127
　第二节　"激进哲学"作为批判的武器 ………………………………… 130
　　　一　哲学的任务：向上引导的实然与应然 …………………… 130
　　　二　以激进哲学为理论依托进行需要革命 …………………… 137
　　　三　超越依附和统治关系的途径：合理哲学的价值讨论 ……… 140
　　　四　激进乌托邦的标准：符合三种理想的伦理规范 …………… 148
　　　五　激进乌托邦面临的悖论 …………………………………… 152
　第三节　重建需要系统与"联合生产者社会" ………………………… 156
　　　一　联合生产者社会的初步构想 ……………………………… 157
　　　二　联合生产者社会的生产标准 ……………………………… 160
　　　三　联合生产者社会的价值标准 ……………………………… 164
　　　四　联合生产者社会的分配原则 ……………………………… 166

第五章　赫勒异化需要理论的贡献及其局限性 ……………………… 171
　第一节　赫勒对马克思需要理论的贡献 ………………………………… 171
　　　一　对马克思需要理论"历史在场"的考察 …………………… 172
　　　二　对马克思需要理论的"场景转换" ………………………… 173
　　　三　继承和发展了马克思的异化批判方法论 …………………… 176
　第二节　赫勒异化需要理论的局限性 …………………………………… 178
　　　一　违背了生产力和生产关系矛盾运动原理 …………………… 179
　　　二　人道主义的革命力量不够彻底 …………………………… 182
　　　三　"根本需要"革命的条件不够充分 ………………………… 187
　　　四　脱离了马克思关于革命主体的理论 ……………………… 191

第三节　赫勒异化需要理论的价值与启示 …………………… 193

结　论 ……………………………………………………………… 197

参考文献 …………………………………………………………… 201

附　录　"激进的"抑或"根本的"：赫勒需要理论中一个重要的
　　　　　翻译问题 ………………………………………………… 213

后　记 ……………………………………………………………… 229

第一章 导论

东欧新马克思主义哲学家阿格妮丝·赫勒（Agnes Heller，1929—2019）出生于一个犹太人家庭，她一生经历了二战、匈牙利十月事件、东欧剧变等事件，受个人经历影响，格外关注人类存在、发展等问题，她的思想隐含着她对人类未来的深切关怀。"人的需要"及其满足一直隐含在她的思想中，与她的感觉理论、历史哲学、日常生活理论息息相关。深入探讨她的异化需要理论，有助于我们全面、深入地把握赫勒的思想，更好地理解她对马克思需要理论的继承、深化与拓展。

第一节 问题的提出以及研究意义

"人的需要"的生成及其满足是赫勒思想的立足点和理论的生长点，如何通过人类需要结构的重建改变社会关系，满足人的需要，从而实现人的个性的丰富与类的统一，这个问题贯穿赫勒思想的始终。

立足马克思的需要理论，从人的需要视角澄明需要异化的前提，从劳动异化的四重规定阐明人的需要异化的前提和表现，从而剖析赫勒对马克思关于异化需要相关论述的深化和拓展；澄清赫勒"根本需要"①的原初意涵，探寻其理论贡献和理论局限，是本书的主要研究问题。

一 问题的提出

20世纪60年代至70年代，西方社会进入了"后工业时期"，人们的生存环境发生了很大的变化，技术进步满足了人们的物质需要，但是价值感缺失、环境危机、资源危机、消费异化等问题突出。赫勒深受卢卡奇"回到马克思"的影响，提出在需要、日常生活等微观领域变革人的存在方式。通过分析现存社会主义和资本主义社会中需要的异化，鞭笞和批判"依附和统治"的社会关系，将激进哲学的"实然"变成"应然"，建立人道的需要结构，实现人们对自由、民主的向往。对异化需要的扬弃旨在宏观上推进激进民主制，建立民主商谈的政治制度；在日常生活和需要等微观视域变革人的存在方式、实行人道化，从而掌握人、说服人，满足"人的自由而全面发展"的需要。

赫勒对"人的需要"及满足方式的探索是她对人的问题研究的核心部分。赫勒对人类未来的关注和人的需要的捍卫和守望，以及对真、善、美的哲学追问和自由的向往浸透着她对人生的独特感受。她14岁时从奥斯维辛集中营中死里逃生，亲历了德国纳粹对犹太人的残害并目睹了父亲遇害，这一经历使她将整体的人还原为个体，将亲身体验还原为切己感受。她认为哲学要走出宏大叙事的窠臼，以微观革命的方式还原人道化的日常生活，才能实现改变世界的理论期盼。她对联合生产者社会多元需要的预设饱含着她对自由、民主的真正社会主义的殷切期待。

赫勒在《马克思的需要理论》中将"人的需要"和满足作为人

---

① "根本需要"译自赫勒《马克思的需要理论》《激进哲学》等原著中的"radical need"一词。本书后记部分对"radical need"一词的历史任务和哲学内涵作了特别阐述。

的能力得以完善并推进社会向前发展的基础和前提。围绕"人的需要"的生成及满足,她揭露了资本主义社会异化需要及其颠覆力量等问题。以"人的本质""类存在"作为立足点,依托"根本需要"(radical need)的生成及其历史特征,深入剖析了在依附和统治的社会,人的需要被压制并异化为动物的需要,资本主义社会创造出大量产品而人的根本需要始终得不到满足,并将根本需要作为资本主义社会的颠覆力量。她提出要进行人类需要结构的革命,实现人的需要的丰富和类的统一。

在《日常生活》中,赫勒将日常生活领域作为塑造人的个性、进行需要革命的微观视域,她强调"可以一天之内发动改革,也可以在一天之内爆发革命,但是生活方式的变革是一个缓慢过程,有时还会遭到挫折。"她将微观视域的需要革命作为改变人的日常生活的切入点,以期满足人的丰富需要。赫勒在《日常生活》中指出,个体层面的需要与人的本质发生疏离,自由个性的个体是革命的主体和关键力量,个性的丰富以及多元需要的满足有利于具有"根本需要"的人形成联合体。

赫勒对人的需要的关注是她建构现代性理论、批判现代性问题的理论基点。在《现代性理论》中,赫勒将人的需要归为文化的需要,文化的需要是一种对象化的实践活动,她指出文化需要"成为人的活动和社会运行的内在制约力和驱动力"[①],所有的需要都是从现代性的系统中产生出来的,人们对需要的选择受制于这个系统,显然,如何平衡需要的质与量是现代性的钟摆所面临的巨大挑战之一。赫勒指出,需要的革命旨在从质量上加强现有的需要结构,因此,超越资本主义社会的根本需要是那些不能在数量上得到满足的需要。受后现代主义思想的影响,她提倡改革教条化和虚假民主的社会主义,以自由和民主作为根本需要的动力,围绕"后现代社会人的自由和民主如何可能"

---

① [匈]阿格尼丝·赫勒:《现代性理论》,李瑞华译,商务印书馆2005年版,第25页。

的问题，赫勒以激进哲学作为批判的武器进行需要的革命，深化和扩展了马克思的异化理论和需要理论。她断言，需要是人进行生产和开展实践活动的前提，每个个体都有不受依附关系限制的自觉需要。

赫勒认识到人的合理需要不可能都得到满足，她从宏大叙事的历史哲学转向微观视域，从当下的状况考察碎片化历史乌托邦的"应然"与"实然"。她在《历史理论》中对未来的预设从激进的乌托邦转向了历史理论的乌托邦。需要具有历史性，然而，"这些需要通常是潜在的，不能仅仅由特权理论家或官僚强加给无产阶级和群体"[①]。在《碎片化的历史哲学》中，赫勒从微观视角审视人的生存和境遇，将偶然性作为碎片化的历史建构原则。她认识到只有对需要的对象和结构进行有目的、有规律的变革，才能将人从需要的依附和统治关系中解放出来。她认为，只有对现代需要结构进行质的改革，才能建立自由、多元和民主的社会。

赫勒在《感觉理论》中建构了马克思主义人类学，以现象学方法分析了感觉（sensation）和感情（feelings），并指出它们是一种集合，"即感情是情绪和情感的总称，是人们对需要满足状况的反应"[②]。她从情绪、感情、情感等概念分析了感觉的类型，提出感觉是人与物之间的对象化关系。赫勒将需要建立在感觉基础之上，认为在人们生活、思考和行动中蕴含着他人感觉的对象，根本需要诉诸对他者需要的承认，只有认可这种得不到满足的需要，才能丰富和发展人的个性。

赫勒对异化需要的深入批判揭示了异化劳动背离人的本质，人的需要异化为动物的需要的现状。《马克思的需要理论》是她复兴马克思主义、探索真正的社会主义理论和实践的作品，她对人的需要背离人的类本质的现象进行了深刻阐发，资本家将劳动力看成商品，整个社会的

[①] John Grumley, *Agnes Heller—A Moralist in the Vortex of History*, London: Pluto Press, 2004, p.169.
[②] 孙建茵：《赫勒以 feelings 为中心的马克思主义人类学建构》，《哲学研究》2023 年第 1 期。

需要都是为了剩余价值，是异化需要的表现形式之一。赫勒从多个方面解读马克思的异化理论并挖掘被遮蔽的需要及其异化需要具体形式，资本主义社会将人看作手段、手段与目的颠倒；资产阶级生产大量商品，但以获得交换价值为目的，忽略商品的质，造成需要的质与量的颠倒；资产阶级需要的丰富是以无产阶级需要的贫困为前提的；资本主义社会的"物神"控制着人的生产和生活，人的需要受利己主义的裹挟。资本主义社会中的需要异化、东欧社会主义国家"对需要管控过严"都是在依附和统治的关系中对人的需要的扭曲和疏离。赫勒通过对异化需要的深入批判，预设了"合理的言语情境"，试图通过合理价值的讨论扬弃异化需要，重建与人的类本质相符的需要结构。

追问什么样的需要结构有助于形成"自由人联合体"，是赫勒批判和鞭笞依附和统治的社会关系的旨归。本书主要论证赫勒如何分析和批判东欧社会主义国家和资本主义国家的异化需要，赫勒的异化需要理论是马克思异化观念融入人的需要视域的客观表达，她将资本主义社会的需要结构以及一些东欧社会主义国家"对需要管控过严"看作是异化的需要，厘清异化需要的原因及其表现形式，是对需要异化深入批判的钥匙，表达了对人真实需要的追问以及对人类所面临问题的深刻省思。赫勒认为，东欧社会主义国家的需要结构是对社会主义的扭曲和变形，她考察马克思需要理论的"历史在场"，分析马克思经典著作中"需要"问题的"理论逻辑"和"现实逻辑"，并为"人的需要"廓清理论前提，将需要的主体统一于人自身，建构合理性的乌托邦。

二　研究意义

深入探讨赫勒对马克思需要理论的继承、深化和拓展，对于我们以马克思主义的立场客观、公正地看待和评价赫勒的思想，以及她在马克思主义发展史上的地位，考察她的思想对社会主义的作用，具有重要的启示意义。赫勒认为匈牙利的社会主义理论不符合本国国情，积极主张社会主义理论应该"回到马克思"触动了奥尔班政府，他们的政治自由、学术思想受到束缚，因此，她对当时的社会主义模式的评价带有很大的主观色彩和局限性。我们要实事求是地认识和反思当时的历史，摒弃虚无主义的社会思潮，辩证地看待当时的社会主义制度。在研究东欧社会主义相关问题时，既要吸收赫勒思想中的积极成分，也要客观认识其思想的局限性和片面性。

本书将赫勒的异化需要理论置于东欧新马克思主义的发展进程中、理解和把握赫勒对马克思主义的继承和发展。分析和批判其理论的局限性，对于我们深化和拓展马克思需要理论，重新审视其当代价值、客观认识其时代内涵和启示具有借鉴意义。同时我们也需要在马克思主义发展史的视域内，基于马克思对异化劳动和异化需要的考察，客观认识其局限性。

本研究的理论意义主要在于：

围绕赫勒需要理论的问题指向——资本主义社会以及东欧社会主义国家需要的异化，具体分析需要异化的原因、表现形式及其影响，探索如何通过"真实的人的需要"的满足与实现，扬弃异化需要的可能性。

深入剖析赫勒的异化需要理论，有助于我们深化和拓展马克思的需要理论。赫勒继承了马克思对人的自由、人的解放、人的类本质等相关论述，在新的历史条件下将人的需要的解放和革命作为实现人道主义的途径。对异化需要进行新的解释和拓展赫勒批判资本主义需要的异化，将激进哲学作为批判的武器，她对"联合生产者社会"生产力的发展、劳动的分工、物质需要与生产的关系、真正的社会需要作了细致的分析和建构，对扬弃异化需要、建构理性乌托邦的探索，引发了人们对什么是社会主义质的需要结构的思考，深化了人们对联合生产者社会需要的系统理解。

本研究的实践意义主要在于：

首先，赫勒对异化需要的批判和反思有利于我们从现实的视角思考异化问题，她揭露了社会主义与资本主义两种社会模式中异化需要的现象，尤其是对资本主义社会需要的质与量分离的现象的鞭笞警示人们要防止需要量化的扩张而忽略了需要的质，不要被同质化的量化过程所抑制。

其次，赫勒对东欧社会主义国家的反思对我们探索人的真实需要具有重要的时代价值和现实启示。赫勒对东欧社会主义国家的需要异化进行了深入的批判，有助于我们思考当下如何扬弃异化需要，反思建设中国特色社会主义的过程中遇到的需要问题、规避虚假需要、异化需要，更好地满足人民群众的需要。

第二节 国内外研究现状

一 国内研究现状

近四十年来，研究赫勒的热度逐年递增，国内研究赫勒的现代性理论和道德哲学的成果颇丰，但对赫勒异化需要理论的研究起步较晚，从2017年开始研究热度递增，主要情况如下。

（一）研究赫勒需要理论的专著

李晓晴2017年出版了专著《激进需要与理性乌托邦——赫勒激进需要革命论研究》，主要侧重于研究满足"激进需要"何以可能，她以"激进需要"革命论为视角，对现存社会主义和当代资本主义需要展开批判，从人类需要和日常生活革命中建构日常生活人道化，提出需要革命的最终理想是实现"激进需要"的理性乌托邦，以"问题—理论—旨归"为框架，分析需要革命理性乌托邦的理论基础、具体内涵和实现形式，沿着赫勒的"激进需要"理论脉络，详细解读和研究了"激进需要"革命论。衣俊卿教授在《人道主义批判理论——东欧新马克思主义研究述评》中介绍了赫勒的激进哲学与彻底民主制，赫勒深入批判了依附和奴役的社会制度、资本主义形式民主以及东欧社会的需要模式，通过需要结构的革命实现经济领域民主决策、政治多元化，指出人在依附和统治的关系中需要被支配、得不到满足。范为在《历史哲学中的现代性反思——赫勒后期思想研究》中，主要考察了赫勒的历史哲学，他认为赫勒的历史哲学是对其需要理论的继承和发展。他将"激进需要"和激进哲学作为研究后现代批判精神的切入点，考察赫勒微观的历史解读方法对马克思主义需要理论的继承和发展。

（二）国内研究赫勒异化需要理论的硕博论文，一共有8篇，其中包括博士论文2篇、硕士论文6篇

1.考察赫勒需要理论的人道主义特征及实现路径。2017年，黑龙江大学王海萍的博士论文《赫勒需要理论研究》，主要从需要和日常生活、赫勒需要理论与马斯洛需要理论的异同、与马克思需要理论的关系等方面，以现代性的文化危机作为背景，考察赫勒需要理论的问题指向，挖掘需要的不同含义并分析资本主义需要异化问题。她以激进哲学为理论导向，以未来社会民主制度为制度构想，将日常生活中自由的个体作为革命主体，分析了现代性背景下需要的特点及其人道化特征，探讨多元需要的满足如何可能的问题。此外，王海萍博士还考察了赫勒的需要理论与其政治哲学、历史哲学和伦理学之间的内在关联。2021年，吉林大学李晶晶的博士论文《赫勒人道主义的马克思主义思想研究》，考察了赫勒的人道主义思想，以她的需要理论和日常生活批判理论为线索，主要梳理了赫勒人道主义思想理论渊源及历史背景，她认为赫勒的人道主义思想与其独特的经历息息相关，是对马克思主义人道主义的探索。文中将赫勒需要理论对"人"的关注

以及日常生活理论进行了总结和概括，认为赫勒的人道主义思想饱含了她对人的终极关怀，并为当代人的生存困境提供了借鉴和指南。

2.赫勒的"激进需要"理论研究。上海社会科学院任泽溥的硕士论文《阿格妮丝·赫勒的激进需要理论研究》，主要论述了赫勒建构激进需要的意图和旨归，他从"激进需要"的满足为出发点探讨了形式民主、需要贫困等问题，从道德哲学的角度解读赫勒的"激进需要"，指出激进哲学的局限。黑龙江大学许继超的硕士论文《赫勒的激进哲学研究》，主要从"激进需要"理论的来源、激进哲学的内涵与实践以及意义和局限等四个方面展开研究。华东师范大学宋坤的硕士论文《激进哲学视阈下人的解放问题——赫勒对马克思思想的解读》提出，人的多元需要得到解放是赫勒激进哲学的旨归，她没有从阶级解放的角度分析"人的需要"，而是将政治上的彻底民主作为实现个体解放的前提，激进哲学没有成为彻底地指导人改变世界的理论，只能成为乌托邦。黑龙江大学秦哲的硕士论文《论赫勒的人类需要理论》，主要分析赫勒的需要理论及其来源，介绍了激进哲学、马克思的需要理论、需要异化等理论。北京大学肖虹的硕士论文《激进需要及基本需要的革命——对阿格妮丝·赫勒人类理论的解析》，主要基于赫勒在《马克思的需要理论》中提出的需要理论，对需要的异化、"激进需要"等核心概念进行解读，总结了赫勒的需要理论与马克思需要理论之间的联系与区别。黑龙江大学锁益娜的硕士论文《赫勒需要批判理论研究》以"人的需要的丰富性"为依据，分析了赫勒需要理论的背景和来源，批判了资本主义社会制度对劳动者需要的压制。

（三）国内研究赫勒的异化需要理论相关的期刊和论文一共有15篇，主要围绕下述问题展开

1.赫勒的需要理论对马克思需要理论的继承和发展。颜岩发表在《学术研究》的论文《需要结构的批判与重建——赫勒对马克思需要理论的解读》揭示了资本主义社会异化的需要结构，主要表现为目的

与手段关系颠倒、质与量的关系颠倒、资本主义造就了需要的贫困、个体私利凌驾一切。颜岩分析了联合生产者社会的特征以及对我们现阶段的启示,首先,要处理好需要的质与量的关系。其次,"马克思关于共产主义两个阶段的划分直接引出了两种不同的对待劳动、价值、需要等问题的立场和态度"①。最后,作者指出新时代要正确认识矛盾转化,关注人民需要的同时要处理好效率与平等的问题。2020年,王海萍在《求是学刊》发表了《赫勒的需要理论对马克思人类解放理论的丰富和拓展》,作者认为赫勒是将"需要"置于现代性之中,在微观文化批判中寻求人类解放,揭示了资本主义私有制是异化需要的根源,主要表现在"人的丰富需要"沦为了粗陋的、非人的需要,她指出赫勒将"激进需要"看作推翻资本主义社会的根本力量,将需要的革命作为社会变革的途径。赫勒提出个体需要的解放是"社会需要"解放的前提、人类需要的解放可以改变人与人之间的社会关系,从而改变需要结构、提高生产力,是对马克思"人的解放"的丰富和发展。于萍发表在《理论月刊》的论文《赫勒对马克思整体思想的重构与解读——以赫勒著作〈马克思的需要理论〉为视角的分析》,梳理了赫勒从马克思主义政治经济学、哲学等不同视角对需要理论的解读。

2. 概述东欧新马克思主义的需要理论以及异化需要的批判方法。2018年,唐庆在《国外社会科学》发表的论文《论东欧新马克思主义的需要理论及其异化批判方法》中指出,东欧新马克思主义从人的本质考察"人的需要",借助马克思异化理论,对现存社会体制的需要结构展开批判。他认为,东欧新马克思主义思想家泛化地运用异化理论,将人本主义作为主要原则,贯穿马克思主义思想发展的各个阶段

---

① 颜岩:《需要结构的批判与重建——赫勒对马克思需要理论的解读》,《学术研究》2020年第2期。

的概括不够客观、失之偏颇。"不仅是对马克思本意的曲解与误读,也是对马克思主义理论体系的片面化理解"①。

3. 赫勒"激进需要"的革命论研究。1980 年《国外社会科学》发表了赫勒的译作《马克思主义伦理学与东欧的未来》,赫勒指出,"激进需要的满足与平民社会的改革、社会集团的发展有关"②。王秀敏、于慧 2017 年发表在《马克思主义与现实》的论文《激进需要的满足与现实乌托邦的期许——阿格妮丝·赫勒需要理论的旨趣》,强调将需要概念理解为经济学的、能够带来交换价值的对象化活动,并认为资本主义社会分工的细化导致需要异化。扬弃异化的途径在于激进需要的满足和个体需要意识的觉醒,并将激进需要作为超越资本主义的力量来源,作者阐明了资本主义社会需要异化的原因、分析了激进需要产生的条件和动力,指出只有进行需要的革命,重建新需要系统才能扬弃异化需要。

4. 赫勒的需要理论与马斯洛需要理论的比较研究。王海萍 2017 年发表于《学术交流》的论文《合理性的乌托邦与个人的自我实现——赫勒与马斯洛需要理论的比较》,作者对比了赫勒与马斯洛对需要的阐释及其需要概念的分类,认为两者虽然基于不同的理论视域,但都考察人的需要,是人本主义思潮下的产物,为人的生存和发展提供了启发。

二 国外研究现状

国外关于赫勒异化需要理论的研究早于国内,1974 年《马克思的需要理论》出版以来,赫勒的理论引起国外学界的高度关注,并奠

---

① 唐庆:《论东欧新马克思主义的需要理论及其异化批判方法》,《国外社会科学》2018 年第 5 期。
② [匈] A. 赫勒尔:《马克思主义伦理学与东欧的未来》,光军译,《国外社会科学》1980 年第 8 期。

定了她在马克思主义哲学界的地位。国外对赫勒异化需要理论的研究主要从以下方面展开。

（一）从整体性视角研究赫勒及布达佩斯学派对东欧社会主义国家需要模式的批判

1983年，哥伦比亚大学出版社出版了赫勒的《卢卡奇的再评价》一书，刊发了布达佩斯学派成员对卢卡奇思想的评价："从我们哲学生涯的童年时代起，我们就追寻一种'实践哲学'。在此无须详述这种努力与师从《历史与阶级意识》一书作者这一事实有关。"[①]1986年，道格·布朗（Doug Brown）的文章"The Budapest School Model of Eastern European Societies"介绍了布达佩斯学派笔下的对需要管控的过严的东欧社会，重点介绍了赫勒和该学派其他成员合著的 *Dictatorship over Needs* 一书，分析东欧社会主义国家在政治、经济上对人们需要的限制，批判东欧社会经济效率低下、人民需要得不到满足等问题。安德鲁·阿拉托（Andrew Arato）撰写的"The Budapest School and Really Exist Socialism"一文，作者从现代性分析了赫勒和费赫尔、马尔库什对东欧社会的看法，现代性意味着将生产和需要不断扩大，这种动态关系将"需要"以一种更快的速度扩张。要确定对需要管控得过严是否有意义，这意味着要试图放缓生产和需要的速度。作者以现代性引发的社会问题为切入点阐述了需要解放的途径，表达了对真正社会主义需要结构的向往。2009年，简诺思·雷恩（János Raine）的"Revisiting Hungarian Stalinism"一文考察了卢卡奇和赫勒等布达佩斯学派成员对斯大林模式的批判，表达了人民对民主的向往。2015年，彼得·贝尔哈兹（Peter Beilharz）的"Agnes Heller: From Marx to the Dictatorship Over Needs"一文围绕着"为何严把需要关"这一问题，考察了东欧社会主义国家政治主导经济、

[①] Agnes Heller, *Lukac's Reappraised*, New York: Columbia University Press, 1983, p.129.

家长式管理导致行政效率低下、劳动者生产积极性被严重挫伤等一系列问题。

（二）具体研究赫勒的需要理论与激进哲学

1.研究东欧社会主义国家的需要模式。1979年，迈克尔·莱博维奇（Michael A. Lebowitz）的"Review: Heller on Marx's Concept of Need"一文高度赞扬赫勒发展了马克思主义需要理论，同时指出了其诸多不足：比如，作者认为赫勒扭曲了马克思的"需要"概念，没有分析现实条件下的需要与实践的关系，而是对一切非人的需要进行了批判；赫勒将定量的物质需要的重要性最小化，强调"激进需要"是联合生产者社会的一部分，但没有明确指出无产阶级是"激进需要"革命的主体；模糊了资本主义需要的结构；关于如何超越资本主义异化需要的实现路径太过乏力等问题。彼得·贝尔哈兹（Peter Beilharz）在"Agnes Heller: From Marx to the Dictatorship Over Needs"一文中梳理了赫勒需要理论的现代性问题，文中指出"赫勒对需要概念的探索，以马克思的文本为根源，回溯对东欧诸国需要模式，旨在深刻批判东欧诸国的现代性问题，她对当时需要模式的反思及其成果时至今日仍未被完全承认并付诸实践"[1]。1986年，皮特·莫菲（Peter Murphy）的"Freedom and Happiness: The Pathos of Modernity in Agnes Heller"一文从亚里士多德的幸福观出发，通过霍布斯、麦金泰尔等思想家对欲望、个人愿望、偏好的探讨，认为幸福的内涵意味着欲望的终结。赫勒在《马克思的需要理论》中批判了需要贫困、异化等现象，建构了人类平等需要和无歧视的需要乌托邦。事实上，在一个多元化的世界中，人类所有的合理需要不可能同时被满足，即使所有合理需要得到满足，人们也并不能因此得到幸福。即使他们对自己需要的满足和

---

[1] Peter Beilharz, "Agnes Heller: From Marx to the Dictatorship Over Needs—For Agi, and Gyuri", *Revue Internationale de Philosophie*, Vol.273, No.3, 2015, 277.

对他人需要的满足在价值上同样"合理"，需要满足的优先级也只能根据"情境充分性"或杜威所说的"个性化情境逻辑"来决定，因此，人们合理需要的满足有先后次序。

2. 研究赫勒的激进哲学及其局限性。1997 年，米歇尔·加德纳（Michael Gardiner）的"A Postmodern Utopia? Heller and Feher's Critique of Messianic Marxism"一文将赫勒和费赫尔的理论描述为一个多元的乌托邦主义。继恩斯特·布洛赫（Ernest Bloch）之后，赫勒认为乌托邦是客观的存在、是尚未实现的本体，可以在人类活动和文化创造中找到具体的样态。然而加德纳认为赫勒的微观社会改革论代表了一种完全的"对现实的否定"，她的作品大多含有乌托邦元素，因而难以在实践中推动社会变革。1994 年，约翰·伯恩海姆（John Burnheim）出版了 *The Social Philosophy of Agnes Heller* 一书，以论文集的形式收录了国外学者对赫勒的道德哲学、日常生活、需要理论的研究；理查德·伯恩斯坦（Richard Bernstein）在"Agnes Heller: Philosophy, Utopia and Praxis"一文中指出，赫勒提出了以"激进哲学改革日常生活需要"的观点，但是如何将激进哲学作为批判的武器付诸实践存在诸多局限。比如，赫勒的激进哲学如何从理论演变为社会意识，如何在实践中指导行动、"激进需要"的标准是什么、实现"激进需要"的社会条件有哪些等问题，作者认为激进需要难以从理论变为实践。1999 年，约翰·格鲁姆雷（John Grumley）在 *Thesis Eleven* 发表了"A Utopian Dialectic of Needs? Heller's Theory of Radical Needs"，作者强调赫勒的激进哲学是指导人们生活、思考和行动的理论武器。但是，通过激进哲学的引导来进行合理的价值讨论，以此建立彻底的乌托邦仍然面临很多困境，赫勒坚持认为"激进需要"、社会发展的真实动力与需要的合理性的乌托邦是一致的，格鲁姆雷对此观点持怀疑态度，并且认为赫勒的激进哲学是失败的乌托邦，这种尚未实现的愿望只能成为设想。2007 年，安东尼·卡玛斯（Anthony

Kammas）的"Reconciling Radical Philosophy and Democratic Politics: The Work of Agnes Heller and the Budapest School"一文专注于梳理赫勒和其他布达佩斯学派成员对社会主义国家民主政治的探讨，考察彻底的民主政治和联合生产者社会及其可能性。论述了赫勒的激进哲学能否为转变民主政治的构成提供指导、为革命的实践提供真正洞见等问题，以及社会主义国家建立民主政治的理论和实践经验。作者承认激进哲学是进步的，但是东欧国家在斯大林模式下的激进民主被集权统治遮蔽了，"'人具有丰富的需要'，因此，哲学旨在提供一种批判性的视角来审视人们在日常生活中面临的问题。它表明，尽管人的物化和人的需要异化对日常生活的影响是深远的，但它不是总体的（total），它只是一种渴望（it only aspires to be）"[①]，赫勒对激进哲学的建构旨在批判人们在日常生活中遇到的问题，具有"激进需要"的人对依附和统治社会的反抗可以推动"激进需要"成为现实。

3. 赫勒的需要理论与其思想的整体相关性。2005年，约翰·格鲁姆雷在 *Agnes Heller: A Moralist in the Vortex of History* 一书中对赫勒的道德哲学、现代性理论和需要理论作了具体的梳理，他认为现代性危机的表现之一是现代人需要的异化，现代性对幸福和成就的追求并不意味着赫勒对消费主义逻辑的无条件认可。赫勒认识到现代性的欲望消费的道德含义，基于消费主义的需要异化问题，她认为需要革命是对现存生活方式的变革，是总体性革命的一部分，革命要彻底，不仅仅要推翻现有的政治制度，还要从生产关系进行变革，对日常生活进行彻底变革。格鲁姆雷认为，赫勒的"激进需要"摒弃了将"真实"和"虚假"的需要强加给现代人作为社会发展动力的做法，将需要问题置于现代性视域中澄清了"想要"和"需要"之间的区别，揭

---

① Anthony Kammas, "Reconciling Radical Philosophy and Democratic Politics: The Work of Agnes Heller and the Budapest School", *Critique: Journal of Socialist Theory*, Vol.35, No.2, 2007, 261.

示了真实的人的需要和"激进需要"的乌托邦。2000年，约翰·伦德尔（John Rundell）的"The Postmodern Ethical Condition: A Conversation With Agnes Heller"一文以访谈的形式与赫勒讨论了后现代的伦理状况，以现代社会道德问题为依托提出了需要的革命论。2010年，西门·托尼（Simon Tormey）出版了 *Socialism, Autonomy and the Postmodern* 介绍了需要理论与人道化日常生活的相关性，认为需要的革命与日常生活革命都是实现日常生活人道化的微观途径。2014年，约翰·格鲁姆雷的"Agnes Heller's Existential Ethics and Bare Life"一文作者反思了赫勒的存在主义伦理学，详细阐述了她的"存在主义飞跃"的伦理学以及她后来试图完善的人格伦理，作者将生活、需要和存在主义伦理学联系起来，指出个性释放是伦理解放的途径。2014年，安德里亚·韦斯特鲁奇（Andrea Vestrucci）的论文"The non-prescriptive aspect of ethics: Agnes Heller's Ethics of Personality"阐述了幸福、道德美学、道德智慧及后现代社会的需要问题，指出了需要异化问题的缘由和背景，提出个体需要的满足有利于自由个性的生成。2016年，约翰·伦德尔的"Agnes Heller: Critical Theory, Value Reflexivity and Horizons of Modernity"一文围绕政治现代性、政治与文化、人的处境等问题，对现代性的内在逻辑、需要与价值、家在何方、友谊是什么等人类的需要问题展开探讨，阐明了为什么要对哲学的系统化（systematisation）持批判的态度。

（三）赫勒的激进哲学思想对英国社会改良派的启示和影响

1998年，西门·托尼（Simon Tormey）的文章"The Vicissitudes Of 'Radical Centrism': The Case Of Agnes Heller, Radical Centrist Avant La Lettr"驳斥了英国首相托尼·布莱尔（Tony Blair）的"激进中间派"（radical centrist）主张，这一概念被作为新工党的"意识形态"而获得了认可。作者认为，激进中间派渴望超越传统意识形态话语，发展一种共识的元意识形态。文章分析了赫勒从权利到意志的激进改良主张，认为根本的社会结构改良才能成为根本的中间派，这种对政治民主的根本变革被视为自由怀疑主义和新共和主义的结合，其作用是建立保障公民自由所需的社会结构、明确界定个人自由行动的领域。

迄今为止，国内对赫勒的需要理论研究有待进一步深入，目前的研究主要是从赫勒对马克思需要理论的继承、"激进需要"作为动力如何推动社会变革等问题展开，存在的不足主要体现在：

1. 并未揭示依附和统治关系的深层根源在于劳动作为人的基本存在方式背离了人的本质，没有将生产方式作为人的需要异化的理论落脚点。依附和统治关系由需要之本质的内在局限，即资本主义社会不能满足作为人之类存在的"激进需要"，阻碍人的创造性能力的发展、禁锢人的自由；"激进需要"反映了人之为人的需要，不仅是资本主义社会根本变革的着眼点，而且是向新社会制度飞跃的关键力量。只有深入挖掘资本主义生产方式存在的基础，才能真正开显赫勒对异化需要的历史根源以及她用激进哲学作为拒斥依附和统治的社会关系的探索。"激进需要"强调的是"个人"的需要，因此，它首先要摆脱"社会需要"的束缚。激进哲学作为"批判的武器"，不仅是一种拒斥依附和统治关系的理论，也是一种对资本主义生产关系否定性的扬弃，这种理论要说服人，从根本上让人信服并掌握群众。

2. 目前的研究并没有充分揭示赫勒异化需要理论的当代价值。马克思和恩格斯设想的共产主义社会是"各尽所能，按需分配"的社会，"按需分配"原则中"需要"的标准是赫勒的异化需要理论探讨的问题。赫勒在微观视域探索有意义的日常生活，强调"个体"需要的解放，对于新时代个体追求美好生活、营造良好社会环境、积极引导社会生产与人民需要相适应、实现个体与社会发展和谐统一的启示意义的揭示不够深入和具体。

3. 目前的研究对异化需要与异化劳动关系的探讨不够深入。劳动异化导致人的需要疏离人、背离了人的本质。第一，劳动是人改变世界的手段、是一种可以满足需要的对象化活动，但是在资本主义社会中，强制的劳动将属于工人的需要变成他人的需要；第二，劳动对象本来是自在劳动的一部分，但在资本主义社会中，劳动对象与工人是对立的；第三，工人的劳动力被迫服从于资本家的支配，这样才能保存自己的体力，不至于饿死，这些需要是强加的"社会需要"而非"个人需要"；第四，工人只有维持身体机能的、粗陋的需要。人面对的自然界是被实践活动改造过的，人的本质决定人具有丰富的需要，"人的需要"是多元而具体的，若人的本质力量被异化劳动所束缚，"人的需要"也就成为非人的需要。

4.目前的研究对赫勒异化需要理论的文本解析不齐全。《马克思的需要理论》《对需要的专政》《激进哲学》《人的本能》这四本著作都涉及赫勒的需要理论，但目前关于赫勒需要理论的研究从单本著作出发的居多，而且没有详细剖析《对需要的专政》中包括赫勒在内的布达佩斯学派对异化需要的阐述，缺乏整体性的把握。

国外对赫勒的需要理论研究较早，很多学者从不同视角展开研究，比如：赫勒思想与阿伦特思想的比较、赫勒的现代性理论与鲍曼的现代性理论的比较、赫勒的人文主义等。目前，国外研究赫勒的思想呈现以下特点。

一是起步较早，对赫勒需要理论的探讨集中于批判东欧诸国以及资本主义国家需要的异化，并讨论了以激进哲学建构彻底乌托邦的可能性，但是，对赫勒的需要理论与马克思需要理论的区别与联系关注不够。

二是国外学者研究赫勒需要理论的视角较之国内的学者虽然广泛，但没有全面关注到赫勒需要理论的现代性背景，没有展开与日常生活批判相结合的微观探索，对赫勒思想的整体性联系关注不够。

三是没有充分考察赫勒需要理论的人道化色彩。

四是对赫勒作品的研究大都没有立足马克思主义的基本立场，仅仅就需要的现实困境与意义、人与社会发展、现代性等问题展开批判。

第三节 研究思路、研究方法与创新之处

一 研究思路

本书在马克思需要理论的基础上，考察异化需要概念提出的背景，梳理赫勒异化需要理论批判的对象，分析她提出异化需要的原因，评析她提出的从依附和统治关系中扬弃异化需要的可行性。全书包括六个章节：第一章导论部分介绍了赫勒的异化需要提出的背景，以及本书主要解决的问题。第二章分析了赫勒的异化需要理论提出的时代背景和思想渊源。第三章剖析马克思作品中异化需要概念的出场语境以及马克思对异化需要的阐述。第四章考察赫勒对马克思异化需要概念的深化和拓展，她从哲学、人类学、经济学等视域进行了划分，指出哲学视域中人的需要具有对象性，对象性活动也能限制人的需要及其满足，引出在东欧社会主义国家和资本主义国家中人的异化需要；她以异化劳动作为"钥匙"，"解码"资本主义社会和东欧社会主义国家异化需要的现象之门。第五章厘清了赫勒提出"根本需要"的前提以及她赋予这一核心概念的历史任务，阐释赫勒对异化需要的扬弃途径，她提出在依附和统治的社会产生但无法得到满足的"根本需要"，要实现它们，就要推翻一切不合理的社会关系。在资本主义社会，由于财产分配不均，人们在社会中处于普遍的不平等状态。她依托激进哲学作为武器"打动群众""变成物质力量"，对依附和统治关系展开总体的批判，她引用哈贝马斯的商谈民主，通过集体合理

的价值讨论"去魅"资本的物化统治，扬弃异化需要，实现彻底的民主，建立联合生产者社会的需要结构。第六章总结赫勒异化需要理论的贡献及其局限性。她考察了马克思的需要理论的"在场"，对现实社会的异化需要进行批判，并指出依附和统治关系是人的根本需要得不到满足的最大障碍。在如何改变依附和统治的社会关系这一问题上，她既没有提出社会决策民主化的可行方案，仅仅依托"合理的言语情境"去改变人与人之间的异化关系显得不切实际，又没有全面、具体地提出合理、平等的哲学价值讨论，以民主制度为基础的彻底乌托邦缺乏现实可操作性。

二 研究方法

（一）文献研究法。本书主要梳理了赫勒对人道主义探索时期的作品，重点梳理她对马克思主义需要理论的继承与发展，并且联系马克思和恩格斯关于人与动物的需要的区别、资产阶级和无产阶级的需要的重要论述，剖析赫勒的异化需要理论与马克思的需要理论的关联，从马克思主义唯物史观的视角阐发赫勒异化需要理论的合理性与不足。

（二）比较研究法。赫勒的异化需要理论是对马克思需要理论的继承和深化，在考察赫勒的异化需要理论渊源的基础上，梳理马克思的需要理论对黑格尔、费尔巴哈等德国古典哲学家的"需要"概念的扬弃，在马克思著作异化需要概念出现的背景中，结合赫勒的异化需要理论产生的特殊历史背景，对"根本需要""需要的专政"等核心概念进行界定，使我们更清晰地理解赫勒异化需要理论的主要观点。

三 研究重难点

（一）在资本主义社会和东欧社会个体需要被束缚导致个体自由全面发展受阻，对马克思的需要理论的重新解读可以确认"人的需要"及其满足的条件。在资本主义社会和东欧社会主义国家，需要成了强制性的命令，不具有本质规定性和内在丰富性。如何阐释个体需要的差异性与社会需要的一致性及其辩证关系，分析需要异化的原因是本研究的重难点之一。

（二）资本主义的生产制造了诸多"根本需要"，比如物质的短缺、自由时间的需要是工人阶级革命斗争的动力，赫勒认为"根本需要"得不到满足的人是革命的主体，"工人阶级不一定先天就具有'根本需要'，只有唤起他们对'根本需要'的意识，才能使他们成为社会革命的主体"[①]。在实践中，如何找到唤起"无产阶级需要意识"，促进个体需要革命的有效途径是本研究的重难点之二。

（三）资本主义社会的需要异化源于手段与目的颠倒，生产的增长、消费能力不足导致无产阶级的需要得不到满足，而"联合生产者社会"可以实现多元需要的满足，如何阐释"联合生产者社会"的需要结构和层次是本研究的重难点之三。

四　创新点

（一）视角的创新。以往的研究主要关注赫勒的异化需要理论对马克思异化需要理论的继承、深化和发展，多是以激进哲学为理论依托的需要革命论研究，本书探讨了赫勒对异化需要根源的深入批判，以及她拒斥依附和统治关系的根本原因在于劳动作为满足需要的手段背离了人的本质，将人的需要变为维持生存的动物需要。一方面，赫勒深刻地感受到以指令性计划为主的社会主义国家对"人的需要"的压制。另一方面，她在东欧国家和资本主义国家体制中都生活过，对"人的需要的丰富性"有不同的理解，赫勒对资本主义需要异化的认识更为全面和深刻。而她受后现代思想的影响，对马克思主义需要理

[①] 颜岩：《个性自由与道德责任——布达佩斯学派社会批判理论研究》，黑龙江大学出版社2014年版，第57页。

论的解读有一些主观性和局限性，她以个体需要为中心，强调个体需要和个性的发展，但忽略了阶级革命的重要作用，本书批判性地考察赫勒的异化需要理论，梳理了赫勒对马克思主义需要理论的深化和扩展，并挖掘赫勒异化需要理论的现实意义。

（二）研究内容的创新。本书将从原著中全面考察赫勒的异化需要理论，梳理她在《马克思的需要理论》中提出的核心概念重点围绕资本主义社会和东欧诸国需要异化的现象，分析需要异化的原因和表现形式剖析她提出的人类需要革命论和理性乌托邦的现实可能性，客观评价赫勒提出的扬弃异化需要路径的可行性及其合理性。

第四节 核心概念界定

需要：需要是哲学、心理学、政治学中的重要概念，心理学中需要指的是人对某一目标的渴求，社会学中需要是人对客观事物的依赖关系，如何给需要下一个准确的定义在各学科中都是争议较大的问题。马克思认为人与动物的区别在于人以实践的方式改造世界来满足自己的需要。赫勒将马克思的"需要"概念作了具体分类，从经济学、哲学和人类学考察需要的外延和内涵。

异化需要：在马克思卷帙浩繁的著作中，虽然未出现异化需要的字样，但他在《1844年经济学哲学手稿》中，以异化劳动为切口，在笔记本Ⅲ的增补部分论述了私有财产和异化需要的关系，详细地阐述了异化需要的显性和隐性表现。他明确提出了私有制范围内异化需要的具体形式：人的需要的目的与手段的颠倒，每个人都被精致的利益裹挟，人们力图从他人身上获得好处并支配他人，这种异己的本质力量只是满足个人私欲的异化需要。这种异化表现在人对货币的贪婪和对他人的支配和控制："一方面出现的需要的精致化和满足需要的资料的精致化，却在另一方面造成需要的牲畜般的野蛮化和彻底的、粗陋的、抽象的简单化，或者毋宁说这种精致化只是再生出相反意义上的自身。"①马克思阐述了人对货币的无限度需要、利己主义的需要、无产阶级为了谋生需要出卖一切、富人奢侈的需要等异化需要的具体形式，揭示了资本主义的本质以及对人的需要的外化与疏离。

根本需要（radical need）：在赫勒的文本中，"根本需要"指的是产生在依附和统治社会，但始终无法得到满足的需要，这种需要是人的"根本需要"，比如合理的工作时间、自由的时间、民主地参与社会决策、和平的需要等，这些需要得不到满足，"人的需要"就异化为动物式的维持生命的需要。在依附的社会中（资本主义体制内）本应该满足的需要却得不到满足，她认为对自由时间的需要是一种主要的根本需要，因为它推动着人超越异化劳动和异化需要的限制。此外，她认为人对多样性能力以及自由发展的需要也是一种根本需要。在《激进哲学》中，赫勒进一步将依附和统治的社会关系中出现的，但始终得不到满足的需要统称为"根本需要"，这些需要是人的生存和发展过程中成其为人的需要。只有超越这种社会关系，人的需要才能摆脱被他人支配和奴役的命运。

---

① 《马克思恩格斯文集》第1卷，人民出版社2009年版，第225页。

第二章 赫勒异化需要理论形成的时代背景及思想渊源

马克思提出"哲学是时代的精华"。赫勒的需要理论不是凭空出现的,而是她基于现代性人类生存面临的时代困境,以及对需要相关的一系列问题的探讨,立足深厚的理论渊源和时代问题、在继承和发展马克思的异化理论和需要理论的基础上形成的。同时,她扬弃了黑格尔、费尔巴哈等德国古典哲学家抽象的人的需要,并受到卢卡奇总体性方法论的影响。"二战"后西欧经济快速发展,资本家为了自身的利益操纵劳动者的需要,将人的需要变为动物的需要,否定人、压迫人;一些东欧社会主义国家在曲折的社会主义理论和实践中过度管控人的需要。

第一节 赫勒异化需要理论形成的时代背景

自 19 世纪后期开始,人类面临着严重的生存危机,西方哲学家开始关注人的存在和生活,在传统本体论视域中开展对实践、历史和社会整体的研究。赫勒的异化需要理论是对这一时期人的需要沦为自然生物学需要的强烈批判。赫勒认为，现存社会制度和权力机构压制着人的需要及其满足，西欧资本主义国家"人的需要"被资本增殖的需要替代，人的自由劳动成为依附统治阶级的商品；在东欧社会主义国家，人们的物质需要服从国家的分配，人失去了自主性和精神自由。

一 二战后东欧社会主义国家的需要异化

二战后，东欧国家在苏联的帮助下摆脱了法西斯的统治，实现了民族独立，但新兴社会主义国家面临着新的问题。一方面，在计划与指令中发展生产，"人的需要"服从政治指令；另一方面，教条主义使人的主体地位得不到彰显，造成社会主义理论和实践脱节。

（一）东欧国家社会生产方式下"人的需要"匮乏

东欧国家没有经历苏联社会主义发展的特殊历史时期，无法从基于扩大劳动力规模、低消费水平的广泛增长阶段，整体过渡到以混合经济结构为导向的基于提高生产力和消费水平的集约发展阶段。东欧社会主义国家在借鉴他国模式的影响下，经济权力完全由精英阶层掌控，生产资料私有制被国家分配替代，赫勒在《对需要的专政》（*Dictatorship over Needs*）中将这种生产方式称为"经济理性"。东欧社会主义国家的经济发展服从政治的需要，在经济领域过度控制生产和消费，导致人的需要匮乏。东欧国家生产什么、消费什么都听从政治指令，忽略了市场的作用，"计划经济只有通过计划二者才能达到生产和消费之间的平衡，在这个过程中，计划并不能识别现存的需要，而是会通过官方的决策命令消费"[①]。生产服从"经济理性"原

[①] [匈]米哈依·瓦伊达：《卡达尔主义是一种可替代的选择吗》，杜红艳译，载衣俊卿《国家与社会主义——政治论文集》，黑龙江大学出版社2015年版，第166页。

则，既要经济利益最大化、产出最大化，又受物质资料的限制。"经济理性"带来了两个方面的危害，一方面，生产的产品不是人们最紧缺、最需要的，生产资料没有充分利用；另一方面，人与人之间互为手段，劳动者受金钱关系的支配和控制。人的需要是社会主要矛盾变化的指南针，生产要以满足人们的生活需要为指向，国家过分干预市场导致"人的需要"陷入异化的泥潭。

（二）非斯大林化进程中对社会主义需要的探索

东欧国家在非斯大林化的历史时期，开始探索符合国情的社会主义理论和实践。1953 年东柏林形势混乱，1956 年匈牙利的"十月革命"、1968 年"捷克斯洛伐克事件"、1976 年"波兰事件"等东欧国家的政治悲剧都是僵化理解马克思主义、忽略了真实的社会主义属人需要的结果。"这些事件明确地表明现存的社会主义制度已经达到了危机点，而且这些危机的征兆出现在东欧的四个最'发达的'国家或许并非巧合。"[①] 赫勒等东欧国家的左翼知识分子批判当时高度集中的政治和经济模式，主张探索真实社会主义的理论和实践，他们认为，民主是变革社会制度的出路。

东欧国家的社会主义模式面临理想与现实之间的冲突，人们的民主和需要均得不到施展。一方面，人们怀着对社会主义的憧憬以及对人文主义的理想，强烈希望国家实行真正的民主；另一方面，高度集中的政治体制束缚了人的需要，人的自主能力僵化，不得不服从政治指令，人失去了个性。赫勒的需要理论话语体系来源于东欧探索社会主义的实践，根植于东欧人民求独立、求解放的实践。一些共产党人认为，教条主义的马克思主义不是真正的社会主义，不能解决现实问题，在探索社会主义道路的进程中，他们提出要将马克思主义人道

---

① ［匈］米哈依·瓦伊达：《东欧制度的危机与匈牙利知识分子的态度》，杜红艳译，载衣俊卿《国家与社会主义——政治论文集》，黑龙江大学出版社 2015 年版，第 152 页。

化,通过批判现存体制的弊端,探索真正的社会主义理论。赫勒对马克思主义的人道主义精神进行阐发,她批判现存体制中的异化需要,既是对教条化的东欧社会主义模式的批判,也是对人们生存困境的理论救赎。

赫勒对当时人的需要与社会需要对立的现状进行了反思,她认为当时的社会主义模式没有满足人民的需要,社会主义被扭曲了,根据社会需要分配的产品不能作为建设真正社会主义的物质基础。一方面,国家过分干预市场,导致生产效率低下、农产品短缺,人的需要得不到满足。赫勒等人在"十月事件"后深刻地认识到这种僵化的、教条的社会主义不是真正的社会主义,并将民主和人道作为社会主义理论探索的方向。另一方面,东欧国家将"社会主义"僵硬地照搬过来。这种模式变得排他并被机械地复制,这种僵化理解马克思列宁主义的做法动摇了工人政党的地位。掌权者否认资本主义和社会主义之间存在任何中间形式,认为只有对市场有计划地管理和控制才能有效地提高生产力。当时匈牙利一部分左翼理论家认为,从资本主义到社会主义的过渡应该建立在民族特点的基础上,卢卡奇认识到斯大林模式的复制是一副短暂的"麻醉剂",不可能成为持久的"良药",并将其与真正的马克思主义进行对比,他认为马克思主义具有真理性和革命性,主张"复兴马克思主义"。同时,他认为社会主义的实现是总体性的革命,僵化的理解会降低马克思主义对时代问题的解释力,"他们积极地倡导要回到理论源头,即回到经典的马克思主义文本当中去,沿着'返本'这一方向,在原初语境中把握文本的本真意义,从而还原马克思思想的原貌,呈现其'真精神'"[1]。

---

[1] 夏魏:《西方马克思主义对苏联教科书体系的批判》,《马克思主义哲学研究》2021年第1期。

第二章 赫勒异化需要理论形成的时代背景及思想渊源

二 二战后西欧资本主义国家的需要异化

二战后,西欧国家生产力快速发展,资本增殖的需要成为一切需要的法则,科学技术为人们带来了很多便利,但在资本的作用下,技术成为劳动者的桎梏。人们对"量"的需要与日俱增,在物化的商品世界,人们不禁追问什么是人的"根本需要",什么是有意义的需要。资本造成消费主义和拜金主义大行其道,资产阶级奢侈需要和无产阶级需要贫困化的矛盾是赫勒鞭笞资本主义社会将人作为手段而非目的的动因,也是她探索符合人的类本质需要结构的前提。

(一)资本主义社会"物"的浸透

资本逻辑从政治、经济生活和意识形态等多方面渗入了人对物的渴求,马克思揭示了商品世界的拜物教,卢卡奇沿着这一脉络进一步考察和挖掘了20世纪政治、文化、意识等日常生活中"物"的全方面浸透,他将物化与商品化结合起来,指出工人受"物神"支配,以及阶级之间的疏离过程。"资本主义发现自己面临的是这样一个问题,即为了客体而将主体塑造为被市场化的,不是调整供给满足需求,而是使需求调整满足供给。"[①]卢卡奇认为,人在资本主义制度中成为"物"的奴隶,只有回到马克思对商品拜物教的分析,才能理解资本主义社会需要的矛盾。马尔库塞(Herbert Marcuse)也揭示了机械化社会工人的劳动现状,高度发达的工业不仅没有将人带入自由的、解放人的社会,人类反而被技术束缚和控制,他在《单向度的人》中指出了资本主义对人的生产的总体性控制,资本主义生产方式制造了"单面人",它设计出没有精神生活、只有虚假需要的世界。发达工业社会利用先进的技术创造出丰富的物质需要,规训着工人的反抗意识,使人们屈从资本主义的统治,人的需要、思想和行为模式都单

---

① 陈学明:《西方马克思主义对人的存在方式的研究》,《中国社会科学》2018年第4期。

面化。被资本主义逐利性驱使的技术，给人们戴上了更大的枷锁，资本家利用先进的技术改进设备、提高劳动生产率，一方面出现了更多的失业，制造了更多的廉价劳动力；另一方面制造了资产阶级的奢侈需要，庞大的商品堆积而工人无力消费，资本给工人带来了需要的贫困。资本主义世界物化的根源在于资本对人的统治，资本主义生产方式决定"物"对人的控制。揭示物与物掩盖下的人与人的关系、探索扬弃物化意识的根本力量，是赫勒针对商品世界扬弃人对"物"的异化需要的根本指向。

（二）资本主义技术理性与虚假的需要

雅思贝尔斯将20世纪称为"轴心时期"，由于西欧资本主义迅速发展，宗法关系被金钱关系替代，技术的发展和资本的崛起伴随着人们的焦虑和危机接踵而至，"人们在碎片化的生活世界里成为原子化的存在，并逐渐丧失了超越现实的批判维度和对一切价值性的追寻"[1]。经济恢复和技术进步带来了生产力的发展，周期性的经济危机和环境危机席卷而来，人的生存境遇更为严峻。一些思想家将现代性的危机归咎于技术理性，在资本主义的统治下，剥削加剧了人们的苦难，机器代替人们的劳动加剧了失业和贫穷。

人的天然需要到异化需要的转变依赖劳动和技术，技术物性与资本逐利的深度结盟，使劳动形式发生了改变，表现为资本权力机械化。在资本吸纳技术的过程中，技术的革新成为创造性剩余价值的来源。劳动作为人实现自己价值的第一需要，成为压迫人的手段和工具，人在劳动中受折磨和奴役，劳动的手段和目的的颠倒，人由天然的类存在成为动物的存在。机器技术以物的形式，将人的劳动变为生产要素，工人不得不服从"物体系"的统治。资本家利用先进技术提高

---

[1] 孙建茵：《阶级分析与政治民主的建构——瓦伊达政治哲学理论研究》，黑龙江大学出版社2016年版，第5页。

第二章　赫勒异化需要理论形成的时代背景及思想渊源

劳动生产率，带来了生产力的快速发展，但却为劳动者带来了丑陋和畸形。劳动者在生产大量商品的同时，竞争更加激烈、工资更少、生产方式更单一，机器的改进减少了劳动力数量，人们随时面临失业的危机。技术的发展应用于生产过程，带来了生产关系的变革。机器技术作为固定资本具有稳定性和准确性，不受制于生物的有限性，力量充足、容易适应环境、运行标准齐一、专注性高、优于活劳动力。机器技术为资本实现增殖创造了物的基础，机器技术与资本的结盟使资本家对人的剥削更加彻底，他们将劳动力变成资本的附庸，加大了对工人的控制。

资本家增加不变成本减少可变成本，使自己获利更多，减少了生产商品的社会必要劳动时间，但并没有减轻工人的劳动强度，而是使工作更加繁重、时间更长，"当有了机器，劳动变成纯粹的手段时，这一过程达到了顶峰"[1]。机器技术所产生的经济利益为资本所用，变成了资本表达权力的手段，从而加大了对工人的支配和控制。技术理性加剧了劳动产品的异己性和敌对性，资本家通过改进技术不断垄断和重组，提高了生产力，而工人更加贫困、更不自由，机器技术以固定资本的形式使人依附资本，人的需要发生了异化。异化劳动为资本家创造了宫殿，却为工人创造了贫困。在资本逻辑的驱动下，技术的改进对工人来说是一种厄运，在科学技术与资本深度融合的过程中，生产方式完全自动化和智能化，资本家利用技术改进生产设备，加剧了对人的束缚，使人的个性得不到彰显。对于资本家来说，科技利于他们将人作为生钱资本，随着科技的发展，产品过剩、人的需要失衡等社会问题接踵而至。"理性科学与实验科学的结合、知识与技术的结合使知识超越了一般德性、智慧、修养、消遣的狭窄范围。"[2]资本

---

[1] Agnes Heller, *The Theory of Need in Marx*, London:Allison and Busby, 1976, p.48.
[2] 衣俊卿：《现代化与文化阻滞力》，人民出版社2005年版，第108页。

成为"普照的光",它将一切生产要素变成从属物,雇佣劳动成为被支配的存在,技术成为资本的力量,工人牺牲了主体性和自由,技术异化加重了人的工具属性。

人与人,人与自然之间的对立,导致人的生存陷入困境。首先,技术的变革加快了生产力的发展,也伴随着对生态的破坏。资本全球化深刻地改变着人的生产、生活方式,分工越来越细,人的个性和自由在新的生产体系中被扼杀,"人的需要"异化;其次,人作为他人的手段表现为异己性,人与人之间关系紧张,生产关系的严重扭曲导致社会矛盾激化,非法谋取利润、偷盗等现象使社会动荡,贫富差距加大导致阶级矛盾空前尖锐;最后,人是具有自我意识的存在物,在物化的社会环境中,人的存在只为了物。人找不到存在的意义,精神空虚,人与人之间冷漠、孤立。人真正的需要在物的掩盖下变得模糊,现代性危机泯灭人的道德和价值,人成为单向度的人。物质资料的满足是创造历史的前提,人在实践中对外界产生物质需要,无机的世界否定人的有机需要,也是对"人的需要"的否定之否定。赫勒认为,生活中的规则如同生活习惯具有固定不变和重复性思维的特征,是我们的"第二天性",需要作为心理—社会天性就在"第二天性"之内,"人确实有'第二天性',这一'第二天性'历史地得到了发展,并且在对象化中,在当今世界的个体中,作为一种相互影响而找到了化身"①。类本质是"第二天性"的一部分,人在需要匮乏、生活贫困的环境中,类本质被限制,要将这些人本身固有的本质从不确定和偶然性中解救出来,就要唤起人的本能,即追求幸福的需要,促进自发意识的觉醒。她认为,人是偶然地被抛入世界中的,从双重偶然性的微观视角观察人的生存和需要,有助于激发人的需要从"自发"

---

① [澳]艾格妮丝·赫勒:《人的本能》,邵晓光、孙文喜译,辽宁大学出版社1988年版,第125页。

第二章　赫勒异化需要理论形成的时代背景及思想渊源

到"自觉"的转变。

20世纪的文化危机导致虚假需要的滋生。马尔库塞针对人们在物质需要的作用下精神贫瘠的现象，批判了发达工业社会对人的统治，"真实的需要"是为了维持资本主义制度控制和束缚人的需要，"虚假的需要"是社会强加给人的需要，使人们受到剥削、侵略、压榨等非正义的对待，发达工业社会创造了丰富的产品，但这些并不是人们的真实需要，而是社会强加的需要，将人当作获取利润的手段，人与商品的关系颠倒，这是资本主义用消费控制人的新形式，也是人病态需要的呈现。赫勒认为，不能将"需要"的类型简单地划分为"真实的"和"虚假的"，她认为，"将需要划分为'真实的'和'虚假的'不仅涉及要否定将需要视为非真实的承认，而且也意味着对他们满足的要求是不相关的"①，只要不将他人的需要当成纯粹剥削和奴役的手段和工具，这样的个体需要都应该得到承认和满足。

赫勒的异化需要理论是对劳动者的合理需要被依附和统治关系束缚的关切和回应。她揭示了宗法关系被金钱关系代替之后，人们的需要被管控和压制的现状。消费主义的需要和人们自觉的需要之间的区别在于前者是资本逻辑，后者是民主逻辑。人们在国家决定一切的社会制度中，没有选择的权利，国家分配的物资不能满足人们的需要，东欧的一些理论家认为，对物质资料的限制阻碍了人的自由和发展，使人失去了类本质。他们倡导"回到马克思"，寻找真正的社会主义的需要结构。赫勒在扬弃德国古典哲学家对需要感性分析的基础上，继承了马克思主义需要理论对实践中"人的需要"的分析，批判了"人的需要"结构中的异化需要，以"人的需要"的无限性和广泛性作为人的类本质。她深入批判了资本主义社会需要的单一性以及生产

---

① [匈]阿格妮丝·赫勒：《能假设"真实的"和"虚假的"需要吗》，载[东德]凯瑟琳·雷德勒尔主编《人的需要》，邵晓光、孙文喜等译，辽宁大学出版社1988年版，第231页。

和交换方式对"人的需要"的限制,"现代资产阶级取代了工业的中间阶级,早已准备好的由大工业建立起来的世界市场的扩展则摧毁了一切地域性的需要市场"①。世界市场既刺激人的多元需要,又压制了人的才能和创造性,赫勒指出,"人的需要"不是物化的"人的需要",不是单向度的,而是全面发展、具体现实中的属人的需要。

第二节 赫勒异化需要理论形成的思想渊源

卢卡奇的总体性思想和方法论是赫勒思想的重要来源,她重新研读了马克思对需要问题的论述、审视了马克思需要理论的出场特征,指出其理论的不同背景以及"需要"在唯物史观中的重要作用,并依托马克思对劳动异化的分析批判人的活动与"人的需要"相背离的现象。她梳理了马克思著作中需要概念出现的不同背景,并对其内涵和外延进行了考察。"黑格尔真正是德国古典哲学的终结者和集大成者"②,他用辩证法考察人的需要,他对需要问题的论述成为马克思考察需要问题的源头,也是赫勒需要理论的重要思想渊源。

一 德国古典哲学中的"需要"概念

要深刻理解马克思的需要理论,就要梳理马克思对德国古典哲学中"需要"问题的扬弃和继承,尤其是要对黑格尔和费尔巴哈思想中的"需要"概念进行考察。在马克思对德国古典哲学超越的基础之

---

① 王福生:《马克思哲学与现代性的辩证法——以〈共产党宣言〉为例》,《求是学刊》2005年第1期。
② 俞吾金:《论马克思对德国古典哲学遗产的解读》,《中国社会科学》2006年第2期。

上，赫勒对需要理论进行了深化和扩展。

（一）黑格尔哲学中的"需要"概念

马克思的需要理论是对黑格尔唯心主义需要理论的超越和发展。马克思深入研究了黑格尔的《法哲学原理》和《精神现象学》，他将这两部著作作为社会历史研究的范式，开始了对历史唯物主义的研究历程。实际上，黑格尔的历史唯心主义是颠倒着和倒立着的历史唯物主义。黑格尔认为，人类历史是人的思想能认识到的、精神追求自由的过程，黑格尔对历史本体的阐释，是从纯粹思维出发的绝对精神的"神"的阐释。在黑格尔的《法哲学原理》中，市民社会具有独特的需要体系，人的需要是由利益推动的，"人的需要"与动物的需要不同，人的劳动具有目的性和计划性，是"人的需要"得到满足的主要手段；动物的需要是本能的，而"人的需要"比动物的需要更为具体。马克思批判性地考察了黑格尔对历史问题的论述，并认为"这种历史的自我批判指向'现实的人'求得生存与实现解放的批判性的实践活动"[①]。马克思指出，人生活在现实中，首先要维持生存，才能创造历史。马克思通过强调人要生存离不开现实的物质需要，对黑格尔将历史看作抽象的人的论述进行了批判，他将人对基本生存资料的需要作为历史的开端。黑格尔将历史本体看作绝对精神发展历史的论断是一种唯心主义，马克思扬弃了黑格尔历史哲学中的宗教色彩，批判性地继承了黑格尔辩证地研究历史的方式。黑格尔将人理解为抽象的人，对历史的存在和发展从精神方面来理解，脱离了现实。黑格尔将绝对精神看作总体，认为精神的发展史形成了世界历史。马克思扬弃了抽象的人的需要，将"现实的人"看作历史的出发点，认为"现实的人"的需要及人类生存和解放的需要是社会向前发展的动力。

[①] 刘田：《以劳动创造生活：马克思对历史本体的澄明及其意义》，《宁夏社会科学》2021年第5期。

黑格尔将需要看作市民社会的起点，将个人需要体系中的劳动看作满足需要的中介，人的需要的满足及不断发展是人作为自由自觉劳动者的必要环节。社会的发展是由利益和需要推动的，人们都以自己的需要为目的与他人进行商品交换，因此，原子化的个体之间是利益互惠的关系。在需要的驱使下，原子化的人必须与他人产生联系，这种联系就是以利己主义为中心，将他人当作手段，"通过个人的劳动以及通过其他一切人的劳动与需要的满足，使需要得到中介，个人得以满足——即需要的体系"①，在社会交往中人有利己的需要，人的利己性主要表现为人通过物物交换获得自己所需要的，而劳动是获得物质资料的重要途径。黑格尔对市民社会结构的考察，建立在将劳动作为市民社会实现需要的前提和途径之上。黑格尔对个人需要与他人需要的相关论述启发了赫勒对"根本需要"的思考，个人在资本增殖的实践活动中被资本家创造的消费观念所驱使，陷入抽象需要的泥潭中不能自拔，人们迫切希望得到满足的需要被依附和统治关系遮蔽和压制。黑格尔认为，"'社会需要'是'自然需要'和'精神需要'的结合"②。为了将人与动物的需要相区分，黑格尔强调，人们"精神需要"的满足可以使他们超越动物式需要的自然状态，并富于创造性。当"精神需要"获得满足时，人们才能实现真正的自由。在生产活动中，人受主观能动性的制约，被现实的生存状况遮蔽，个体特殊的需要以及如何满足需要的方式是偶然的。劳动是人们获得"精神需要"的有效途径，人们在分工和交换中通过对自然界的改造和运用，不断改善生产方式，满足人们的物质需要，并在自由的劳动中获得精神的愉悦、创造人的特殊需要。黑格尔认为，货币和价值体系可以作为物质需要的衡量标准，作为社会需要的标准，价值体系可以调节职业和

---

① [德]黑格尔：《法哲学原理》，范扬、张企泰译，商务印书馆1961年版，第203页。
② Ian Fraser, *Hegel and Marx—The Concept of Need*, Edinburgh: Edinburgh University Press, 1998, p.80.

第二章 赫勒异化需要理论形成的时代背景及思想渊源

社会活动。黑格尔将精神看作实体世界，将人的需要和利益看作历史发展的动力，精神是自由的，人们的需要、热情和兴趣是实现精神自由的动力。他对需要问题的分析，停留在"绝对理念"的层次，没有看到"人的需要"是在参与社会劳动的实践中产生的，随着实践的发展而发展。

赫勒对马克思经典著作中出现的"需要"进行了人类学意义上的归类和汇总，然而，这些分类早在黑格尔的思想中就进行过阐发。在《法哲学原理》中，黑格尔对抽象的权利、道德、伦理生活进行论述，将需要分为"自然需要""精神需要""奢侈需要""必要需要""社会需要"等。黑格尔认为，人的"自然需要"是天然、单一的，随着社会的发展，这种需要逐渐丰富起来。马克思和黑格尔对"需要"的理解有很多相同之处，"马克思和黑格尔都认为，人只有超越了'自然需要'才能获得真正的自由，在必然王国（the realm of necessity）减少必要劳动时间是人类实现真正自由的先决条件"[1]。赫勒吸收和借鉴了黑格尔对"自然需要"与"精神需要"的相关论述，认为人只有超越了作为动物本能的"自然需要"，才能获得真正的自由。黑格尔将欲望和激情看作人们自由精神的动力。赫勒认为，需要是历史前进的动力，在依附和统治关系为主的社会，始终得不到满足的需要驱动人们进行革命，颠覆资本主义社会的统治，对"根本需要"的承认和满足是创造精神需要的前提。"最初的'根本需要'理论以马克思对资产阶级社会内在动力的解读为前提。放弃了历史哲学，这种辩证法就出现了问题。"[2]

赫勒以资本主义社会的需要结构为背景，探讨了马克思主义经济

---

[1] Ian Fraser, *Hegel and Marx—The Concept of Need*, Edinburgh: Edinburgh University Press, 1998, p.2.

[2] John Grumley, *Agnes Heller—A Moralist in the Vortex of History*, London: Pluto Press, 2004, p.168.

学视域中的"需要"概念，指出资本主义社会的需要结构是异化的，与马克思将工人阶级看作革命的主体力量不同，赫勒认为，生活方式限制了人们的思想和行为，只有通过哲学将"根本需要"变成个体有意识的行为，并对他们的需要进行划分，建构非异化的"根本需要"的自由讨论和理想，个体才能重建需要的应然（ought to），将"根本需要"的承担者作为集体的主体。她认为，市民社会结构中的"个人利益"（personal interest）是被戴上枷锁的资产者的特殊利益。在异化的资本主义需要结构中，"普遍利益"（general interest）是由"私人利益"（private interest）构成的，资产阶级所谓的"个人利益"是"阶级利益"（class interest）和"普遍利益"的代表。资本主义通过扩大市场满足资本增殖的需要是量化的、利己的，代表着资产阶级的利益，劳动者对工资制度的反抗、争取物质需要的斗争不足以成为颠覆资本主义社会的动力。资本主义不能满足人们创造性活动和有意义的生活的质的需要，如有意义的工作、自由而全面发展、民主、闲暇时间的需要等。赫勒认为，资本主义社会将"社会需要"强加于个体之上，"普遍利益""阶级利益"是资本主义社会异化的需要。资本主义社会的工人只要稍微获得多一点报酬和就业机会，就可能放弃革命的理想，资产阶级的意识形态和金钱拜物教侵蚀着工人的革命意志，不能将无产阶级从异化需要中解放出来。围绕利益的斗争无法超越对金钱需要的拜物教。赫勒从哲学、人类学视角考察了人具有丰富需要的本质、人作为类存在的需要、需要的对象化、异化需要等问题，将"人的本质"概念与普遍性、社会性、意识和自我活动的相关阐述与类存在需要联系起来，将人的本质的发展根植于历史中的个体在社会生活中需要的对象化。她从哲学视角厘清人作为类存在的需要、人的本质需要，并划定这些得不到满足的、使人成为人的"根本需要"是从市民社会需要结构中分离出来的、个人利益之外的需要，这种得不到满足的需要将成为颠覆资本主义社会的动力。有意识的个体才能明确自身的需要，并具有彻底革命的自发性。"所谓彻底就是抓住事物的根本。而人的根本就是人本身。"①资本主义劳动分工强加给个人的、符合资本主义的利益结构，个人的劳动、个性以及需要都是抽象的。无产阶级没有任何特殊的利益，只要是"根本需要"得不到满足的个人都可以联合起来，为了争取这种需要超越资本主义社会的利益结构。所谓"阶级利益"主要指以满足资产阶级利己需要的"普遍利益"，是资本主义社会强加的，并非个体的需要，因此，只有"根本需要"的革命才能成为彻底的革命，也只有具有"根本需要"的个体才能作为革命的动力。受黑格尔历史哲学的影响，赫勒认为资本主义创造了丰富的产品，但是在资本主义私有制下这些需要只代表资产阶级的利益，"根本需要"才是劳动者真正的需要，具有革命性和批判性，在反对资本主义社会的利益结构时显得尤为重要。

人们在缺乏公共保障的时候，就将利己需要与"社会需要"合并，这种碎片化的普遍利益与特殊利益的一致性，黑格尔称之为市民社会特有的需要体系。他认为需要对市民社会的形成和发展具有重要作用，个人需要是社会需要的手段和途径，他将劳动和"人的需要"结合起来，使个人和社会的利益结为一体。市民社会是一个认可将他人当作手段的特殊利益社会，人们通过劳动满足自己的需要、实现人的本质，因此需要成为市民社会发展的第一个环节，市民社会是一种"需要的体系"。黑格尔提出将自由个性与资产阶级个性等同起来，认为市民社会的需要体系是僵化的家庭和公共关系解体的必然结果。他考察了人的需要的内容以及实现的途径，将需要和劳动作为绝对精神中主体与客体的统一，但是他没有深入挖掘个人的需要如何脱离市民的社会需要。他将需要看作绝对精神的产物，精神是世界历史发展的动力，没有从实践、"现实的人"来解决需要问题。人是现实社会的

---

① 《马克思恩格斯选集》第1卷，人民出版社2012年版，第10页。

存在物，人具有自为的活动本能，对"人的需要"的认识也要把人当作社会关系的总和，只有从实践中认识和把握人的存在方式，才能摆脱人被支配和奴役的现状。黑格尔认为，从需要的观点来看历史，现代社会创造出丰富的"人的需要"，正是因为人对自然的认识更加科学和客观，拓展了人的精神自由。同时，"由于需要的特殊性的发展，社会成员在满足多样化需要的手段方面更加相互依赖，社会的普遍合作也由此得到了发展"[①]，马克思认识到资本主义社会中人的需要的多样化造成人对物的依赖更加强烈，资本家统治和奴役人、压迫人，导致人对金钱之外的事物漠不关心，资本创造了庞大的商品堆积却因工人无力购买产品出现总需求的不足，工人在劳动中萎靡，资本逻辑陷入自我否定之中。除此之外，无论工人如何辛勤劳作，却始终无法占有社会产品，伴随丰富的社会需要而来的是劳动者物质的匮乏和精神的贫困。黑格尔认为，在资本主义社会，市民社会的利益是一种将特殊利益说成普遍利益的意识形态，资本主义社会产生了异化需要和异化需要的意识。赫勒将阶级看作利益的结合体，要超越资本主义社会特殊的利益结构，就要扬弃异化的、资本主义社会拜物的需要。赫勒吸取了黑格尔对精神自由和需要问题的论述，她认为人的自由和精神自由本身就是使人成为人的社会存在，而"人的需要"是历史的、是"现实的个人"的，只有人在社会活动中充分认识到自身的需要，才能为他人需要的满足创造条件。革命的彻底性取决于被压迫者需要意识的觉醒，个体意识到资产者与雇佣者的利益对立，他们的需要是资本主义劳动分工强加的。赫勒认为将"根本需要"从阶级理论中独立出来并与特定的历史相联系，是"人的需要"得以实现的前提。

（二）费尔巴哈论感性存在的人的需要

费尔巴哈的抽象人性论将"心""宗教情感"看作"人的需要"，

---

① ［德］黑格尔：《法哲学原理》，范扬、张企泰译，商务印书馆 1961 年版，第 207 页。

第二章　赫勒异化需要理论形成的时代背景及思想渊源

这种将"人的需要"归为精神活动，忽略了人在实践和现实社会中的需要。"真正对马克思青年时期的思想产生过比较深刻影响的是费尔巴哈的人本主义学说。这一学说作为德国古典哲学的出路之一。"① 费尔巴哈强调神学麻痹人的精神，宗教作为一种改造过的思想，是异化的需要，费尔巴哈对宗教实质的揭露，启发马克思从宗教批判转向对现实生活的批判；费尔巴哈批判黑格尔的辩证法将人归为感性的存在，启发马克思辩证地考察社会历史。费尔巴哈认为人是感性的类存在物，他将"人的需要"归为生理满足的需要以及爱的需要，并将人的生存需要的满足看作幸福的来源，并断言社会关系只有"用宗教名义使之神圣化以后才会获得自己的完整的意义"②，基于费尔巴哈对现实社会关系认识的局限性，马克思对这种理论进行了批判，为"现实的人"的需要确立了思想前提，指出费尔巴哈没有看到人作为社会关系的总和对社会和自身发展的需要。

费尔巴哈将"人的需要"归为"自然需要"（natural need），是一种直观的唯物主义，只看到人为了生存而具有的本能需要。他将"人的需要"看作感性的需要，从属人性将人的本质理解为"类"，对人的本质的认识还不够全面。他提出"我欲故我在"，将"人的需要"理解为自然需要，没有看到人是社会存在物，"人的需要"是人与自然在对象化的实践活动中形成的。费尔巴哈对需要的阐释停留在单个人和市民社会感性直观的层面。费尔巴哈认为，"人的绝对本质、上帝，其实就是他自己的本质"③，他将上帝看作人的本质的神圣对象，人的需要就自我异化了。人是自然存在物也是社会存在物，人与动物的不同体现在有意识的生命活动中，人是具有意志和意识的对象，"人的需要"的丰富创造需要的对象，促进人的发展，同时又制约着

---

① 俞吾金：《论马克思对德国古典哲学遗产的解读》，《中国社会科学》2006年第2期。
② 《马克思恩格斯选集》第4卷，人民出版社2012年版，第240页。
③ [德]费尔巴哈：《基督教的本质》，荣震华译，商务印书馆1997年版，第34页。

人的认识对象。人的本质不是个体的存在物，离不开社会的影响，人在实践中形成各种意识形态和社会关系。在实践活动的作用下，"人的需要"从"自然需要"向"社会需要"（social need）转变。马克思超越了费尔巴哈对感性存在、将人看作直观的人的论述，他提出全部历史是为感性需要和人成为人的需要作准备的。

费尔巴哈没有将人的活动作为需要的考察对象，对现实的、感性的"现实的人"的实践活动认识存在局限，他对人以及人与人之间关系的认识脱离了确定的世界，不从现实考虑具体的、历史的人，也就不理解实践对于"人的需要"的意义。无论是黑格尔借助绝对精神分析抽象的劳动需要，还是费尔巴哈以"爱的宗教"阐发"人的需要"，都属于抽象的需要，这些观点为马克思探讨"人的需要"与动物的需要、"人的需要"与人的本质、"人的需要"与生存和发展的关系等问题奠定了基础。马克思认识到德国古典哲学中对"需要"理解的局限性，他认为人的需要是现实的，"人不仅能在思维中、在意识中，而且也能在群众的存在中、在生活中真正成其为人"[①]。他从实践和主体的人的层面探讨需要，从社会性和实践性考察"人的需要"的演变和发展过程，扬弃了抽象的、感性的"人的需要"，进而探讨具体的、现实的"人的需要"。赫勒考察了费尔巴哈和黑格尔对需要的相关论述，她认为人要成为人就有类本质的需要，要将类本质的需要升华为特定社会的价值，才能更好地把握活生生的"人的需要"及其系统。赫勒将工人劳动与资本的对立作为分析"人的需要"的切入点，指出人的需要不仅仅是自然意义和生理意义上的"自然需要"。

二 马克思的异化理论与需要理论

赫勒援引了马克思的异化理论，在新的历史条件下对资本主义社

[①] 《马克思恩格斯文集》第1卷，人民出版社2009年版，第273页。

会中"人的需要"与主体分离的现象进行了批判,她对马克思需要理论中"需要"的不同立场进行了重新解读,以此作为她对异化需要批判的着力点。在此基础上,她提出以激进哲学为理论武器,扬弃异化需要,建立需要革命的合理性的乌托邦,并探讨"根本需要"革命作为扬弃异化需要意识的实践路径、建构未来社会人类需要结构等问题。

(一)马克思的异化理论

异化理论是马克思哲学思考的核心,他用"异化"刻画了主体和客体疏离、对立的过程及其表现形式。在马克思的博士论文中,他受青年黑格尔的影响,认为神学是一种宗教的异化,这一时期,马克思主要从抽象的人的本质使用异化概念。"自康德以来,批判精神已经渗透到德国的全部精神生活中,而在青年马克思生活的时代,这种精神主要体现为对宗教异化的批判。"[①]他对异化问题的研究始于青年时期,在为《莱茵报》撰稿期间,他关注农民的需要问题,遇到了"物质利益的难事",并认识到劳动者与统治阶级利益的矛盾是私有制引发的,从而转向对国家和市民社会问题的政治经济学研究。在《论犹太人问题》中,他对资本家和劳动者的剥削关系引发的异化进行了揭露。人们的劳动和创造出来的生产资料不受自己控制,成为压制自己的异己力量。在《〈黑格尔法哲学批判〉导言》中,马克思将人对宗教的需要看作异化的需要,批判了德国当时的制度,将"现实的人"的需要作为无产阶级解放的前提,指出无产阶级是革命的主体,只有将人们的思想从宗教异化的现状中解放出来,才能推动革命民主主义向共产主义的发展。马克思在《1844年经济学哲学手稿》中指出,"异化劳动是私有财产的直接原因"[②],并揭示了私有财产造成人的自

---

① 俞吾金:《再论异化理论在马克思哲学中的地位和作用》,《哲学研究》2009年第12期。
② 《马克思恩格斯选集》第1卷,人民出版社2012年版,第66页。

我异化的现象。他认为异化劳动成为折磨人的活动，资本家的私有财产造成"人的需要"异化，指出共产主义社会是消灭私有财产、扬弃异化劳动和异化需要的阶段，在这些著作中，可以看到青年马克思的思想历程，即他从抽象的人的本质清算了费尔巴哈和黑格尔思想，从外在的异化劳动意义上理解异化。在《神圣家族》《德意志意识形态》《共产党宣言》等著作中，他从历史唯物主义的视角考察了人在物质生产方式、生活方式上的普遍异化。

马克思在《资本论》中指出，"资本作为孜孜不倦地追求财富的一般形式的欲望，驱使劳动超过自己自然需要的界限，来为发展丰富的个性创造出物质要素"。[①]，异化劳动生产出异己的、敌对的、物化的劳动关系，构成了倒立的、颠倒的世界。他破解了资本主义社会通过雇佣劳动进行资本增殖的秘密，资本家将生产资料与劳动者分离，在资本家的剥削和压迫中，人作为对象化劳动的主体成为客体，人特有的自由自觉的类本质成为被奴役和控制的动物。在依附和统治的社会，劳动者被迫屈从资本家的统治，不得不遵守他们的工资标准和分配制度，一方面，劳动者在现实社会中的生存境遇决定他们的需要是异化的、非人类的；另一方面，在需要被支配和奴役的社会，价值讨论是物化的，工人的需要被压迫但他们却意识不到。一方面他们摆脱不了资本给工人带来的赖以生存的根本需要；另一方面工人为了维持生存的"必要需要"，无力摆脱资本家将利己当作人的根本目的的雇佣关系。马克思认为，只有通过废除私有财产，才能实现对异化的积极扬弃。

聚焦马克思对劳动中的工人及其生产、生活状态的剖析，赫勒将劳动异化作为揭露人与劳动及其产品疏离和对立的"钥匙"，劳动中的工人不仅不能占有劳动产品，还要受到自己创造的东西的奴役和支

[①] 《马克思恩格斯文集》第 8 卷，人民出版社 2009 年版，第 69 页。

配。她以异化需要作为诊断社会病症的切入点，揭示了资本主义社会中依附和统治关系长期存在的原因，将激进哲学作为指导人们生活、思考和行动的方针，同时也作为拒斥依附和统治关系、扬弃异化需要的理论基础。异化存在于日常生活等微观领域，要扬弃异化现象，就要找到现存社会异化需要的根源，并对人类需要结构进行批判，重建联合生产者社会的需要结构。正如东欧新马克思主义者亚当·沙夫（Adam Schaff）所言，社会主义是扬弃异化的现实道路，他用异化理论诊断社会病理，揭示人创造的物质和精神产品与人疏离、奴役人、统治人的现象，沙夫、赫勒等新马克思主义者都以异化理论为依据，批判人与世界的关系，他们认为只有摆脱依附和统治的社会关系，才能将人从生存困境中解救出来，进入符合"人的需要"的自由自觉状态，实现人的本质的全面复归。

（二）马克思的需要理论

马克思在《1844年经济学哲学手稿》中，对"政治形式"和"物质条件"及其关系展开研究。他在《德意志意识形态》《资本论》等多部著作中，从人的实践活动中发现了人为了生存对客体产生需要的过程。并且认为，人的需要是丰富的、能动的，需要是人的本性，具有社会性和实践性。

需要在人的本性形成过程中发挥着重要作用。在《1844年经济学哲学手稿》中，马克思将"自由自觉的活动"作为人的本质，这里的人的本质指的是人区别于动物的类本质。人的对象性活动将人与动物区分开来，人是自然存在物，也是自为、有意识地开展对象性活动的存在物。人的每一种对象性力量的彰显都必须以其他对象性活动的开展为基础，对象之间不仅别人为他而存在，他也为别人而存在，这种相互依存的关系在生产和交往中展开，自然界的人的本质只有在社会中，才能构成现实的生活要素。人对劳动的需要与动物活动不同。动物依附并适应大自然，受大自然提供的自然环境的限制，人具有自觉能动性，可以自为地改造生存方式，人可以通过劳动创造所需要的生产生活资料。人不仅能在劳动中获得物质生产需要，还能获得生活意义以及社会尊重和认可，是获得感、幸福感和安全感的确认性活动。人能够按照美的规律进行生产，美在改造客观世界的实践中得以体现，人的多方面需要和能力的充分发展就是劳动对象化体现出的美。只有在劳动中，人的类本质才能得到体现，"有意识"是人的活动的基本特征，表现为"自由""不受肉体需要影响"，劳动体现了人的本性以及人的需要，是人的自由自觉活动之彰显。

具体而言，人的本质与自然界本质在"社会"中才能统一，人创造出同人的本质相符合的丰富性对象，使其成为合乎人性的"人"。类活动获得的对象性力量即人的本质力量，直接存在的人的对象以及潜在的对象性力量，是同人的本质相适应的存在。人只有不断突破动物式生存的需要，通过主体有意识地改造世界，人的需要的对象才能得以扩展。

在《关于费尔巴哈的提纲》中，马克思指出，"人的本质不是单个人所固有的抽象物，在其现实性上，它是一切社会关系的总和"[①]。人作为类存在，除了对自然界产生依赖之外，还要进行社会活动，具有"自然需要"和"社会需要"。人是一种能认识到自己存在的自为存在物，人的需要是由人的本质决定的，人的本质是社会关系的总和。马克思从"现实的人"和具体的社会关系出发，探索人在社会活动中产生的需要，只有人作为自由存在的个体才能在社会活动中创造和满足自己的需要。人的天赋和才能外在于他自身的对象物中，人作为合乎人性的存在，人的社会性要求人与他人产生联系、进行合作，在开展对象化活动的过程中彰显人的个性，发挥自我意识。人的需要是人作为自由自觉的个体进行创造性活动产生的需要。

[①] 《马克思恩格斯文集》第 1 卷，人民出版社 2009 年版，第 501 页。

第二章 赫勒异化需要理论形成的时代背景及思想渊源

物质的存在是唯物主义的基本前提，改变世界的实践是以"现实的人"的活动以及劳动产物为出发点，为了实现人的需要，就要摒弃抽象的需要并回到现实世界，"在思辨终止的地方，在现实生活面前，正是描述人们实践活动和实际发展过程的真正的实证科学开始的地方"①。

在《德意志意识形态》中，马克思指出，"他们的需要即他们的本性"②。马克思将生产活动的主线和目的规定为需要的满足。人作为社会的存在物，在生产和再生产的社会活动中形成新的需要。人不仅具有维持生物性的自然需要，还有社会需要。人的自由自觉活动作为人的需要，与动物满足生理本能的需要有本质区别，自由自觉活动是人类整体固有的类特征。人在社会关系中，通过类生活个体之间的关系影响社会活动，在生产活动中，人与人之间形成各种各样的生产关系，这些关系网凸显人的社会性，"从自己出发"的个人有自己的需要状态，人在满足自己需要的过程中，务必会通过劳动，伴随着社会历史的产生过渡到社会存在。人的需要在人作为类本质存在以及在社会历史发展演变中起着重要作用，这种重要作用是人的需要在资本主义生产关系中发生异化的前提。"人的活动的对象就是人的本质的表现和确证形式，即人是一种对象性存在物。"③

在《资本论》中，马克思将"满足需要的物质生产"置于资本主义生产方式之中，指出人的本质具有符合社会存在的属性，人需要在社会活动中得到发展，当人的需要对象限制了人的发展，人的需要就发生了异化。工人受到物的制约和支配，人的本质力量要从对"物性"的对象性占有，实现对"人性"的对象性占有，人的非人化需要

---

① 《马克思恩格斯选集》第 1 卷，人民出版社 2012 年版，第 153 页。
② 《马克思恩格斯全集》第 3 卷，人民出版社 1960 年版，第 514 页。
③ 汪信砚、柳丹飞：《论青年马克思的"类"概念——对马克思〈手稿〉中的"类"概念的历史唯物主义解读》，《上海师范大学学报》（哲学社会科学版）2018 年第 6 期。

得以发展，人像动物一样只能得到维持生命的基本物质需要，人的能力得不到发展，人的需要是异化的。在资本的生产关系中，人的对象性世界不断扩大，资本家创造出越来越多的人的需要，但工人不得不从事独立于自身之外的生产，私有制带来了畸形的、片面的需要，随着生产力的发展，人的本质力量对象化的需要越强烈，工人对独立、自主和创造的需要越来越明显，他们需要更多的自由时间发展个性。在《1857—1858年经济学手稿》中，马克思从人对物的依赖关系分析经济关系的异化，进而从资本与雇佣劳动、资本主义社会现实的层面理解异化。"马克思着重揭露了资本主义社会中异化的最主要的表现形式——商品拜物教。"[①] 在资本主义社会，现实的人的异化不仅表现人的需要背离了人的类本质，人在对象性的改造过程中也沦为片面的人，这种生产方式限制了人与人之间社会关系的形成和发展，人与人、人与世界的关系孤立、静止，人成为原子式的存在。从人与社会发展的视角来看，人维持生存的物质需要通过社会实践产生，人类历史的重大变革无不凝结着人类集体创造的结晶，相互合作及人的精神需要在生产中起着关键作用，社会制度和道德水平影响着人的主观认识、规范着人的行为、决定着人的价值判断。现实的人的社会性决定了人具有发展的需要，而在依附和统治的社会中，人的价值判断被资本物化，人的创造性被破坏，人在精神上受折磨，迷失在货币统治一切的国度里，失去了自由。

人的需要具有历史性，源于生产活动并反映了人的本质。动物以"种"为尺度进行活动，因此，动物的需要是"种的需要"，而人的需要是在具体的生产方式中形成的，符合人作为类的需要的生产是符合美的规律的生产。蜜蜂建造蜂房的活动是动物属性的需要，而人在建

[①] 俞吾金:《从"道德评价优先"到"历史评价优先"——马克思异化理论发展中的视角转换》,《中国社会科学》2003年第2期。

造房子的时候脑海中已经有了方案,人的活动与动物的不同之处在于动物的需要是作为物种生存和繁衍的本能,而人的活动具有目的性和计划性,正是由于实践是人改造世界的方式,人的需要既具有物的尺度还有人的尺度。人的天然的物质需要是由其身体构造决定的,发展的需要是在社会活动中形成的。社会的发展水平、生产力状况决定人的需要是由历史推动的,手推磨、蒸汽磨和智能磨分别反映了封建社会、资本主义社会、人工智能社会对生产工具的需要,这些需要是随着历史发展以及人对自然和社会关系的不断认识而发展的。马克思从实践和人的能动性出发,探索社会发展的历史动力,而这就是人的需要及其满足。马克思的需要理论是研究历史唯物主义的起点,也是他论证需要在人的本质的形成和发展中所扮演角色的关键环节。人要生活就要创造物质资料,这是人不同于动物的类存在需要,同时人在社会存在中进行对象化活动,作为社会关系的总和,从自然存在物过渡到社会存在物,从而不断推动社会向前发展。

  人的需要具有实践性,人们只有通过劳动才能满足社会需要。恩格斯写道,在劳动过程中,猿脑进行思考、交流并逐步过渡进化成人脑,劳动促进了人与人之间的交流,最终促进了人类社会的形成。劳动是出于内在生存需要的创造性实践,人通过劳动实现人的本质力量的外化,成为万物的创造者。自由自觉的活动实现了人的活动目的,人作为有生命的自然存在物,劳动是人类生活的必要前提,也是人的形成、发展、塑造自身能力、激发创造性的重要活动,只有在对象化的劳动中,人才能提高适应自然、改变自然的能力。人只有在劳动中才能使自己的类本质得到确认,并获得知识和技能,劳动是一种能动性的创造活动,通过改造对象世界成为推动历史发展的力量。人在劳动中改变自然及其存在形态,还塑造了自身作为劳动主体的本质。劳动使人褪去自然属性,获得社会属性,一方面,劳动实现"人的自然化",使人从一种受限制的自然存在物逐渐改变外部自然;另一方面,劳动是"自然的人化",劳动创造了有个性的个体、是创造力的外化,劳动是人的自由自觉的、自在与自为统一的类活动,通过参与劳动,人才能改造自在之物,肯定和展现自己的能力。"人类活动对自然的改造使得不断拓展的人类物质环境中的要素越来越多地成为先前劳动的产品,成为人类本质力量的对象化"[①]。劳动是最能代表人的类特征和人类机能的生命活动。劳动是"人之为人"的重要手段,事实上,"劳动是整个人类生活的第一个基本条件,而且达到这样的程度,以致我们在某种意义上不得不说:劳动创造了人本身"[②]。

在论证人的需要是如何异化的这个问题上,要确证劳动是人的根本存在方式,体现了人的"内在尺度",这是人的需要不被异化的前提。劳动是对客观世界的加工以满足人的需要的过程,作为人的固有对象化的活动,主观能动性是人改造世界的力量之源,是彰显人的智力和体力的重要力量。劳动是肯定的、积极的力量,不仅创造有形产品,即人所需要的物质资料,也生产无形的精神产品,培养人的性格、塑造人的道德品格、丰富人的精神世界等,人们在劳动中实现自我、在劳动实践中走向自由和解放。

首先,自由自觉地劳动是人的需要得以满足的前提。劳动是为了满足人的需要,是认识世界和改造世界的对象性活动。人的意识具有能动性,人在劳动中认识和把握客观规律,变革生产方式并提高物质生产效率。需要的对象和需要本身总是相互关联的,需要的类型根据它们所指向的对象和涉及这些对象的活动而形成。劳动创造使用价值,是因为出于劳动者自身的需要,比如"吃喝穿住"的需要使人有目的地占有自然、改造自然对象并进行物质变换的能动性活动。人通过不断创造物质生活资料来满足现实的需要,在这个过程中,自由活

[①] 衣俊卿等:《20世纪新马克思主义》,中央编译出版社2012年版,第575页。
[②] 《马克思恩格斯选集》第4卷,人民出版社2012年版,第988页。

第二章 赫勒异化需要理论形成的时代背景及思想渊源

动带有创造性和超越性,劳动成为满足和丰富人的需要的手段。劳动是人作为类存在物开展活动的根基。人们在劳动中产生的不满足感和渴求感,驱动着人在实践中创造需要,某一种需要满足后人们又有了改进和发展的需要,因此,劳动是满足需要和产生新需要的中介。需要的满足是不断观照社会现实并推动"社会需要"向前发展的过程。劳动和需要都具有属人的本质,只有人的丰富需要得到满足,人的创造性能力才能得以彰显。"人的'劳动'是他'需要'的尺度,因此每个人由于自己的劳动而得到'价值';'价值'按照'需要'来规定自己;每个人的劳动'包含'在价值中。"① 属人的需要不仅包括出于本能的自然需要,还包括社会需要,人们的生活和享受要以社会需要作为尺度。劳动是衡量社会需要的尺度,人通过创造劳动产品,满足自己的需要,展示自己的创造力,"劳动的变化使劳动者适应各种工作,从而使他的各种才能得到最大限度地发展"②。

其次,劳动为人的自由发展提供条件,自由劳动创造自由而全面发展的人。人在自由自觉的劳动中能力得到了发展、思维得到了训练,并创造丰富的产品。劳动既是目的又是手段,这种能够彰显人的能力的创造性活动,本身就是一种享受,是实现人的快乐的过程。由于资本主义将劳动变成异己的、被迫的活动,这种强制性的劳动违背了人的本性,使人成为痛苦的"残疾的怪物",只有将人从劳动异化中解救出来,才能使其通过劳动自觉满足需要并过上属人的生活。

最后,劳动的自由程度决定着人的需要的满足程度。马克思认为,人的需要不是孤立的,它随着实践发展、是与生产和再生产联系在一起的。人通过劳动满足需要的实践过程中,人脑通过不断认识劳动对象产生新的实践方案,进而产生新的需要,新的需要推动新的实践的

---

① 《马克思恩格斯全集》第 3 卷,人民出版社 1960 年版,第 68 页。
② Agnes Heller, *The Theory of Need in Marx,* London: Allison and Busby, 1976, p.92.

发展，完成劳动的对象化过程。劳动使人与人之间的往来更加密切，帮助人实现自由。人在劳动中获得生存、发展的需要，并不断与外界产生联系，人"懂得按照任何一个种的尺度来进行生产，并且懂得处处都把固有的尺度运用于对象"①，人类从基本的生存需要的满足到发展自由个性的前提是劳动自由，人通过自由自觉的劳动满足自己的需要，作为"现实的个人"的生产是全面的，对象化的劳动"按照美的规律"进行生产。自由自觉的劳动使人的劳动指向具体的对象，人的对象化需要引导人按照劳动前确立的对象，能动的开展劳动并建构和满足自己的需要。人们在劳动中得以生存、发展并与外界产生联系。马克思认为，人创造历史活动的前提是物质生产，是在实践中进行的，因此，第一个需要是满足人生存的身体机能的物质需要，即衣食住行的需要。第二个需要是第一个需要产生的需要，即建造房子、制造工具等需要。第三个需要是创造历史活动的需要。人能够在特定的历史关系和社会关系中认识自身的需要，在一定的生产方式中成为他们的需要并不断发展。不同的生产方式决定人的需要的内容、满足方式和程度。

人的需要对象指向外部存在物，这些独立于自身之外的物使人的本质得以彰显，是多样化需要得以满足的类活动。人在自由自觉的活动中可以发挥人的主体能力、巩固人的本质。赫勒继承了马克思从社会性、实践性、历史性分析"需要"问题的方式，她认为要从"现实的人"出发，从现实的人的生存状况探索"根本需要"，重建人的需要结构。资本主义社会中，人的需要被资本增殖的需要遮蔽；东欧社会主义国家中"人的需要"被"社会需要"替代。赫勒提出"根本需要"得不到满足的人将成为革命主体和历史的颠覆力量。她继承了马克思的需要理论，阐明了人的需要是实践活动的前提和根基，围绕作为人、成为人的需要以及满足，批判资本主义社会奴役和控制人的

---

① 《马克思恩格斯文集》第 1 卷，人民出版社 2009 年版，第 163 页。

需要，指明资产阶级需要的丰富和无产阶级需要的匮乏之间的矛盾。"从她的需要概念出发，无产阶级由于始终无法满足自己丰富的质的需要，就始终具有一种革命的意愿和冲动"[①]，人的根本需要被压制，推动了资本主义走向灭亡。

三　卢卡奇的总体性思想及方法论

赫勒在布达佩斯大学接受卢卡奇的指导，将马克思主义哲学作为研究方向，并完成博士论文的写作，毕业后留在布达佩斯大学工作。东欧社会主义国家的政治环境、经济严格管控、意识形态的教条化促使很多人文科学家探索东欧国家本土化的社会主义理论。赫勒的需要革命论是在卢卡奇的影响下形成的，她提出从总体性革命变革人的生存方式，指出"政治解放"不同于"人的解放"，从日常生活微观视域释放人的个性与类本质，彻底改变人的生存状况，因此，她将人的"需要"结构作为人类生存领域彻底革命的一部分。

卢卡奇提出，如果今天马克思主义要再次成为一种哲学发展的活力，那么"必须在所有问题上返回到马克思自身"[②]。受此影响，赫勒与其他布达佩斯学派成员从马克思主义"历史在场"完成"历史场景的转换"，但被打上"异端知识分子"的标签。他们批判当时的体制弊端，致力于社会主义理论和实践的探索，被冠以"左翼改革者"的称号，在当时的匈牙利屡屡遭受政治打压。1956年匈牙利"十月事件"成为赫勒思想转变的重要节点，由于她反对教条，坚持马克思主义要与匈牙利的国情相结合而被开除出党，不久后被解除公职。1971年卢卡奇过世后，布达佩斯学派成员被控制和监视，赫勒的《马克思的需要理论》于1974年在伦敦出版，这部著作是她对微观视域人的解放的探索，也

[①] 颜岩：《需要结构的批判与重建——赫勒对马克思需要理论的解读》，《学术研究》2020年第2期。

[②] [匈]捷尔吉·卢卡奇：《关于社会存在的本体论——社会存在本体论引论》（上卷），白锡堃、张西平、李秋零译，重庆出版社1993年版，第659页。

是对卢卡奇"回到马克思"号召的回应。1983年，赫勒及布达佩斯学派成员的合著《对需要的专政》在英国出版，书中以东欧社会主义国家的"反斯大林化"历史进程为背景，对东欧国家社会主义的政治、经济、文化等各个方面的特征进行了刻画，反思了当时社会主义体制中的民主、真正的社会主义理论和实践等问题。

众所周知，卢卡奇的著作《历史与阶级意识》对西方马克思主义产生了重要的影响。赫勒在《卢卡奇再评价》一书中指出，这部著作一直被人们奉为西方马克思主义的经典，并成为范式性表达。卢卡奇对马克思主义哲学总体性的思考启发了赫勒关于人的生存方式的反思与追问，卢卡奇将阶级置于个体之上的观点对赫勒的思想产生重要影响，她在现代性批判和无产阶级革命中对个性的强调，是针对资本主义拜物教将人变成原子式的个体、变革人的生活方式、实现日常生活人道化、民主化的思想之源。

赫勒对"人的需要"问题的思考体现了卢卡奇的总体性方法，卢卡奇关于超越资本主义社会物化现象的论述是赫勒将"人的需要"从依附和统治关系中解放出来的思想之源。卢卡奇在《历史与阶级意识》中指出，"总体性"是正统马克思主义的方法。首先，在资本主义社会，主体创造的产品与客体疏离和对立，卢卡奇将这种现象称为"物化"，客体在物化的同时，这种意识深刻地渗透到主体脑海中；其次，要消解这种物化现象及物化意识就要唤起无产阶级意识的觉醒；最后，无产阶级意识的觉醒是主体和客体统一的过程，不仅需要阶级革命，也需要意识形态、日常生活等主体和客体相统一的革命。卢卡奇认为，"马克思的经济学总是从社会存在的总体出发，并且总是再次返回到这种总体性之中"，[①] 卢卡奇将劳动作为再生产的手段促进社

[①] ［匈］捷尔吉·卢卡奇:《关于社会存在的本体论——社会存在本体论引论》（上卷），白锡堃、张西平、李秋零译，重庆出版社1993年版，第648页。

会总体性的形成，完成了社会存在的本体论建构。卢卡奇认为，物化造成了资本主义的整体破坏，争取文化霸权和意识形态领导权成为新的革命目标。无产阶级意识的觉醒是扬弃物化的条件，是总体性革命的核心，只有主体和客体相互作用、辩证统一才能通过总体性革命，实现政治制度、日常生活、意识形态等生存方式的彻底变革。

"任何生产劳动都是把人的精力物化在对象或产品中。他反对的只是以异化的方式表现出来的物化"①，以劳动促进了人与人、人与自然、人与物的关系形成为依据，赫勒进一步阐释了劳动分工在人的需要及其发展中的重要作用。因为劳动，社会存在有了活动对象，自由的劳动使人们得以自由而全面地发展。资本家将物的权力牢牢控制，制造了与工人对立的产品。赫勒受卢卡奇的影响，认为工人要清晰地认识无产阶级的责任和社会地位，才能肩负历史使命。历史发展的推动力是多方面的，她提出从日常生活、人的需要、人的本能等微观视域进行批判、灌输阶级意识使工人具有革命自发性。赫勒的需要理论在一定程度上是对卢卡奇思想的继承。在赫勒看来，根本需要的革命不是阶级革命引发的政治变革，而是引导人们在日常生活中通过合理的价值讨论扬弃异化需要，具体体现在以下几个方面。

一是卢卡奇对物化现象和物化意识的相关论述。卢卡奇对物化和物化意识的理解来源于马克思对资本主义社会拜物教的描述，他考察了格奥尔格·席美尔（Georg Simmel）对物化的理解以及马克斯·韦伯（Max Weber）的合理性思想，形成了自己的物化理论。卢卡奇将商品世界的社会关系和意识形态称为人的意识的物化，将人与人的关系刻画成物与物的关系。在发达工业社会中，人的关系被物的关系所掩盖，人的劳动及创造的产品反过来控制人，造成生产体系的机械化、劳动者及其产品的机械化、人与人之间关系的原子化。

---

① 俞吾金:《马克思对现代性的诊断及其启示》,《中国社会科学》2005 年第 1 期。

人创造的商品变成异己的力量控制人。在此过程中，人与人的关系成为商品和商品的关系，物的关系遮蔽了人的关系；由于人生产商品的活动是人产生需要对象并创造对象的活动，人创造商品的劳动和人自身也成了商品，不管工人愿不愿意，他们都要从事商品生产，物渗透到各个角落，人逐渐失去个人意志。法律和教会、家庭等社会机构和组织成为资产阶级专断部门，是资本主义拜物教滋生的场所。客观上，劳动成为物的中介，"生产者的物化"和"物化的劳动时间"掩盖了用物化的劳动者和物化的时间作为衡量商品的交换价值的现象，构成"资产阶级不得不生活在资本主义的物化的现实中，这一现实的'规律'是凌驾于资本的似乎是行动着的化身和代表上并得到实现的"[1]。人的思想、感情也成为可以用货币衡量的物，商品世界人与物的关系是非人化的、人与人的关系是剥削与利用，人越来越无法抵抗商品和商品意识的浸透。卢卡奇用"物"刻画人的意识形态，即被资本主义商品世界所规训的状态，资本主义社会中"物化"浸透到一切社会领域，是人的普遍存在方式，瓦解了人与人的正常关系，造成资本主义社会中人和人的意识被资本支配。赫勒继承了卢卡奇的思想，认为物化意识是对物质性和需要的反映，扬弃物化意识才能成为"总体的人"。

二是卢卡奇用阶级意识唤醒物化的人的相关论述。卢卡奇认为，"阶级意识——抽象地、形式地来看，——同时也就是一种受阶级制约的对人们自己的社会的、历史的经济地位的无意识"[2]，在资本主义社会，人们的需要被资本生产关系吞没，无产阶级的阶级意识可以唤醒沉睡在物化中的人们。阶级意识在革命中发挥着重要的作用，革命

---

[1] [匈]捷尔吉·卢卡奇：《历史与阶级意识》，杜章智、任立、燕宏远译，商务印书馆1996年版，第269页。
[2] [匈]捷尔吉·卢卡奇：《历史与阶级意识》，杜章智、任立、燕宏远译，商务印书馆1996年版，第106页。

第二章 赫勒异化需要理论形成的时代背景及思想渊源

要彻底,就务必要激发工人阶级作为革命主体的斗志,卢卡奇认为,资本主义的社会现实即"物神",在资本主义虚假民主和平等的意识形态中被遮蔽了,无产阶级的阶级意识可以帮助他们认清自己被奴役和压迫的地位,揭开物化统治的秘密并联合起来争取合法利益;阶级意识有组织社会的作用,只有当无产阶级的阶级意识足够成熟,将革命作为夺取政权的有效手段才能取得胜利。

三是总体的革命才是真正、彻底的革命,是拯救物化生活的良药。卢卡奇批驳历史的"经济决定论",他提出社会的发展不只由经济决定,资本主义对人的剥削和控制已渗透到各个方面,无产阶级应该从意识形态、日常生活、需要等发动多方面的革命。在赫勒看来,资本主义社会物化现象的消解是革命的先决条件,由于劳动者的自我意识不足,必须要让无产阶级认识到自己的阶级利益和所处的阶层、所背负的历史使命,只有从"阶级斗争"转向发动总体性的革命,才能有效反抗资本主义的统治。物的世界对人的统治是政治、经济、文化、意识等多方面的控制,因此反抗也是多方面的。资本主义社会掩盖了社会历史的主体和客体的统一,要唤起无产阶级的主观能动性就要解除对"人的需要"的禁锢,只有当无产阶级将自己作为整体,才能改造客观的世界,"只有无产阶级的意识才能指出摆脱资本主义危机的出路"[①]。

根植于卢卡奇的总体性方法论,赫勒将去除资本主义社会"物"的神秘化作为首要任务,批判依附和统治的社会关系,并对未来联合生产者社会的需要结构进行了刻画。首先,赫勒将总体性原则以及总体性革命作为社会历史发展的方法论,确立了批判依附和统治社会关系的前提,同时反思了资本主义物化意识统治的秘密,将《激进哲

[①] [匈]捷尔吉·卢卡奇:《历史与阶级意识》,杜章智、任立、燕宏远译,商务印书馆1996年版,第136页。

学》作为去资本主义神秘化、超越资本主义社会的理论武器；其次，赫勒重视主体价值，将资本主义社会主体的意识觉醒作为扬弃依附和统治关系、进入联合生产者社会的皈依，她的思想充满对"总体的人"以及人的生存发展问题的关切；最后，她对资本主义社会需要异化和东欧国家以政治的需要代替人的需要的现象进行深入地批判。她认为，需要的革命是总体性革命的一部分，唤起具有根本需要意识的人是革命的关键环节，也是扬弃异化需要的根本途径。她将激进哲学作为理论武器，通过合理的价值讨论，剥离物作为统治人的抽象实体，复归人的主体地位。她提出"由社会所有成员通过合理性的话语讨论制定正义的准则，而所有其他准则，包括纯粹的道德准则，仍然是多元的"[①]。

---

① Micheal Gardine, "A Postmodern Utopia? Heller and Feher's Critique of Messianic Marxism", *Utopian Studies*, Vol.8, No.1, 1997, 115.

第三章 赫勒对马克思异化需要思想的深化及拓展

赫勒的需要理论是对马克思需要理论的继承、深化和扩展。赫勒通过对马克思作品中异化需要概念出场语境的解读，考察了马克思对异化需要问题真正内涵的理解。她认为，在马克思的作品中，需要问题提出的视角和立场不尽相同，马克思在《资本论》《政治经济学批判大纲》等著作中从经济学视角提出了奢侈需要、贫困等问题，并从哲学视角提出需要的对象化、人与动物的需要等问题。梳理马克思的"需要"概念是赫勒分析异化需要问题域、深刻批判现存社会中异化需要的前提。

第一节 马克思异化需要概念的出场语境

赫勒在《马克思的需要理论》前言中提到，"即使在马克思的主要著作中，他也没有使用一个完全精确的术语或概念定义'需要'，他只在其著作中提供几种解释或记下片段性的想法"①。虽然马克思没有对需要理论进行专门的论述，但在其著作中有异化需要问题出场的语境，之后又从多种视角探讨了异化需要问题。

1842—1843 年，马克思在担任《莱茵报》编辑时，考察了资产阶级如何将自私自利的需要强加给劳动者。针对"对物质利益发表意见的难事"，他站在贫苦大众的立场，深刻揭露了莱茵省议会维护资产者利益、亵渎国家精神，对无产者进行剥削和压迫的丑恶嘴脸，这是马克思对资本家、统治阶级与劳动者利益的对立的批判。马克思将利益看作统治阶级欲望和需要的结合，即统治阶级用有利可图的特殊利益的需要取代了人的需要，开始了关于无产阶级异化需要的经济学研究。

1843 年至 1844 年初，马克思辞去《莱茵报》主编后，与卢格创办《德法年鉴》，开始从统治阶级和劳动者角度考察利益对立问题。马克思在《〈黑格尔法哲学批判〉导言》中将人们对宗教的需要归为异化需要，宗教是违背人的本质的现实的苦难，他分析了理论武器如何变成物质力量依靠和说服人、革命的实践条件等问题，他指出宗教是异化的需要，"彻底的革命只能是彻底需要的革命，而这些彻底需要所应有的前提和基础，看来恰好都不具备"②，只有将哲学作为精神武器，才能扬弃对宗教的异化需要。马克思在《论犹太人问题》中指出，犹太人对金钱的需要是首要需要，他们的一切行为都只为满足一己之私，受宗教束缚的人只有在金钱的作用下，才能开始真正的活动。马克思要将人们从宗教的束缚中解放出来，消除他们将利己主义看作一切行为的动机。

在《1844 年经济学哲学手稿》（以下简称手稿）中，马克思提出

---

① Agnes Heller, *The Theory of Need in Marx*, London: Allison and Busby, 1976, p.22.
② 《马克思恩格斯选集》第 1 卷，人民出版社 2012 年版，第 11 页。

第三章 赫勒对马克思异化需要思想的深化及拓展

了异化劳动的四种形式并批判了私有财产，阐释了异化需要概念并对其内涵进行剖析。"每个人都力图创造出一种支配他人的、异己的本质力量，以便从这里面获得他自己的利己需要的满足"①，需要的对象在利己的动机中不断扩张。这些对象化的劳动产品成为奴役人、支配人的异己存在物，而每一种异己存在物都将成为人们欺骗和相互掠夺的工具，人与人的关系除了赤裸裸的利益再也没有其他关系。由于劳动成为异己的物，金钱成为人们狂热追捧的对象，私有制代际传承造成资产阶级精致化的需要与工人粗陋的需要形成对比。

在《手稿》笔记本Ⅲ的增补部分中，马克思将"异化劳动"和异化需要作为异化的一体两面，阐释了资本主义制度对人作为类存在的否定。他以资本主义社会对工人劳动的剥削为核心，论述了异化劳动对人的需要造成的影响：劳动力成为商品，异化劳动造成人生存和发展的需要成为否定人的力量。马克思从以下几个方面剖析了异化需要。

第一，人的需要的粗陋化、野蛮化。与动物的需要作对比，人的需要是由社会关系规定的，对象化活动创造丰富的"人的需要"，需要引起新对象产生并不断满足需要对象化的过程。在实践活动中，人的需要得以满足并推进社会向前发展，人的需要是"人的本质力量得到新的证明和人的本质得到新的充实"②。在抽象的货币需要中，资产者丧失了本质需要，并衍生出病态的需要。马克思直接指出，"对货币的需要是国民经济学所产生的真正需要，并且是它所产生的唯一需要"③。在私有制的光环下，人的需要单一地表现为对货币的需要，货币的需要是可计算、可量化的。

资本主义使劳动成为单一的、束缚人的力量，这种被对象奴役的

---

① 《马克思恩格斯文集》第1卷，人民出版社2009年版，第223页。
② 《马克思恩格斯文集》第1卷，人民出版社2009年版，第223页。
③ 《马克思恩格斯文集》第1卷，人民出版社2009年版，第224页。

需要有悖于"人类需要的丰富性",是"人的需要"和本质力量的疏离。人的本质决定人具有丰富多样的需要,多元的需要才叫"人的需要"。"粗陋化"显性地体现了人的需要违背了"丰富性需要"的人之本性。人作为对象性的存在物,丰富的需要使人的活动富有自由性和创造性,"富有的人同时就是需要有人的生命表现的完整性的人"①。资本主义作为一种社会关系限制了需要的丰富,"这种异化也部分地表现在:一方面出现的需要的精致化和满足需要的资料的精致化,却在另一方面造成需要的牲畜般的野蛮化和彻底的、粗陋的、抽象的简单化,或者毋宁说这种精致化只是再生出相反意义上的自身"②。"粗陋的需要"既表现为物质需要的粗陋,也表现为精神需要的粗陋。在物质方面,工人对生活要素的需要只剩下活下去的、最基本的需要,连新鲜空气都成为奢侈需要,进而满足资本积累货币和增殖的需要,资本私有制生产关系下的工人活得还不如野蛮人;在精神方面,工人受教育的权利被剥夺、发现美的欲望被泯灭、对自由的向往、对道德的敬畏全然丧失。

第二,"人的需要"成为满足他人需要的工具。在资本的作用下,人的生产片面化,劳动成为资本家谋取利益的工具,劳动作为人的本质规定变成谋生的手段。工人只有维持身体机能的需要,出卖劳动力换取交换价值是生产商品的动机和目的。使用价值作为具体劳动产品的性能并不服务劳动者,相反,它的本质在于满足不属于它的、资产者的需要,劳动变成纯粹的手段。

第三,"人的需要"是强制的。工人为资本家创造了剩余价值,资本家将工人的需要变成异己的、非人的需要。马克思在《手稿》中提出,自由自觉的劳动是人的类存在,资本主义社会控制了人的劳

---

① 《马克思恩格斯文集》第1卷,人民出版社2009年版,第194页。
② 《马克思恩格斯文集》第1卷,人民出版社2009年版,第225页。

第三章 赫勒对马克思异化需要思想的深化及拓展

动,将"人的需要"异化为动物的需要。资本家对利润的追逐,使人的生命成为无意识地以维持自身生命存在为目的的活动,"人的需要"只是有机体的生存需要,维持工人的后代继续繁衍、不至于死绝,就像机器需要机油一样,"人的需要"沦为"社会需要"的奴隶。工人生产的产品由"社会需要"决定,但是"社会需要"脱离了人作为类存在物的需要,这种需要将资本家利己的需要强加给他们,工人为了维持身体机能,不得不服从这种生产机制。资本主义的生产劳动是造成工人贫困、外在于人的动物式的劳动。"国民经济学把工人只当作劳动的动物,当做仅仅有最必要的肉体需要的牲畜。"[1] 工人没有生产的自由,也没有生产的意志和目的,人的活动变成了动物的活动,即为了获得满足生存的物质资料进行的单一化、机械化的活动。

第四,利己主义成为一切需要的准则。在商品社会,人的劳动力作为特殊商品,可以换取剩余价值,对产品和货币的占有欲使人与人的关系成为赤裸裸的利益关系,"工业的宦官即生产者则更厚颜无耻地用更卑鄙的手段来骗取银币,从自己按照基督教教义说来本应去爱的邻人的口袋里诱取黄金鸟"[2]。马克思形象地描绘了资本家为了自己的发财欲,将工人的需要当作利己的手段,货币成为可以购买一切物的中介,"工业的宦官"不断创造新的产品激发人的需要,这种为了获取交换价值的物品不具有多样的质的属性,而只是资本家对货币需要的外化和工具。

为了说明人的需要被货币和资本宰制,马克思描绘了人在资本私有制中悲惨的肉体生活。"人的需要"除了动物性需要,还有多样化的、发展的需要,多样化需要的满足以人的能力的充分发展为前提,人的能力提升的过程就是建立社会关系、积极寻求帮助、全面发展自

---

[1] 《马克思恩格斯文集》第1卷,人民出版社2009年版,第125页。
[2] 《马克思恩格斯文集》第1卷,人民出版社2009年版,第224页。

己、培养创造性的过程。动物只满足于维持基本生理机能的需要，它们的生产和需要都是片面的，而人的需要是全面的。人的生产不仅仅指向肉体需要，肉体的生产是片面的动物需要，人独立于肉体需要之外的需要才是有利于丰富个性、彰显能力、进行真正生产的需要。人要发展就要占有资料，并在对象化活动中提高能力，人的丰富需要是人的本性，需要的多样化决定人在何种程度上将自己作为类存在。马克思在《手稿》中提到了人的多样化需要，自然需要、利己需要、劳动需要等，他将人的丰富需要看作自由发展的前提和人区别于其他动物的类特征，当人的能力得到彰显、多元需要得到满足时，方可实现人的全面发展。

在《手稿》Ⅲ的增补部分"私有财产与需要"中，马克思阐述了人的丰富性需要在私有财产中沦为异己的、支配人的力量，并阐释了异化需要的具体类型。私有制使得人的需要随着需要对象扩展，人越是贫穷越渴望货币，货币成为一切感觉和物的中介，人与人的关系异化。工人作为能带来利润的资本而存在，他们成为贫瘠的、片面的人，人的情感和需要被物化。马克思认为，人的需要在交换中是一种对立或相互疏离的形式，就像类存在活动及财产的对象化一样。"一方面，人的需要是对他人需要的产物，另一方面，它采取一种与他人需要相对立的形式。"[①] 资产者创造了一切需要，却将工人变成没有感觉和需要的存在物，当类存在物固有的需要成为与人的自由相对立、非人类的需要时，这种需要将阻碍人的发展。马克思在私有制范围内，指出了人的异化需要扬弃的路径，并指向"私有制"。只有扬弃物对人的统治，将人从私有财产中解放出来，才能将被支配和奴役的人变为具有丰富需要的人，在这个意义上，才能实现人的本质的复归。

---

① Andrew Chitty, "The Early Marx on Needs", *Radical Philosophy*, Vol.64, Summer 1993, 64.

第三章 赫勒对马克思异化需要思想的深化及拓展

"在《穆勒笔记》中,马克思通过赫斯的交往异化论,初步建构起以'谋生劳动'为基础的'异化劳动理论',聚焦交换领域,即人与人需要关系构成的市民社会中的劳动发生异化。"[1]马克思以劳动在不断扩大的商品交换中所发挥的作用为例,阐释了劳动从满足个人需要沦为满足社会需要的工具,人沦为满足社会需要的奴隶的过程。由于劳动沦为谋生的手段,个人需要被迫服从社会需要,马克思对人与人之间异化关系的分析,补充了《手稿》中他对社会关系异化的研究。劳动作为一种特殊的商品,只是劳动者为了维持个人生存获得直接需要的手段,异化的劳动对象使劳动者与社会需要格格不入,社会需要越丰富,他们的劳动越单一和片面,人与人之间的社会联系被商品交换关系所支配。

1845年,马克思在《关于费尔巴哈的提纲》中提出,"人的本质不是单个人所固有的抽象物,在其现实性上,它是一切社会关系的总和"[2]。人具有维持基本生存的需要,即吃、穿、住等基本需要,也有发展的需要,即成长、环境、社会关系等需要。人与动物不同,其本质是在社会关系中确认的、真正符合人的本性的应然需要。人作为社会存在物,不可避免地与他人产生联系,人的需要既要让自己成为人,建立需要对象与自然社会的关系,又是社会性活动和发展付诸实践的过程。人的发展离不开与他人交往,只有寻求他人的帮助和联合,才能弥补自己缺失的个性和能力,实现人的本质。马克思阐明了人从"自然的本质"演进为"社会存在物的本质""人具有的需要"发展为"人的需要"等对自然本性超越的过程,人具有吃、喝、生殖等与动物相同的自然需要,人在生产实践中形成的自由活动、尊重和关怀、充分发挥主观能动性的需要是其与动物相区别的需要。人的需

---

[1] 张一兵:《复调与主体视位——青年马克思〈巴黎笔记〉再解读》,《山东社会科学》2021年第11期。
[2] 《马克思恩格斯选集》第1卷,人民出版社2012年版,第135页。

要及满足方式在人的本质的生成以及社会历史的演进过程中起着重要作用。人创造物质满足"匮乏"需要，人的需要是在实践过程中产生的，而实践是由"需要—匮乏—计划"等人的活动来展开的，人与动物的区别在于目的性和计划性，人通过计划完成由"需要"和"匮乏"推动人与对象同一的实践环节。

1845—1846年，马克思在《德意志意识形态》中提出，"他们的需要即他们的本性"[①]。人的需要是作为"个人"并从个人出发来满足自己的需要，人为了生活就要创造条件满足生存需要，进行生产和创造物质资料的活动衍生出多样化的需要，"现实的人"是一切社会活动的前提，每个人都有自己的需要，在社会性活动中，必然要产生关系和联系。人的一切活动都是由需要推动的，人的活动应该是广泛的、创造性的；人的需要是在社会活动中形成的。马克思认为，人的需要是多层次、多样化的，人创造生产工具和物质资料的过程中会产生各种各样的生产关系。

1847年，马克思在《雇佣劳动与资本》中指出，由于工人的劳动力成为谋生的手段，他们的需要沦为动物维持生存的需要。马克思以一个工人在12小时内的生活为例，阐释了这种没有创造性的、机械性的工作是为了谋生而被迫从事的、无意义劳动，劳动者生活的意义体现在工作之外，当他们吃饭、睡觉的时候才觉得自己是一个人。劳动者为了生活得更好，不得不投入更多的时间从事无意义的劳动，实际上，超负荷的劳动使工人之间的竞争加大，他们的工资被压制，健康受损、寿命缩短，他们为了生存牺牲了自己的生活。劳动者收入不能满足他们的需要，人的类本质发生异化。

1857—1858年，马克思在《政治经济学批判》中指出，随着生产力的发展，分工越来越明确，资本创造了大量物质财富，也创造了

---

① 《马克思恩格斯全集》第1卷，人民出版社1960年版，第514页。

丰富和多样化的需要。劳动作为满足"人的需要"的手段，成为资产阶级的工具。交换使商品成为获取价值或满足消费的劳动产品，经济价值成为一切行动的目的，社会需要取代了个人需要成为生产的动力。

1859年，马克思在《〈政治经济学批判〉序言》中指出，人不仅有物质需要，还有参与社会生活、政治活动等丰富的需要。马克思将"人的需要"的产生及其满足看作随着社会的发展从低级到高级的发展过程。人要生活就要满足生存的需要，当人能够以人的方式生活时，进而才产生发展的、享受的需要，当人的发展需要得到满足，人们会向自由人联合体的需要结构过渡。

1863—1865年，马克思在《资本论》中具体阐释了在资本主义生产方式中，工人的劳动与自己对立和疏离的状态。他将价值和使用价值作为商品二因素，提出物能够满足"人的需要"，所以具有使用价值。作为对象化活动的产物，要满足人对某一事物特性和功能的需要，如果这种产品没有用，是不能交换的。物的性质和使用价值不是资本家关心的问题，他们只关注能不能带来金钱。"这里的问题也不在于物怎样来满足人的需要，是作为生活资料即消费品来直接满足，还是作为生产资料来间接满足。"[1]马克思从经济学的视角将使用价值作为商品满足需要的必要条件，并以上衣为例，论述了生产、交换、分配、销售的过程，揭示了商品作为一般等价物以使用属性满足"人的需要"的秘密。"商品可能是一种新的劳动方式的产品，它声称要去满足一种新产生的需要，或者想靠它自己去唤起一种需要"[2]，因此，商品作为有用物、具有使用价值，是一种能够满足人的某种需要、能带来交换价值的物品。马克思认为，生产者生产某种产品一开

---

[1]《马克思恩格斯选集》第2卷，人民出版社2012年版，第95—96页。
[2]《马克思恩格斯选集》第2卷，人民出版社2012年版，第137页。

始是由于商品的有用性，这种有用性是一种社会需要，剩余价值是维持资本增殖的必要需要。劳动产品在交换过程中发生的物与物关系和社会关系都充满拜物的性质。劳动是人为了满足自己的需要而对自然物的占有，但现实往往相反，资本主义剥削和压榨工人剩余劳动是为了满足资本增殖的需要。劳动产品是为了满足资本增殖的资本家的私人需要，成为"社会需要"，在分工体系中处于可变资本的一部分。马克思从商品满足需要的效用、商品交换产生的社会关系、商品流通过程中工人需要的范围等角度，揭示了资本主义社会生产商品的一般规律。

第二节　异化劳动：马克思阐释异化需要的切入点

异化劳动是异化需要产生的前提，"劳动异化的逻辑也决定了需要异化的逻辑"①。资本主义社会的工人为了维持身体机能，劳动成果被资本家无偿占有，这是劳动作为手段与目的的颠倒，劳动从生产主体需要的手段变成生产不属于主体的东西，造成了需要的异化。在异化形成的过程中，人与人、人与物之间的"需要"也发生了变化。人在对象化的实践活动中获得自己需要的东西是需要产生的前提，作为人的状态的存在是异化产生的前提。"立足这个前提，马克思揭示了需要的具体内容的异化，以及作为关系范畴的需要异化和作为价值范

---

① 刘举、庞立生：《人类命运的现实关注：马克思的需要观解读》，《广西社会科学》2013年第1期。

畴的需要异化的具体表现。"① 劳动作为人的类本质与主体疏离，导致"人的需要"发生异化。一方面，赫勒对资本主义社会的异化需要现象进行了深入的批判，认为需要的革命是推翻现存的需要结构的有效途径；另一方面，她立足总体性革命的观点，剖析了东欧社会"人的需要"匮乏的现状，她认为精英的需要体现的是"社会需要"而非个体需要，是以掩盖和扭曲人的真实需要为前提的抽象需要。她试图扬弃"社会需要"与"个体需要"的对立，并以"人的需要"的满足取而代之，寻找个体需要与类存在的需要统一的基础和现实中介。

"人的'劳动'是他'需要'的尺度，因此每个人由于自己的劳动而得到'价值'；'价值'按照'需要'来规定自己；每个人的劳动'包含'在价值中。"② 在资本主义社会制度中，私有财产加深了资本与劳动的对立，劳动成为谋生的动物需要。马克思在《1844年经济学哲学手稿》中对"劳动"与需要的"粗陋性"进行了阐明，显性地论述了人的需要的扭曲和背离。劳动是主观改造客观的对象性活动是"需要"产生的前提，但资本家占有、禁锢、奴役工人，将劳动看作可以任意支配和处置的对象。

一 人与劳动产品的异化

劳动的对象化产品与人的需要疏离，成为外在于人的存在。在资本主义私有制场域中，在异己的需要驱使下形成了劳动产品的异化。工人的劳动力在资本主义社会成为廉价商品，在生产劳动产品的同时也生产了异己力量，形成了"劳动所生产的对象，即劳动的产品，作为一种异己的存在物，作为不依赖于生产者的力量，同劳动相

---

① 郝立新、王一帆：《马克思需要理论的再阐释——对"人的需要即人的本性"观点的澄明》，《河南大学学报》（社会科学版）2024年第2期。
② 《马克思恩格斯全集》第3卷，人民出版社1960年版，第68页。

对立"①，工人的劳动产品成为自己无力购买并控制自己的对象，是异己存在，物的世界增殖造成了人的世界贬值是资本主义生产的普遍现象。马克思揭示了资本对劳动剥削的根源，劳动成为资本家谋取利益的手段，造成人与人、人与物关系的扭曲和颠倒。劳动作为人的第一需要，是出自内在生存需要的创造性实践，劳动本应肯定人、促使人积极进取，但在资本主义社会，工人生产的产品越多，他们就越贫穷，劳动否定人。他们生产越多越贫穷，而雇佣劳动的所有者则越来越富有，劳动成为痛苦的来源。劳动产品作为自己能动的活动成果，本应归自己所得和支配，但是资本家控制人们的劳动行为、催眠人的意识，人的劳动主体性被消磨并按照资本家的意愿进行生产。劳动产品本来是出于劳动者需要对象，在人与自然的物质变换中、通过对象化活动形成的产品，但在资本的作用下，需要的对象成为独立于劳动者之外的力量，不仅不为他们所用反而控制他们。劳动者不得不出卖自己的劳动力，沦为廉价的商品。资本家的发家史就是将人的劳动产品无偿占有而积累私人财富的过程，这个过程建立在对工人需要的奴役基础之上。在"物的依赖"社会中，商品占有者统摄着劳动者的需要，无产阶级只有劳动力是贫困的化身，产品是独立于他们之外的统治力量。

对于马克思来说，对财富的占有和丰富需要得以满足是相辅相成的。他将资本主义私有制看作束缚人的自由的关键，资本主义社会的物质资料与劳动者是分离的，但不占有生产资料的人的需要是粗陋的，资本创造了多样化的需要对象，而工人的需要永远无法满足。马克思说过，只有当人占有物质生产资料，不被"自然需要"限制时，才能真正地进行生产。资本主义的本性决定了他们的发展是建立在对劳动者"吸血"的基础上，资本家无法从根本上满足人们的需要，资

---

① 马克思：《1844年经济学哲学手稿》，人民出版社2000年版，第52页。

本增殖的需要与工人发展的需要是矛盾的,资本主义社会依附和统治关系使人的能力得不到充分发挥。"丰富的需要"是人全面发展的前提,资本主义社会的需要结构是以资本增殖为目标的,而不是人的发展,资本主义社会创造的大量产品中很少能真正满足"必要需要"。

二 人与劳动本身的异化

劳动对于工人来说是外化的存在。劳动成为人维持生命的、被迫的活动,劳动产生了工人的贫困和痛苦,"劳动生产了美,但是使工人变成畸形"①。劳动造成人的需要片面化、抽象化,社会病态和扭曲,异己的劳动造成工人心理畸形,他们找不到生命的意义、生活失意、妄自菲薄,劳动偏离了满足人的需要的初衷,劳动的意义只是维持温饱。"劳动生产了智慧,但是给工人生产了愚钝和痴呆"②。商品生产是拜物教的世界,人作为生产的主体,产品却作为存在物控制人,劳动成为人维持生命的手段。人的生命活动被利润裹挟和控制,当劳动成为商品,人就不得不服从市场规律的支配,妇女和童工的劳动力变得更加低廉,创造性满足人需要的活动失去了自发性,人在劳动中沦为只有生理机能的动物,劳动成为异己的力量,否定人、压迫人,使人感到痛苦,当人在劳动时不是自己,只有不劳动时才能感觉到畅快,才能感觉到自己还是人,劳动力成为资本家创造利润的商品,而工人除了出卖劳动力没有任何选择。

人的劳动被异化为动物活动。人与动物不同:从实践方式来说,是否有意识是人与动物的根本区别。"最蹩脚的建筑师一开始就比最灵巧的蜜蜂高明的地方,是他在用蜂蜡筑蜂房以前,已经在自己的头脑中把它建成了"③,人的劳动是有意识的,人可以自由地以某种目的

---

① 马克思:《1844年经济学哲学手稿》,人民出版社2000年版,第54页。
② 马克思:《1844年经济学哲学手稿》,人民出版社2000年版,第54页。
③ 《马克思恩格斯全集》第44卷,人民出版社2001年版,第2008页。

和标准来进行生产,并区别于动物维持生命机能的活动,但在资本主义生产方式中,工人的活动仅仅是为了维持生命的延续,没有生产的自由,也没有生产的意志和目的,人的活动变成了动物的活动,即为了获得满足生存的物质资料重复性、机械化的生产,"人的需要"的对象化指向其生理结构。资本主义的生产劳动是造成工人贫困、外在于人的动物式的劳动。生产由资本统摄,资本家支配一切生产要素,工人只是会劳动的动物和只有必要肉体需要的牲畜。资本无视生命,无视人本身,人赖以生活的范围和需要比动物广泛,人要作为类存在并真正开始生产,需要多样化的物质无机界和精神无机界,但异化劳动连人的生存需要都不能满足。异化劳动吞噬了人的自由选择,将人降级为劳动的动物。异化劳动使人的活动片面化,使人的身体畸形、心理扭曲,将人变为抽象的、资本的附有物,一旦肉体的强制被停止,人们就会像逃避瘟疫一样害怕劳动。

在资本生产和再生产的过程中,资本家的需要是让自己的资本不断增殖,他们资本增殖的意志和需要代替了劳动者的意志。资本的要素、生产过程和市场被资产阶级统治,工人受劳动对象的控制和支配,劳动者与资本家成了"依附"(subordination)和"统治"(superordination)的关系。掌握生产资料的资产阶级雇佣工人并压榨他们的劳动力,是不劳而获的一方;工人不得不依附于资本家,为了活下去不断向资本主义制度妥协和退让,不出卖劳动力就会饿死,是劳而不获的一方,工人与劳动产品疏离、对立,被自己创造的劳动成果控制,他们的需要越来越贫困。与奴隶制和农奴制的依附关系相似,资本主义社会的劳动者迫于基本的、维持身体本能的物质需要,从属于资本家,但这种从属在形式上是自愿的,工人在生产和分配过程中不得不成为资本的附庸。私有财产的占有者就是劳动条件的占有者,他们可以根据劳动者体力和性别等差异买卖劳动力,劳动者为了得到更多的工资,就不得不增加工作强度、延长劳动时间、获得就业机会。随着资本积累的发展，劳动者与资本形成了稳固的依附和统治关系，劳动者成为资本家赚钱的傀儡和机器的附庸。

资本作为无形的谋利之网钳制着人的活动。只有牺牲工人的劳动时间和健康，生产才能得以发展，在这种生产方式中，一切发展生产的方法都建立在对劳动者统治和剥削的基础上。所谓资本无非是积累起来的劳动，依赖对劳动者经济关系的管控和人身关系的统治，使工人的需要畸形。异化劳动之所以成为压迫人的力量，是由于工人谋生的劳动与他们的需要没有任何关系，资本家将生产资料和生产力分离，使人的劳动以资本增殖为目的，劳动由人的类本质成为人的自由发展的桎梏，劳动成为异化的、独立于人之外的存在。工人在劳动中受到否定、压迫和奴役，劳动使人的需要独立于自身之外。

三 人的类本质的异化

人的对象化活动是有意识的、能动的。马克思认为，"一个种的整体特性、种的类特性就在于生命活动的性质，而自由的有意识的活动恰恰就是人的类特性"[①]。人是自然存在物，人的对象化活动是多样而具体的，人与自然界和社会产生联系的活动是自由自觉的类生活。与动物不同，人的生命活动是有目的的、能动的实践活动，人能够按照人的需要进行生产并界定生产活动的性质。只有当人的生命活动作为类存在的时候，才能表现人的本质力量，进行多种形式的生产。

"人的需要"是以劳动作为手段的实践活动。人作为类存在，有意识地对客观世界进行改造是人区别于动物的首要特征。资产阶级和无产阶级的需要是相互区别、对立的，在机械化、单一化的工作中，人的活动和蜜蜂造蜂房没有差别，都是为了寻找食物满足自己不被饿

---

① 马克思:《1844年经济学哲学手稿》，人民出版社2000年版，第57页。

死的需要。人的活动是有计划、有指向的对象化活动，人能够根据自己的意识进行社会活动，有意识地"实践"是自由的人的活动，是人的类本质特征。劳动是人的类本质，而人的意识官能是直观的，人的意识是纯粹显现的自为的意识，可以能动的通过劳动改造自然界，人"通过实践创造对象世界，改造无机界，人证明自己是有意识的类存在物，也就是说是这样一种存在物，它把类看作自己的本质，或者说把自身看作类存在物"①。人的活动具有实践性，唯有创造性地、有意识地呈现出这种实践性，人才能成为类存在物。动物的生产是片面的，出于本能的肉体需要，人既有与动物一样的基本生存需要，还有自由、全面发展、参与决策等丰富需要。只有人的丰富需要得到满足，才能最大化地实现人的自由，并充分地彰显个人才能。人只有摆脱动物式的生存需要才能真正生产人自身和自然界。人的对象化活动具有主观能动性，可以不按照肉体的需要进行生产，生产的成果自由支配，但是在资本主义制度中，人的活动及其产品成为异化劳动的否定力量，异化劳动不仅造成人与外部世界的分离，也造成人与自身存在的分离。

四　人与人关系的异化

资本家占有工人的劳动力并支配他们的活动对象，工人与资本家是一种利益对抗关系。随着生产力的发展，生产过程中分工越来越细，人与人之间的关系越来越原子化、功利化。由于劳动成为资本增殖的手段、人成为非人类的存在，以雇佣劳动为基础的、以资本增殖为目的的关系是社会的主要关系，一切人的存在和活动都是为了利润，以私有财产为行为动机掩盖了不公平的剥削关系，劳动力成为商品，工人为了生存不得不依附资本家。资本支配着生产的一切要

---

① 《马克思恩格斯选集》第 1 卷，人民出版社 2012 年版，第 56—57 页。

素，统摄和控制着劳动者的活动。在这种依附和统治的关系中，无形的资本使人只从自己的利益考虑，只从有用性和交换价值来衡量人与人之间的关系。在资本主义社会，一方面，人在交往中成为商品，这种特殊的劳动力商品只充当劳动的工具，是资本家买卖的对象；另一方面，"人的社会关系在交换关系中的物化"[1]，人与人的关系以资本为纽带，人作为商品按劳动力的大小出售，这种以交换价值为基础的关系决定了人自身的价值。这是对人的贬低和物化，作为劳动主体，人不是目的而是一种制造利润的特殊工具。资产阶级将一切关系纳入私有财产的范围，甚至连家庭成员也成为他们敛财的工具，"无产者的一切家庭联系越是由于大工业的发展而被破坏，他们的子女越是由于这种发展而被变成单纯的商品和劳动工具，资产阶级关于家庭和教育、关于父母和子女的亲密关系的空话就越是令人作呕"[2]。

资本主义社会生产的目的是资本增殖，劳动力的唯一价值就是创造剩余价值。如果劳动者不幸生病或残疾，对于资本家来说，劳动者就失去了使用价值。私有财产将人与人的关系颠倒了，与其说是受依附和统治关系支配，不如说是受物与物的关系支配。资产阶级掌握了物质力量，他们拥有绝对的话语权，只关心利润，让工人创造更多的价值，当人生病或丧失劳动力时，就成为没有用处只能等待灭亡的物。身处发达工业社会的卡夫卡创作的小说《变形记》形象地用甲壳虫将崇拜"物神"的现象拟人化，描绘了资本主义社会人与人之间的工具关系。一个叫格里高利的推销员为了赚钱给父母还债、供妹妹上学东奔西跑，有一天醒来时，他突然变成了一只甲壳虫，生活不能自理，也不能给家庭带来收入，家人们都嫌弃他，甚至想杀死他，他恐惧、无助、孤独。这部著作正是资本主义社会人与人关系异化的写照，卡

---

[1] 陈敬国：《作为社会与历史总体的异化——马克思总体异化思想探微》，《天府新论》2021年第6期。
[2] 《马克思恩格斯选集》第1卷，人民出版社2012年版，第418页。

夫卡用甲壳虫的形象具体而生动地将人对"物神"的崇拜拟人化，描绘了格里高利的生活陷入困境，不能为家庭带来利益时，被嫌弃、让人恶心的处境；也形象地阐释了在发达工业社会，人们在交往时看重的是对方带来的利益，人与人之间的关系是一种特殊的拜物教。

虽然马克思卷帙浩繁的著作中没有直接提及异化需要，但他对异化需要的显性表现和隐性表现进行了深入阐发。沿着马克思对异化劳动和多重需要问题域的分析，赫勒对资本主义社会和东欧社会主义国家需要的异化进行了深入批判，指出现存社会体制中劳动者与统治阶级的关系实际上是依附的关系。

第三节　赫勒对马克思异化需要概念内在规定性的探索

在马克思的著作中，需要问题有不同的出场语境。马克思对需要问题的论述"有时从历史哲学或人类学的角度进行，有时根据需要的对象化进行，有时从经济的角度进行，有时是通过有意识地运用价值种类中的'人类财富'的运用和规定来分类"[①]。我们有必要对马克思著作中"需要"概念出现的背景进行归类，这些包含"需要"概念的价值判断，影响着总体性的异化需要结构。赫勒对马克思经典著作中出现的"需要"概念进行了划分，探索需要的多重论域，考察异化需要在何种意义上违背人的类本质，廓清异化需要的问题域。

---

① Agnes Heller, *The Theory of Need in Marx*, London: Allison and Busby, 1976, p.27.

第三章　赫勒对马克思异化需要思想的深化及拓展

一　政治经济学意义上的"必要需要"(necessary need)与"奢侈需要"(luxury need)

赫勒认为，马克思对使用价值、劳动力价值、剩余价值的分析都是从需要的角度来阐释的。马克思认为劳动产品变成具有使用价值的物，是因为这种"有用物""价值物"能满足人们的某种需要并为资本家带来交换价值。一件商品必须具备使用价值（满足人的某种需要），没有使用价值（不能满足人的某种需要）就不会产生交换价值。在分工的作用下，需要体系不断扩大，造成庞大的商品堆积。资本增殖的本质决定资本家只关心商品带来的交换价值，他们不关心这种"物"如何满足人的需要。"马克思揭露了资本主义社会需要的现状，批判资本主义的主要动机是剖析工人阶级被剥削的现状"[1]。虽然马克思从未对"需要"概念下定义，但他从需要的角度分析了使用价值。马克思认为商品可以满足人们的需要，资本家生产商品是因为商品可以带来利润、具有交换价值，他们榨取剩余价值以满足逐利的需要。人们购买商品，也是因为商品具有可使用性，资本家关注其交换价值，"物的有用性"是被交换价值统摄和支配的对象。但物品成为商品并不是天然的，只有当劳动产品进入流通环节才变成具有价值的物，当商品作为使用价值进入市场时，商品具有质的差别，当它作为交换价值进入流通环节时，商品只有量的差别，这样才能够进行广泛的交换。使用价值具有质的规定性，不能通约和交换，只有交换价值能以量的规定性使商品成为抽象的实在。资本主义社会的交换价值具有量的规定性，商品被抽象化，商品质的规定因不可通约和比较被消解，可交换的量的规定性获得认可。资本家雇佣劳动力作为商品是因为劳动力能够满足有用性、能为资本家创造剩余价值，工人一旦丧失

---

[1] Agnes Heller, *The Theory of Need in Marx*, London: Allison and Busby, 1976, p.29.

劳动力，资本家就不会雇佣他们，当劳动力不具备有用性也就失去了交换价值。对于资本家来说，劳动力具有使用价值是因为它能够为资本家带来剩余价值。"工人把他的劳动力，即使用价值，卖给资本家。使用价值满足资本家生产剩余价值和资本稳定的需要。"[1] 对于工人来说，维持生存的需要使他们将劳动力作为商品，出卖给资本家。剩余价值产生于生产环节，在流通中完成自我增殖，为了将商品变成货币，资本家一方面最大限度地用廉价的劳动力创造商品，另一方面通过各种手段刺激人们购买商品，马克思称之为"惊险的跳跃"。剩余价值的再生产创造了私有财产和劳动分工，随着生产力的提高、分工的发展，资本家创造物质财富的同时也生产了丰富而多样的需要。工人的需要受到他们有限购买力的制约，资本主义社会创造出的丰富需要与工人的微薄收入形成矛盾。

"将需要的概念简化为经济学意义上的需要，是资本主义社会的异化需要，在这样的社会中，生产的目的不是满足人的需要，而是为了资本增殖"[2]，这样一来，资本主义社会需要的体系就以劳动分工和市场上有支付能力的需求（effective demand）为主。国民经济学家将工人看作只有维持肉体需要的动物，将工人当作获取剩余价值的手段，只有压制工人的需要，资本主义经济才能得以发展，资本家需要的精致化与工人阶级需要粗陋的对立导致阶级矛盾尖锐。"劳动力再生产所必要的生存资料的价值与给定的生产力水平相对应的价值量是由工人的需要决定的。"[3] 为了考察工人在现有的劳动分工条件下，哪些需要是应该得到满足的，赫勒提出"必要需要"的概念。她认为，在《政治经济学批判大纲》中，马克思还没有将"必要需要"与"自然需要"（natural need）区别开来，这种经济学意义上的需要包含着

---

[1] Agnes Heller, *The Theory of Need in Marx*, London: Allison and Busby, 1976, p.24.
[2] Agnes Heller, *The Theory of Need in Marx*, London: Allison and Busby, 1976, p.26.
[3] Agnes Heller, *The Theory of Need in Marx*, London: Allison and Busby, 1976, p.24.

第三章 赫勒对马克思异化需要思想的深化及拓展

历史哲学的要素，马克思对这两种需要的界定是模糊的。在《资本论》中，"自然需要"与人的劳动力价值有关，人的劳动力价值是根据某个国家的气候和地理条件下的"自然需要"决定的，如食物、衣物、住房等。马克思对劳动力价值的界定包括维持劳动者及其家人的基本生存需要。随着资本主义的发展，"自然需要"被社会创造的需要取代了，但"必要需要"是人的生存需要。随着人们的基本生活条件的改变，"必要需要"也发生了变化。在《哲学的贫困》中，"必要需要"的满足及其可能性与社会现实相冲突，"必要需要"不仅是维持生存的物质需要，还包括教育等非物质需要，但这种需要在资本主义生产关系中始终得不到满足。"必要需要"在《资本论》和《政治经济学批判大纲》中，不仅指物质需要，也包括非物质需要。首先，因为各个国家历史条件、社会制度、风俗不同，"必要需要"的差异很大，比如，英国工人与印度工人的"必要需要"就不相同。其次，"必要需要"是针对资本主义社会而言，由于资本的扩大和再生产需要榨取工人的剩余劳动才能实现资本增殖，资本家为了节约成本，只给予工人维持基本身体机能的"必要需要"。马克思认为，生产中凝结的劳动越多，这种产品就越接近奢侈品，这种划分带有社会性。"奢侈品指的是，只能属于资产阶级，并使用剩余价值进行交换的消费产品，并且它永远不会被劳动者共享"①，工人阶级通过出卖劳动力，始终无力购买的、耗费了大量社会必要劳动的产品即奢侈品。在资本主义社会中，资本家不断延长工人剩余劳动时间，追逐剩余价值，于是在"自然需要"和"必要需要"的基础上扩大生产规模，生产价格昂贵却不是人们真正需要的商品。在联合生产者社会，维持生活的物质资料得到了保障，最不可或缺的是人对自由时间的需要，"必要需

---

① Agnes Heller and Feher, *The Grandeur and Twilight of Radical Universalism*, New Brunswick: Transaction Publishers, 1991, p.22.

要"和"奢侈需要"不复存在，自由活动、能力得到充分发展的需要成为衡量财富的标准。

生产具有自身的发展规律，原来"奢侈需要"将逐渐取代"必要需要"。"人的需要"随着生产的发展不断丰富和多样化。在生产力较低的阶段，劳动者生产的商品，他们消费不起，比如精致餐具，劳动者原来用勺子吃饭，精致餐具对于他们来说不是必需的，而是奢侈的需要。资本家为了利润，刺激人们购买商品，造成庞大商品堆积，实际上，资本家生产的很多商品都没有体现人们对质的需要。资本家在生产的过程中只看重商品的交换价值，他们不断改进设备、提高生产率，以数量为指标进行生产，却为劳动者带来了贫困，他们甚至连基本的生活必需品也买不起。在马克思的作品中，"奢侈需要"不再是纯经济学的概念，道德、历史和风俗也决定着"奢侈需要"的分类。工人为了获得维持生活的"必要需要"出卖劳动力，原来的"奢侈需要"变成"必要需要"，只有理解了"奢侈需要"与"必要需要"的转化，进而才能理解资本主义社会如何将人的需要异化。国民经济学家"把工人变成没有感觉和没有需要的存在物……因此，工人的任何奢侈在他看来都是不可饶恕的，而一切超出最抽象的需要的东西——无论是被动的享受或能动的表现——在他看来都是奢侈"[①]。在资本主义社会，工人的需要服务于资本，资本家丰富需要得以满足的前提是对工人需要的奴役和支配，工人的需要依附于资产阶级，离开了他们工人无法存活。赫勒认为，丰富需要是人的本性，论证了人们在消费的过程中资本家创造财富的需要与工人的贫困同时存在，指认了对工人需要的奴役和控制是非人的、异化的需要结构。

在赫勒看来，马克思对资本主义社会"需要"概念的价值判断是联合生产者社会需要结构的基石，资本主义社会限制生产的质，阻碍

---

① 《马克思恩格斯文集》第1卷，人民出版社2009年版，第226页。

了人的自由而全面的发展。赫勒从经济学视角分析"需要"概念并刻画了商品世界中劳动者与资本家的对抗关系，意在说明资本主义社会发展是以增加工人的劳动时间、提高劳动强度为前提的，人们对自由劳动时间的需要在资本主义社会不可能得到满足，只有在联合生产者社会的需要结构中，人们才能将劳动变成需要的对象化活动，从事更高级的创造活动。

二 历史哲学意义上的"自然需要"（natural need）与"社会生产的需要"（socially produced need）

赫勒指出，资本主义社会需要结构的畸形和不公之处，在于资本主义社会需要结构将谋利最多的产品当作人的需要、将资本增殖的需要、劳动分工的需要强加于人，操纵和控制劳动者，将他们的需要异化。"为了能够从资本主义的经济视角分析异化需要的概念，有必要创建'非异化需要系统'。"①

只有根据人的对象化活动区分异化需要和非异化需要，才能变革异化需要的系统，并在未来重建需要结构，那时经济活动将服从这种为人类服务的需要系统。赫勒认为，经济学视角的需要是一种对人的本质的疏离，从哲学人类学视角来看，"需要"是人作为主体对客体的对象化，"人类的需要和需要的对象是相互关联的，需要的类型是根据它们所指向的对象和涉及这些对象的活动而形成的"②。马克思赋予需要丰富的层次，从人的对象化实践活动来理解需要概念，由于人要生存，就要创造物质资料，在这个过程中，逐渐有了提高产品质量、更新技术的需要，更高质量的产品和更先进的生产工具就是需要的对象，需要和需要的对象之间既相互促进，又相互制约。新需要对

---

① Agnes Heller, *The Theory of Need in Marx*, London: Allison and Busby, 1976, p.27.
② Agnes Heller, *The Theory of Need in Marx*, London: Allison and Busby, 1976, p.40.

象的产生是一个历史过程,随着人类的认识和实践逐渐深化和发展,人创造条件满足需要的活动是对象化的活动。首先,人在对象化的活动中创造产品满足自己的需要,确立新需要对象的过程是人类意识的发展过程,已经满足的需要推动新需要的产生,人就有了更新生产工具的意识,对象化的需要推动人的需要和意识向前发展。其次,人区别于动物的标志是人能够根据自己的需要确定需要的对象,并有意识地、能动地创造世界;动物的需要出于本能,它们需要的对象是由动物的类属性决定的。人作为有意识的存在物,在制造物质资料的过程中出现的新需要,由需要的对象"指引"和"推动",因此,自由自觉的活动是人至关重要的需要,依托自由自觉的活动,人的能力得以发展和彰显。丰富的需要促进人的本质的生成和发展,"这取决于对象性的性质以及与之相适应的本质力量的性质"[1]。在资本主义私有制条件下,对象化的需要具有外化的性质,由于人的对象化活动受资本主义私有制的限制,对象化的属人需要异化为简单、粗陋的需要,限制了人的发展,使人的活动单一、创造力受阻。赫勒指出,人在与自然界进行物质变换的过程中确定需要的对象,并推动着新需要向前发展,同时,对象化活动的异己性会使劳动产品发生异化,限制需要的满足;劳动产品脱离了劳动者的控制,反过来控制人,人对劳动产品的需要主要表现为占有,脱离了确认人本质的需要;人在受限制的对象化活动中否定自己,久而久之,劳动者对对象化活动产生厌恶和躲避的心理,人在单一和片面活动的束缚中,丧失了属人的能动性。

人的需要指向对象,这种对象表现为能够自我实现,而非自然本能驱动的、创造性的对象。赫勒将历史哲学视域下的需要分为"自然需要"与"社会生产的需要"。"自然需要"是人们为了生存而产生的吃喝住穿的肉体需要,是人活下去的需要。鉴于这些需要是历史形

---

[1] 《马克思恩格斯文集》第1卷,人民出版社2009年版,第191页。

第三章　赫勒对马克思异化需要思想的深化及拓展

成的，每个国家的经济发展水平、生活习惯不同，劳动力的价值也随着国家、发展水平而不尽相同。每个国家和地区的自然条件、气候状况不一样，因此与之适应的衣服、饮食、居住条件等自然需要也不相同，"自然需要"决定劳动力的价值，资本家发给工人的工资只能买到最低水平的、维持身体机能的物品。《政治经济学批判大纲》《资本论》《1844年经济学哲学手稿》都涉及"自然需要"概念，在马克思的作品中指维持人生存的物质需要，且变动不大。"'自然需要'是人类生命的简单维护和自我保护的需要，它们是'自然必要的'。"[1] "自然需要"是人的存在的基本需要，是人生活中的必要需要。这一需要与动物存在的需要不一样，"自然需要"更侧重人生存的必备需要，动物的需要是基本的、天然的、本能的需要，但人维持人的本性的"自然需要"具有社会性，带有"社会生产的需要"特点。只有当人以满足自身需要为目的开展对象化活动的时候，人才能成为人，但在资本主义社会中，人的需要被抽象为粗陋的生存需要，得不到满足的需要限制了他们的发展，片面的生产限制了他们的对象化活动。马克思指出，人们的消费能力是资本主义社会发展的加速器，"自然需要"与"社会创造的需要"的差别由此产生。人穿衣服的需要作为独立的人的群体需要，只能在社会活动中得到满足，不同于动物维持身体机能的"自然需要"，"社会生产的需要"对应"社会需要"（social need），指人在生产物质资料的同时，与自然界进行有机交换，在社会化生产中产生的需要，比如制造衣服、生产餐具等。

人的需要受对象化活动的限制，"当这些'对象'反过来限制了需要的满足并生产出新的需要，如果这种新的需要仅服务于'对象'的发展，而不是人的发展的时候，就出现了需要的异化"[2]。在资本主

---

[1] Agnes Heller, *The Theory of Need in Marx*, London: Allison and Busby, 1976, p.30.
[2] 李晓晴：《阿格妮丝·赫勒的激进需要理论探析》，《学术交流》2013年第4期。

义社会，需要的对象指向特定的动力机制，即商品关系。随着资本主义社会纯粹量的需要的发展，资本家不断追求财富的积累，人的"自然需要"逐渐被"社会生产的需要"取代，"社会生产的需要"打破"自然需要"对人的限制，推动资本主义社会以增殖为目的开展对象化活动。

三 人类学意义上的"社会需要"（social need）与"社会的需要"（need of society）

赫勒将属人的需要及其内在本质作为工人的革命动力，考察了马克思提出的联合生产者社会（the society of associated producers）的需要结构，以及联合生产者社会需要结构代替雇佣劳动需要结构的动力根源。在联合生产者社会中，随着生产力的发展，产品使用价值的数量和质量都将得到提高，物质财富的丰富推动了人的需要的发展，"更高层次"的需要不断涌现。随着生产力的提高，制造产品的社会必要劳动时间减少，人们才能从繁重的劳动中解放出来。为了丰富劳动者的生命尺度，人们需要更多的自由时间。人类学意义的"需要"确立了人的需要在历史发展中的重要作用，强调社会活动对人的需要的影响，人只有在社会活动中才能再生产自身并不断创造需要的对象。人从事的实践活动表现为主体对自在自为的人的本质生命力量的追求，这种本质力量是开启历史前进的现实动因。

"社会需要"不是异化的需要领域，每个社会都有"社会需要"，甚至在扬弃异化后的联合生产者社会也有"社会需要"。将"社会需要"与普遍利益等同起来，会导致"社会需要"具有拜物教的性质。"社会的需要"既不是个人的全部或平均的个人需要，也不是与生产的社会结构相符合的"社会需要"，更不是"社会化"（socialised）的个人需要，而是高于个人需要之上的需要系统。这样的解释可能会让人产生误解：一是"社会需要"的层次比个人需要的层次更高，人的需要应该服从"社会需要",这样会导致工人的利益被资本家的利益所遮蔽。二是"社会需要"表现出来的需要才是个体的真实需要,那么,未被这种"社会需要"承认的需要就是无效的,这样的误解造成很多个体的合理需要得不到认可和满足。工人的很多合理需要在"社会需要"中被遮蔽,为了唤起这种未被认识到的需要,"马克思为阐明'未认识到的需要',而提出'根本需要'"[1]。他虽然强调阶级斗争和阶级利益,但是从未忽略个人的利益。马克思从四个方面建构了"社会需要"概念:一是"社会生产的需要"(socially produced),指个体的需要,马克思有时用这个概念指涉"非自然需要",有时用来概括人的需要;二是"社会化的人"(socialised men)的需要,这是人在创造性的活动中,为了自由和发展产生的需要,即人们对共产主义社会的需要;三是没有加引号的社会需要,表示那些与物质产品有关、但却不是有效的、人们必要的需要,赫勒补充道,社会需要是物质需要和可以通过交换价值购买的非物质需要,这种需要是可变动的;四是加引号的"社会需要"(social need)概念,指的是"社会发展的人性"(socially developed humanity)的需要。这里的"社会需要"是指个人的需要,对于统治阶级来说,物质需要等于有效需要,但对于工人阶级来说,真实的有效需要比"社会需要"更为重要,数量上不断堆积的"社会需要"并不是工人真正有效的需要。赫勒指出,马克思感叹工人缺少需要的意识,是因为"社会需要"遮蔽了工人的真正需要,或者很多需要是工人有效的需要,但却未被"社会需要"所认可。赫勒强调,不加引号的社会需要,指的是社会需要或公共需要的满足,具体而言,社会需要是社会生产的,个体在公共组织中得以满足的需要,这是"社会的需要"。比如人们在学校可以得到教育、在医院可以得到治疗,这是非经济学视角的需要,马克思提出

---

[1] Agnes Heller, *The Theory of Need in Marx*, London: Allison and Busby, 1976, p.68.

公共需要的满足，赫勒强调"当人不再受物的统治和支配，人与人的关系不再是物与物的关系，而是被个体自由发展的需要所支配"①。马克思设想了未来联合生产者社会，个人的需要将在公共需要中得到满足，人的能力得到充分发挥、个性自由得以彰显。

　　一些人对马克思需要理论中"社会需要"的理解出现不一致，将"社会需要"看作社会的需要，没有处理好"社会需要"与个人需要的关系。东欧社会主义国家将"社会需要"看成是凌驾于个体需要之上的特殊需要，忽视了个人需要，从而将马克思主义教条化，将"社会需要"看成了普遍利益，而忽略了马克思从个人维度上对需要的阐发，"社会需要"是集体的需要，满足大多数人的利益，比个人需要更普遍，"社会需要"居于更高的层次。在个人需要与社会需要发生冲突的情况下，个人应服从于"社会需要"，只有在集体中个体才能获得个人需要的满足。"在实践中，这种'社会需要'实际上是工人阶级（或社会）的特权阶层或统治阶层的需要。"②诚然，"社会需要"的范围大于个人的需要，在很多情况下，个体需要和"社会需要"的关系应该是一致的或者平衡的，但人们并未认识到自己和整体社会需要的一致性，导致人们的真实需要被遮蔽，这种"未被认可的需要"不被"社会需要"接纳。

　　资本主义社会的"社会需要"是增殖的需要。资本家将工人当作工具，为了生产而维持工人基本的身体机能，工人创造的劳动产品不属于自己，维持资本主义社会运转的"社会需要"并不代表人们真实的需要。在个人与社会的关系中，资本的权力笼罩着一切人与人的关系，劳动者不得不屈从资本的统治，"社会的需要"代表着劳动者的利益，工人在繁重的体力劳动中，认识不到自己的合法权

---

① Agnes Heller, *The Theory of Need in Marx*, London: Allison and Busby, 1976, p.73.
② Agnes Heller, *The Theory of Need in Marx*, London: Allison and Busby, 1976, p.67.

益,相反,资产阶级将他们的剥削文化和意识灌输到工人的思想中,将活生生的人变成抽象的人,使他们的阶级意识和"人的需要"迷失。

在东欧社会主义国家,人民渴望自由和民主,这与政治极权的"社会需要"对立。由于教条地理解马克思主义,模糊的"社会需要"概念将统治阶级的需要作为一切需要的前提,使个人的需要服务于统治阶级或群体的需要,将国家的需要凌驾于个人需要之上,工人与统治阶级的关系沦为依附的关系。赫勒提出,"根本需要"革命将以解救那些需要被压制却不自知的人为己任,"以'人的解放'为最高价值目标,通过明确马克思需要理论的问题指向和理论旨趣,进一步揭示马克思的'需要'思想当中所蕴含的人类解放"[①]。资本主义社会将资本增殖作为"社会需要"的动力统摄着无产者,将"社会需要"看作个人的合理需要,导致工人阶级相信,依靠社会制度和"社会需要"的进步可以实现个体需要的满足。资本主义社会的需要结构是异化的,大多数人的需要在依附和统治的关系中得不到满足,只有揭开阶级社会中将普遍利益说成个体利益的假象,才能对资本主义社会需要结构进行根本变革,内生于资本主义社会的"根本需要"是唤起需要意识的革命、超越资本主义社会,用集体力量打破剥削、压迫枷锁的关键。

人要了解自己本身,将人的本质作为衡量一切社会生产和生活的尺度,真正按人性的需要、主体的需要来安排世界,这也是赫勒建构激进哲学的真正动因。"工人必须有时间满足精神需要和社会需要,这些需要的范围和数量由一般的文化状况决定。"[②]"根本需要"的缺失造成社会的动荡,但只有在"根本需要"缺失的情况下社会资本

---

① 王海萍:《赫勒的需要理论对马克思人类解放理论的丰富与拓展》,《求是学刊》2020年第5期。
② 《马克思恩格斯选集》第2卷,人民出版社2012年版,第190页。

才能生存。资本的本性决定他们将资本增殖作为一切行为的准则，将剩余价值用于扩大再生产，置工人的利益和需要不顾。赫勒对"社会需要"概念的澄清，使劳动者认识到工人阶级的需要是被"社会需要"遮蔽的"未被认可"的需要，为了使工人阶级可以理智地区分"认可"和"未认可"的需要，她提出了"根本需要"这一概念。被统治的工人阶级的需要不代表资产阶级或国家的需要，资本家需要的是利润和市场的扩大，工人阶级需要的是基本的物质资料，资产阶级的需要是与工人的利益相悖的，工人与资本主义社会对立的需要在被依附和统治的社会关系中不被认可，也不可能得到满足，他们将这种个人目的论变成社会目的论。只有依靠革命推翻资产阶级的统治，才能实现"根本需要"的满足，工人阶级在现有的体制中不能以自己的利益为中心；只有进行"根本需要"的革命，实现"根本需要"的满足才能克服异化需要；他们不能识别自己的根本利益。工人的需要是被支配的，他们的"根本需要"不可能得到满足，"超越资本主义的不是'根本需要'的存在，而是它们的满足。资本主义中已经产生'根本需要'的个体是'集体应当'的承担者"[①]。在生产资料和劳动者分离的前提下，人的需要是社会强加和灌输的，人对如何选择自己的需要及其种类失去自主权。赫勒从人自身、人的本质需要出发，澄清了"社会需要"与"社会的需要"的内涵及其指向，将"个体的需要"作为人的价值的体现，辨析了马克思"社会需要"的标准及其分类，无产者应该认识到自己的合理需要，资本主义社会的"社会需要"不是个体自由而全面发展的需要，真正的"社会的需要"应该是代表广大劳动者利益，实现无产阶级解放并促进社会向前发展的需要。

要让需要得不到满足的人意识到依附和统治关系是违反人性的一

---

① Agnes Heller, *The Theory of Need in Marx*, London: Allison and Busby, 1976, p.77.

切根源，人们才能认识到需要革命的必要性和必然性。赫勒厘清了马克思著作中需要概念出现的不同背景，解析异化需要及其类别，揭示了统治者和被支配者需要的对立，唤起需要意识的觉醒，这是对双重偶然的现代人无法选择自己的命运的困境的救赎。她从人类学视角对马克思需要理论进行拓展和深化，号召劳动者从绝对的"社会需要"中剥离出来，并且认识到人作为社会存在物既要在集体中满足个体的需要，又要追求"社会需要"与个体需要的一致性。

第四节 赫勒对马克思异化需要理论的继承和深化

在赫勒的文本中，她对分工与需要之间的关系进行了论证。她指出分工的产生以及私有财产的普遍化是异化需要的源头，资本主义社会的劳动和分工限制了工人的需要，需要的多样化与受限的需要成为社会最大的矛盾。

"人的需要"总是与对象或对象化的活动相关，劳动一旦脱离了主体性的需要，就会创造自己需要的对立面。"需要的对象在其意义上并不受限于物质的客观性，世界是客观的世界。每一个社会关系、每一种社会产品都是人的对象化。"[1]人作为自由自觉的类存在，"人的需要"是由人的劳动和对象驱动的，异化劳动使"人的需要"沦为动物的需要，只有扬弃将他人当作手段的异化劳动，才能实现个体与类的需要同一。

---

[1] Agnes Heller, *The Theory of Need in Marx*, London: Allison and Busby, 1976, p. 40.

一 赫勒对劳动产品需要异化的考察

资本主义私有制及其分工条件下的生产将劳动产品变成"异己的东西",东欧社会主义国家本质上是一种服务精英主义的需要。私有制条件下的劳动分工,资本家反而成为不劳而获的一方,劳动产品成为劳动者的对立物。资本家占有私有财产,一方面,"劳动异化导致了私有制的产生,而以资本为主导的私有制导致和加剧了劳动异化,资本和异化劳动是私有财产的两个内在因素"[1],劳动产品背离了"人的需要",统治和压迫人,工人的异化劳动使他们的能力被束缚,个性被压抑。另一方面,劳动的异化表现为私有财产,劳动者生产的产品成为控制他们的力量。

资本主义社会中人们不能摆脱劳动产品异化的状态,就不能摆脱对劳动产品的异化需要。资本家生产的目的不是满足需要,而是为了资本的增殖,资本主义社会需要的系统由强制分工和在市场获利的需要构成。资本逻辑宰制下人们以消费作为满足需要的途径,将消耗商品误认为是人的自由个性与全面发展的体现。在资本家的操纵下,消费成为异化需要,商品成为奴役人的工具。资本家集中生产能够带来大量利润的商品,艺术、诗歌等塑造人的品格、陶冶人的性情的精神需要被忽略,人们在工作中麻木、痛苦,他们的精神生活成为沙漠。资产阶级制造虚假的需要刺激消费,将他们的私人利益说成大众的利益,无产阶级连基本的生存需要都得不到保障,他们消费的欲望与自身的贫穷构成矛盾,工人阶级认识到资本主义的操纵和控制使自身需要受压制,得不到满足的需要成为无产者反抗资本主义的主要力量。

资本主义社会商品拜物教导致劳动产品与人相异化。资本逻辑以

---

[1] 张海燕:《〈1844年经济学哲学手稿〉中资本—劳动辩证法的总体性运思》,《北京师范大学学报》(社会科学版)2019年第3期。

第三章　赫勒对马克思异化需要思想的深化及拓展

利润为目的造成消费主义的盛行,"赫勒认为,与对财富或权力的渴望不同,对他人的工具性利用仅仅是作为手段,消费主义没有直接的受害者"①,无产阶级无力购买劳动产品造成需要的贫困,资产阶级创造了商品的堆积,为了扩大原材料产地和创造市场,引诱人们购买一些非必要的生活物品,用商品量化的交换价值扩大他们的物欲,使人们感到精神空虚,资本主义社会中"人的需要"不是人的真正的、对产品使用价值的质的需要,人在生活中逐渐失去幸福和自主权。异化的需要使人作为社会存在物沦为孤立的原子,人的自由个性被物化浸透,在消费过程中,人与人关系的亲疏表现为消费能力的强弱。无节制消费暴露出资本主义道德上的冷漠以及人们需要的两极分化,无产阶级的工资只能买到他们的后代不至于死绝的"必要需要"。"资本主义不仅产生新的社会需要和能力。它将商品关系普遍化,使货币成为社会财富的量化'化身'。"②

资本增殖的世界不仅是物的世界,也是异化需要的世界。赫勒对消费主义的态度指向了现代资本主义的核心矛盾,即资产阶级的需要与无产阶级需要赤贫的矛盾。资本家为堆积的产品寻找买家,将利润最多的商品源源不断充入市场,虚假的需要大行其道。如同罗莎·卢森堡所言,资本家为解决过剩的产品,打开世界市场,开掘新的消费途径。资本主义国家的工人买不起本国的产品,造成产品的过剩和堆积,资本家不得不在海外殖民地寻找市场和资金,不断刺激需求、扩大消费。消费主义的盛行给富人带来财富和享受,却给工人带来贫穷、折磨、奴役,劳动产品的异化使工人的需要成为"非人的需要"。

资本制造了一种"欲望"而非"需要"的商品世界,将"物"的

---

① John Grumley, *Agnes Heller—A Moralist in the Vortex of History*, London: Pluto Press, 2004, p.167.
② Agnes Heller, *The Theory of Need in Marx*, London: Allison and Busby, 1976, p.46.

观念灌输到人的意识中，通过广告等方式刺激消费，这种对物的崇拜和依赖将真实的需要变成了虚假需要。在资本主义社会，人们对商品的需要和欲望依赖于"不真实的"需要，这种需要本来不是人作为类本质的需要，而是资本家赋予的。资本积累导致人们在"消费刺激—虚假需要—虚假生产—资本增殖"的循环中生产劳动产品。那些完全被商品刺激的需要仅仅是"虚假的欲望"，虽然需要的满足具有先后的秩序，但在消费社会中，人们的价值观被"物神"扭曲，首当其冲的是主观选择的虚假需要。赫勒区分了"欲望"（desire）和"需要"（need）的概念，"欲望"不直接指向具体对象，来源于生物学的动机（biological motives），是永远不会饱和的空洞存在，"欲望"在消费社会是一种异化的需要。"需要"主要是由人的需要的对象决定的，与人的生物学本能密不可分，就像人为了生存需要创造物质资料。"物质需要将受到生产的限制，而其他需要则受到多样化和异质的'对象'的限制。"[①] 消费激发了人对物占有的"欲望"，并通过物的幻象压倒了"需要"，大多数现代人的满足感是通过"欲望"间接获得的，人对物的欲望控制、支配着人，这是资本主义社会对人操控的重要手段。

　　资本家不断地刺激消费欲望来推动消费的增长，无产阶级被诱导性消费所俘获，他们只能投入更多的时间才能多赚钱，诱导性消费使工人阶级对资本主义生产方式产生了依赖，他们无力反抗资本主义社会的消费体系。资本在制造了大量商品的同时，制造了人们对劳动产品需要的匮乏，也制造了工人在精神上的匮乏，人被物吸引和统摄。人的需要是身体本能的匮乏的反应，饥饿是食物的匮乏、口渴是水的匮乏，面对大量的商品无力购买，在匮乏策略的刺激下产生了异化的需要，"只有民主的环境可以支持和扩大自决的需要，从而将依附社

---

① Agnes Heller, *The Theory of Need in Marx*, London:Allison and Busby, 1976, p.44.

会转变为真正表达人的自由和自决愿望的共同体"①。人们在依附和统治的社会关系中，需要是受社会约束和控制的，隐藏在大量商品背后的是人们对物的崇拜，这种物作为身份的象征使人的需要陷入贪婪的、单面的需要中。真实的需要被资本家追求利润的需要遮蔽，人被社会创造的需要所驱使，人与商品的关系颠倒，"物神"成为资本家控制无产阶级的新形式。

二 赫勒对劳动异化的考察

借助马克思对异化劳动的分析，赫勒从整体的社会结构出发对分工与需要单一化的关系进行剖析。资本主义社会中人创造的价值是为了满足资本家对利润的渴求，同时，工人创造的商品却不能满足自己的需要，反而控制着工人。资本主义生产造成了富裕和贫穷的对立，无产阶级作为劳动者被压迫、被剥削和被贬值。

首先，沿着马克思对人的丰富需要的论述，赫勒从异化劳动对劳动者多元生活需要的消解中揭示工人需要被奴役和支配的现状。她试图透过人的需要脱离创造性的劳动本身，揭示资本主义生产方式对人的需要的奴役，指出其违背了人具有丰富需要的本质。异化需要的根本原因在于，资本主义社会的劳动分工将人的需要划分为资产阶级奢侈的需要和劳动者单一的需要。"人的需要"与人的本质和全面发展密切相连，劳动异化导致"人的需要"异化，人与劳动产品的异化导致"人的需要"被物和资本家控制；劳动控制和否定人，人的类本质活动限制人的发展；人与人关系的异化导致"人的需要"由目的变为手段。"资产阶级社会使人类的感觉屈从于'粗鲁的、实际的需要'，并把它们'抽象化'为仅仅生存的需要。"② 资本主义社会破坏了人的

---

① John Grumley, *Agnes Heller—A Moralist in the Vortex of History*, London:Pluto Press, 2004, p.169.

② Agnes Heller, *The Theory of Need in Marx*, London: Allison and Busby, 1976, p.27.

本性；人的类本质的异化导致人的"根本需要"始终得不到满足。

其次，赫勒全面剖析了分工造成的需要的片面性。"劳动分工和生产力的发展不仅创造了物质财富，而且创造了丰富的、多样化需要。正是由于分工，需要也被划分了，需要在分工中的位置决定了需要的结构。"[①] "劳动分工和生产力的发展不仅创造了物质财富，而且创造了需求的财富和多样性。正是由于劳动分工，需要也被划分，需要在劳动分工中的地位决定了需要的结构，或者至少是它的限度。这种矛盾在资本主义中达到顶峰，正如我们将看到的那样，成为这个社会的矛盾体系中最大的矛盾。"[②] 工人不占有生产资料，只靠片面的、抽象的劳动为生，因此劳动者只能得到维持身体机能必需的东西，工人成为只有最必要肉体需要的牲畜。赫勒从四个方面挖掘了劳动分工造成人的需要的单一性和片面性，第一，劳动者的劳动能力的发挥需要自由的劳动条件，随着分工的细化，劳动者的劳动能力得不到发挥，工人能力越来越贫困。第二，工人的劳动是为了满足人的需要而占有自然、改造自然的活动，资产阶级占有生产资料，进而控制着劳动者的需要，资本主义社会的劳动者失去劳动的客观条件，他们丧失了生活资料，他们的生存需要受到威胁，感性的外部世界与劳动者疏离。第三，随着分工的发展，资本家占有财产权和话语权，他们的统治力量越强大，导致他们在物质上、精神上全面控制着工人，工人没有财产权，他们的存在越来越畸形，资本家不仅为工人创造庞大商品堆积的世界，也在意识形态上将他们变得物化，如此人的需要也就越片面。第四，随着分工的发展，工人劳动量越多，社会平均劳动生产率越高，生活资料越廉价，产品堆积卖不出去，工人得到的工资越少，他们的生活需要越单一。

---

① Agnes Heller, *The Theory of Need in Marx*, London: Allison and Busby, 1976, p.25.
② Agnes Heller, *The Theory of Need in Marx*, London: Allison and Busby, 1976, P.25.

第三章　赫勒对马克思异化需要思想的深化及拓展

劳动产品的单一性与工人的多元需要形成矛盾，他们在流水线式的工作中生产的产品越多，他们的生活需要越单一。人在劳动中得到丰裕的物质和精神享受，劳动不仅创造有形产品，即人所需要的物质资料，也生产无形的精神产品，如培养人的性格、塑造人的道德品格、丰富人的精神世界等，劳动使人在实践中走向自由和解放。正因为劳动成为工人外在的东西，工人的需要才成为维持生活的最低限度需要，就像机器需要润滑油一样。在资本主义社会，工人在劳动过程中遭遇了剥削，雇佣劳动面对的资本和利益就成为他们的压迫力量。劳动者的整个物质世界成为别人的商品和货币与他自己对立，资本主义造成劳动者与他们需要的分离和对立。"而对象化劳动对活劳动的支配和异化式盘剥是全部资本主义社会物象化中政治'统治关系'赋型的隐秘基础"①，以资本增殖为目的的劳动成为人自由发展的桎梏，异化劳动成为异化的、独立于人之外的存在。随着分工的发展，社会必要劳动时间越来越短，工人之间的竞争加大，工人的工资越来越少，工人只能加大劳动强度，被迫将自己的劳动"贬值"才能不至于失业。工人在劳动中受到否定、压迫和奴役，劳动成为手段，工人的生活是动物的生活，是精神需要和物质需要上的自我折磨和牺牲，这种折磨是不间断的恶性循环。在"自然社区"（natural community）为基础的社会，需要在社会劳动分工的作用下按性能"分配"，比如在自然的作用下，需要以自己为主且不涉及利益关系。通过商品关系的一般化（generalising），它将货币转化为社会财富的量的"体现"，需要不再根据质的"自然"劳动分工进行分配；原则上，一个人只需购买自己需要的对象，社会的任何一个成员都不被排除在满足需要之外。

---

① 张一兵：《经济学革命语境中的科学的劳动异化理论（上）——马克思〈1861—1863年经济学手稿〉研究》，《马克思主义与现实》2022年第2期。

资本主义社会的劳动和分工限制了工人的需要，需要的多样化与受限的需要成为资本主义社会最大的矛盾。越来越精细的分工进一步加剧了需要的异化，一方面，工人的劳动成为碎片化的、简单机械的动作；另一方面，工人工作的时间越来越长，劳动越来越廉价，劳动者之间的竞争空前加剧。劳动者在精细化分工中创造出越来越多的产品，他们得到的却越来越少，劳动分工加深了工人阶级与资产阶级的矛盾，人的丰富需要在劳动分工中变得越来越单一。

资本主义社会的分工使人的需要变成单一的、片面的对物的需要，"这种物化的具体的表现方式是物的主体化和人的客体化。人明明是物的创造者，现在却倒过来被巨大的物的权力所支配"[①]。劳动分工将工人的劳动单一化，长此以往，工人对劳动和生存的需要变得简单，人的多样化需要被遮蔽，机械化的生产方式使人的能力得不到充分彰显，生产之间相互封闭，人与人之间关系淡漠，人成为原子化存在。劳动既是资本家意志的对象，也是自在存在的桎梏，成了一种折磨。人们劳动的目的变成了生产商品，因为劳动可以为资本家创造具有交换价值的产品，只有这些产品卖出去，工人才可以换取货币购买生活必需品，劳动者只有让渡自己的劳动，才能获得工资。劳动本身的异化带来人的异化需要，工人劳动只为满足肉体生存的需要，他们的所得只能维持生命，资本家不断扩大生产获得更多的利润，工人成为创造剩余价值的劳动力商品。在这一过程中，他们肉体受压迫、精神被摧残，制造出的商品满足资本家获利的需要，这样才能保证他们维持肉体生存的需要，如果产品滞销、通货膨胀，他们就有失业的风险。庞大商品的堆积满足了资产阶级奢侈消费的需要，相比之下，工人的需要沦为动物维持身体机能的需要。赫勒认为，资本主义的发展随着技术的进步加快了劳动分工，"个体的自由以这样的方式呈现：

---

① 俞吾金：《再论异化理论在马克思哲学中的地位和作用》，《哲学研究》2009 年第 12 期。

第三章　赫勒对马克思异化需要思想的深化及拓展

个体将他的需要对象化，这种对象化的个体需要与个性不一致，而是与它们在劳动分工中的地位相一致"①。资本家醉心于创造剩余劳动产品的需要，置工人的需要而不顾。

三　赫勒对人的类本质异化的考察

赫勒从人的存在方式和人的对象化活动两方面论证了人与动物的不同在于人的活动多样性及需要的多样性。"需要的对象和需要本身总是相互关联的，需要的类型根据它们所指向的对象和涉及这些对象的活动而形成。"②资本家创造了异化的社会关系，人沦为自己制造物的奴隶。资本对人的统治导致阶级需要分化，也制造了社会关系的孤立和冷漠。

人的生产是以整个外部自然界为对象的类生命活动，但在资本主义社会，工人的劳动是片面的、抽象的。劳动者只能得到维持身体机能所必需的东西，工人成为只有最必要的肉体需要的牲畜。在商品生产过程中怎样生产不由劳动者决定，资本统摄着一切，劳动者是资本意志的工具，只需要按资本家的意图规划产品，导致"人的需要"片面化，对于资本家来说，他们的异化需要表现为对利润的渴求和贪欲，对于工人来说，他们在生活中需要匮乏，沦为"非人的需要"。资本对人的统治是对人的本质的否定，工人除了满足肉体需要之外，其他所有合理需要都是十恶不赦的。

在商品世界中，工人只是创造利润的工具，工人创造了与自己相疏离的、控制自己的产品。工人的需要是异己的、片面的，当劳动由人的本质属性退化为维持人的肉体生存的手段时，人的生命活动的类特征消失了。为了活着，"人的需要"成为动物的需要，不是成就和满足自己而是侵蚀和贬低自己，类本质的异化造成了"人的需要"异

---

① Agnes Heller, *The Theory of Need in Marx*, London:Allison and Busby, 1976, p.52.
② Agnes Heller, *The Theory of Need in Marx*, London:Allison and Busby, 1976, p.40.

化。资本主义社会将工人的自我意识限定在分工中，他们的个性也在对象化的活动中被磨灭。然而，鉴于资本主义社会的结构，工人是一种服从社会分配的劳动力，随着工人活动的内容和形式的限制，"工人的需要也被划分，需要不再由他们的个性决定，而是由他们在社会分工的地位决定的。同时，他们的能力、感官等也被社会分工划分"[1]。强制的劳动分工将人看作会劳动的动物，使人丧失了属"人"的需要。赫勒认为，人的自主活动会促进需要的对象多样化，但资本主义社会的生产关系是一种由贪欲驱动的劳动关系，这种关系将人的活动内容变成依赖他人的存在，资本家无限膨胀的贪欲压制和统治着工人的需要，资本家为了利润不断竞争和抢占市场，对原材料的抢夺、对利润的追逐，不惜打压和吞并小业主、发动战争抢占原材料市场。工人是资本增殖的牺牲品，他们在资本家贪得无厌的竞争关系中丧失人性，工人与资本家的需要是对立的，资本家之间竞争得越加激烈，工人受到的剥削就越残酷。

马克思对人的类本质的异化现象的揭示，是赫勒从哲学视角分析异化需要理论的切入点。人的本质作为社会关系的存在和一切社会关系的总和，在生产与消费的过程中，人的丰富需要是其自由全面发展的前提，在异化劳动的压迫下，人的活动是对属人本质的否定力量。由于人的生产资料被剥离，"人的需要"被抽象为有机体肉体的生存需要，赫勒揭示了在依附和统治的社会中，人的存在结构与"人的需要"的不一致，对人的存在和个体的现实活动造成了阻碍。人的类本质需要是受多样化对象驱动的，赫勒从人的活动对象深化和扩展了马克思对人与产品或者自身分离的复杂命运的分析，深入剖析了"人的需要"所面临的困境，批判了人作为人的存在的需要得不到满足的现状。人要全面发展就要以整个外部自然界为对象展开多样化的自主活

---

[1] Agnes Heller, *The Theory of Need in Marx*, London:Allison and Busby, 1976, pp.82-83.

第三章　赫勒对马克思异化需要思想的深化及拓展

动，并充分体现人的多样性需要，但在依附和统治的关系中，人的需要沦为片面的肉体需要。人作为类本质的需要在社会关系层面上表现为利益，人的丰富需要还包括能力的全面发展、社会关系的多样化。随着生产力的进步，人们必然会要求重新建构人的需要结构，颠覆只能争取必需品的异化需要的社会。人与人的关系要适应人的全面发展，只有在"经济人"与"自由人"之间建立良性互动，才能减少因对物质的追求而造成片面的、物化的人的关系。个体的需要和满足体现了对"类"的本质异化的超越，人作为自由、自觉的类存在，只有在个性释放和满足的条件下，才能摆脱原子式的关系，克服私有制的代际继承关系和利己主义。资本主义社会的异化已经深入生产模式中，只要劳动产物成为控制人、与人敌对的力量，异化需要就普遍存在。工人与对象的工具性关系使"需要不再根据其质量，而是在劳动分工的基础上进行分配，原则上，任何社会成员都不能被排除在这种依赖关系之外"[①]。劳动者一无所有，对资本主义的依附是人与人之间关系异化的体现，只有消解人对物的依附关系才能实现真正"人的需要"的满足。人的类本质的异化导致人的本能需要扭曲甚至成为非人的需要，因此，对依附关系的消解是人的类本质复归的前提。

只有在多样的对象化活动中，才能占有丰富的需要，进而实现类生活的对象化。基于资本主义生产活动中人与外在对象之间的关系，赫勒对"人的需要"的困境进行了深入的批判，尤其是对资本主义生产方式与"人的需要"相背离现象的揭示，鞭笞了资本家以利润为目的而生产商品，导致工人有购买商品的欲望但却无力消费，为了生活只能从事折磨人的劳动，甚至出卖自己的身体，这种生产方式是以资本增殖为目的而对劳动者"敲骨吸髓"，限制了人的活动对象和范围。在赫勒看来，只有在活动对象中充分展示人的个性，满足人的丰富需

[①] Agnes Heller, *The Theory of Need in Marx*, London: Allison and Busby, 1976, p.46.

要，才能实现对人的本质的真正占有。

四　赫勒对人与人关系异化的考察

商品世界中物的关系遮蔽了人的关系。资本主义意识形态将"金钱至上"作为首要原则，资产阶级家庭拥有代际继承下来的观念，他们将私有财产看作绝对权威。无产阶级没有生产资料，只能在资产阶级的压迫中生存，无产阶级家庭对金钱的需要成为抽象需要，钱能支配一切并调动劳动力大军，他们为了钱能够出卖一切可以出卖的东西，包括身体。劳动是改造客观世界的实践方式，有利于培养人们的能动性和创造性，但是人作为劳动的主体在异化劳动中被支配和奴役，工人变得精神颓靡、身体瘦弱不堪，最终成为愚钝的、原子化的孤立个体。私有财产确立了劳动者对资本家的人身依附关系，它使无产阶级家庭成员受到资本的直接统治，家务劳动以及一切社会再生产领域的活动都服务于资本主义生产关系。由于不生产剩余价值的劳动不能带来交换价值，家务、教育后代等劳动被视为无效劳动。异化劳动消解了人作为自由自觉活动的类特征，导致人与人的关系被物与物的关系束缚。资本控制下人的依附关系受劳动对象的统领，使人与人的关系处于普遍异化的状态，人与人的关系是精致的利益关系，维护资本主义社会秩序的法律、教会、国家等社会组织站在统治者的立场维护资本家的私人利益，他们的家庭也成为金钱和利益的社会组织。

资产阶级家庭的本质是创造私有财产的基本单位。"资产阶级家庭是独裁者，它不是一个共同体。甚至在今天，在相当多的资产阶级家庭里，由于传统和男性的社会地位使得男人成为权威。"[①]一方面，生产方式的不断改进能够提供超出自身消费需要的剩余产品，生产剩

[①] [匈]阿格妮丝·赫勒、米哈依·瓦伊达:《共产主义与家庭》，载衣俊卿《社会主义的人道主义——布达佩斯学派论文集》，黑龙江大学出版社2017年版，第8页。

第三章 赫勒对马克思异化需要思想的深化及拓展

余和私有财产导致阶级的产生。另一方面，男性对于财产的占有导致按母系关系来计算世系和继承财产的方式逐步被废除，转而按父系关系来计算世系并继承财产。专偶制家庭确立了财产继承权和孩子的抚养权，资产阶级将家庭视为私有财产，女性和房屋、牲畜一样是私有物品，或者她们只是单纯的生产工具。资产阶级将家庭作为盈利的生产单位，在婚姻中始终将家庭成员当作私人财产和可支配的工具，他们将获利看作家庭的主要功能。资本主义的财产继承权树立了父权制的基础，家庭成为依附和统治的领域。

资产阶级后代继承财产权的同时，统治阶级和资本奴役的观念也被继承下来。财富作为私有物集中于男性，导致家庭中男性处于主导地位。男性将话语权、生命控制权、继承权、人格独立性集于一身，将其家庭成员置于依附和统治关系中，女性的自由和人身权利受到限制；财产所有权造成家庭成员的关怀缺失。在资本主义社会中，工人出卖劳动力并以体力大小作为衡量工资的标准，女性体力不如男性，她们在工作中的待遇和环境受到性别差异的限制。在金钱决定一切的资本主义社会，无财产所有权的女性与男性存在阶级差异和性别差异，她们与男性家庭成员之间是商品化、屈从的不平等关系。

"人类需要的最高对象化就是他人。换句话说，人成为他人需要的最高对象化的程度决定了人类需要的人性化程度。"[1]工人生活在贫民窟中，无产阶级家庭几乎被私有制摧毁了。在资本主义社会，无产阶级对自由和发展的需要受到阻碍，每一个人原本有自我管理、决策和支配自己命运的需要，这些需要是成为人的"根本需要"，但在资本主义社会工人的发展与社会的发展形成对抗性的矛盾，必然会增加他们对社会的不满。赫勒认为，私有制作用于无产阶级家庭，使女性在社会工作和家庭劳动中忍受不平等待遇。资本只承认和回馈为自己

---

[1] Agnes Heller, *The Theory of Need in Marx*, London: Allison and Busby, 1976, p.41.

增殖的劳动，为家庭付出的内部劳动不被认为是社会劳动的一部分，得不到社会的认可。家务劳动被视作女性分内的事，这种不创造剩余价值、没有任何经济回馈的劳动，消磨着女性的创造性才能、侵蚀着她们的经济能力，她们只被看作生育孩子的工具，在家庭中地位低于男性；在社会工作中，工人阶级妇女的人格权和财产权得不到保障，当她们失业后，为了谋生只能被迫出卖身体。资本家只想雇佣廉价劳动力，不为劳动力的成长负责，更无暇顾及无产阶级家庭的存亡。资产阶级将其特殊利益当成普遍利益灌输给工人，在血缘关系、门第观念、阶级观点的禁锢下，使工人从劳动的异化沦为家庭关系和人的彻底异化；大多数男性不规律的工作和极低的工资使他们成为不负责任的游牧人口、丧失了道德底线，家庭伦理丧失，这些恶习威胁着家庭的稳定。一种性别对另一种性别的从属表现了商品化人际关系的异化，因此，两性之间的平等表达了一种根本需要，它驱动着新的人性化互动方式的形成。

第五节　资本逻辑宰制：异化需要的现代性批判

在依附和统治的社会，掌握着生产资料的资产阶级雇佣工人并压榨他们的劳动力，是不劳而获的一方，工人为了活下去只能出卖劳动力，忍受劳动的折磨，是劳而不获的一方，从劳动考察人的需要对于全面把握赫勒的异化需要理论是极其必要的。"如果资本家与工人发生相互需要的交换关系，实质上是资本家手上的'积累的劳动'与工

第三章　赫勒对马克思异化需要思想的深化及拓展

人的'直接劳动'的交换"①。工人在劳动中创造的成果反过来奴役人，使工人的需要越来越贫困。

异化需要的"评价标准是人具有'需要的丰富性'，需要的异化就是对财富的异化（alienation of this wealth）"②。赫勒以人具有丰富需要的本质作为衡量异化需要的指南，分析了资产阶级对"人的需要"的诱导和压制，庞大商品的积压、无产阶级需要的贫困之间的矛盾构成了无产阶级渴望需要获得解放的内生动力。资本家企图麻痹工人的思想，从而使他们心甘情愿地忍受剥削，她致力于对现代需要结构进行质的改革，建立自由、多元和民主的需要体系。

一 社会生产的手段和目的颠倒

康德对"人是目的"的论述意在指明人是手段和目的的统一，在资本主义社会，商品的生产和流通体现了资本作为"物"的特征，而购买活劳动正是让生产和流通中的商品增值，人成为资本增殖的手段，工人如果不想饿死就不得不出卖自己的劳动力。劳动成为谋生的手段而不是目的。赫勒在《道德哲学》中提出，人的生存选择是"为了实现一种生存选择的目标，没有任何工具可以被应用。内在于生存选择的目的是真正的'目的本身'"③。资本主义社会的不道德在于将他人仅仅作为实现财富积累的手段，赫勒将异化需要问题纳入资本主义批判，她从资本主义社会生产、分配和消费领域剖析资本生产的畸形，工人收入甚微、有限的购买力限制了需要的满足；资本家的需要是奢侈需要，但工人的需要是贫困的，仅能维持生存。赫勒认为，除了把人当手段的需要之外，所有合理的需要都应该被满足，但这是理

---

① 张一兵：《经济学革命语境中的科学的劳动异化理论（上）——马克思〈1861—1863年经济学手稿〉研究》，《马克思主义与现实》2022年第2期。
② Agnes Heller, *The Theory of Need in Marx*, London: Allison and Busby, 1976, p.44.
③ Agnes Heller, *A Theory of Morals*, Oxford: Basil Blackwell, 1990, p.10.

性的乌托邦，这些需要在实际生活中不能同时得到满足，只有被承认和商谈达成一致的需要能够被满足，且它们应该有被满足的先后顺序。这不仅与需要的多样性有关，也与歧视和不平等有关，每个人都在思考从其他人身上能够获得对自己有利的需要，不仅体现为物与人的异化，也是人与人关系的异化。

属人的合理需要是合目的性和合规律性的统一，"合目的性"指的是满足人的发展，人的需要是实践性的、能动的需要，"人的需要"在天然状态中具有合乎人的属性、满足人的生存、物质和精神全面发展的要求。

资本贪婪的本性决定了生产手段和目的的颠倒。资本创造了越来越多的工人得不到满足的需要，消费主义的盛行与无力购买产品的工人阶级的矛盾加剧，消费社会的人的存在方式决定资本逐利的需要遮蔽了工人的需要。"人的需要"是以客观的社会条件为转移的，需要的对象是客观的，人们对需要的认识和把握要以人的发展为目的。"异化的需要将目的变成了手段，人对别人来说仅仅是手段，一种满足私人目的和贪欲的手段"[1]，人的需要被商品包围，成为虚假的需要和异己的对象。人作为类存在本身，具有类本质的、有意识的劳动以及财富的需要，随着消费社会创造出越来越多的需要，"人的需要"被"物"的世界笼罩，量化的货币成为社会财富的衡量标准。这些"虚假的需要"为富人的需要及其满足创造了条件，却将工人变成了非人类、为了物欲的满足而精于算计的奴隶。

资本家利用工人创造财富并不断刺激消费，为了巩固资产阶级的统治，不断压迫和控制工人的需要，工人在劳动中被否定和压迫，人从属于物导致人不得不把他人当作手段。人的异化生存方式的"源"在于资本社会的物化，这种循环往复的生产方式决定人成为被利用的

---

[1] Agnes Heller, *The Theory of Need in Marx*, London: Allison and Busby, 1976, p.48.

对象,"流"在于资本通过商品维持自己的运行,通过虚假的人对物的崇拜统治人。"在人与物的关系上,物只具有相对的价值,因而永远只能作为手段,而人作为绝对价值则不但是主观目的,而且也是客观物体,因为其存在自身就是目的。"[①]赫勒引用康德"人是目的"的观点对资本主义社会中人与人关系的异化展开批判,资本把工人的需要变成赤贫的、仅能维持肉体生存的需要,她引用"手段"和"工具"形容劳动者的地位和处境。从人与物的关系上来看,人只是商品,是资本增殖的手段;从人与人的关系上来看,人与人为了赚钱和生存互为工具。在赫勒看来,这是一种内生于资本主义社会异化的需要,在资本主义社会,劳动只为谋取剩余价值,劳动的目的和手段颠倒了。社会生产的目的是满足"社会需要",当资本家成为需要的主体,这种"社会需要"的共同体消失了,商品关系成为真正的共同体,人们对商品的需要和满足只是资本增殖的手段。工人阶级是创造社会财富的主体,但他们的需要是异己的、否定的,资产阶级无偿地占有和享受工人创造的财富,在这样的社会中,创造财富的主体和享受财富的主体分离,资本家和工人不一致的需要,导致工人的需要成为被操控的需要(manipulated needs)。

二 需要的质和量的关系分离

赫勒指出,需要的"质"指的是商品的有用性,强调物的使用价值。在资本主义社会商品流通过程中,物质生产的高度发达与"需要的不断扩大和丰富"迫使资本增殖活动不断扩张,使用价值作为交换价值的载体,具有质的规定性,不可通约和交换,商品质的规定性成为交换关系中的次要要素。随着资本主义的深入发展,一切社会生产聚焦价值增殖,满足消费的财富退居到次要地位,资本主义社会满

[①] 俞吾金:《如何理解康德关于"人是目的"的观念》,《哲学动态》2011年第5期。

足"可交换物品"的生产逐渐占据主导地位，交换价值是资本家决定生产何种商品的主要因素，商品的量不能反映人们的真实需要，质与量的关系发生了颠倒。"人的非异化需要具有质的规定性"[①]，人真正需要的是具有使用价值的物品，但在商品交换的过程中，货币拥有者将交换价值当作最有用的价值属性。在前资本主义社会，由于技术不发达、劳动产品与人联系紧密，人们创造需要的劳动产品，更关注产品的功用和性能。

在资本主义社会，人的需要成为"被操控的需要"。首先，某种商品的利润越多就越有利于满足资本增殖的需要，这种商品的生产不断滋生异化的"人的需要"。资本主义生产机制追逐获利最多的物品，无益于资本增殖需要的产品就被市场忽视了。其次，人的需要对象由分工决定，人的个性和自由被利润最大的商品操控了，这种偏重量的需要片面化、单一化。资本追逐利润而不是满足人们的需要，产品的性能被利润遮蔽，个体的需要被操纵。

资本主义社会从源头上量化了"满足需要的物质生产"。在利润最大化目标的驱使下，产品的数量不断增加，人们囤积居奇，产品的性能居于次要地位。"我想拥有更多商品，甚至当我所拥有的对象化需要的具体质量不能满足任何一种需要，我仍然对这些物品的质量漠不关心。"[②]尽管人们想要的物品不能满足具体需要，但是由于这种需要可以给资本家带来利润，便大量出现在市场上，就像钻石作为财富的代表，人们只关心它的交换价值，而它的使用价值有限，需要的质和量发生了颠倒。赫勒认为，在资本主义社会，"人的需要"成为资本家的工具、人创造的产品成为异己的需要、"人的需要"沦为动物的生存需要、人与人之间的关系异化为利益的需要。生产商品是为

[①] Agnes Heller, *The Theory of Need in Marx*, London:Allison and Busby, 1976, p.62.
[②] Agnes Heller, *The Theory of Need in Marx*, London:Allison and Busby, 1976, p.52.

第三章　赫勒对马克思异化需要思想的深化及拓展

了赚取交换价值，使用价值不再被关注。资本家量化了所有商品，他们生产商品只是为了获利，如果无利可图，这种商品就会被忽略，不生产或者少生产。交换关系中形成了量化思维，这种思维延伸到一切领域，把一切本来不能作为商品的物品都用货币来衡量，人们在生活中勤于计算，将身份、阶层等符码作为交换价值，将具有特殊价值的物品通约为量的价值，损害了事物固有的价值。资本主义将私有财产和劳动分离，劳动者生产的产品被无偿占有，在资本家对产品交换价值的驱赶中不断生产商品，导致庞大的商品堆积。资本逻辑不断增长的数量需要不仅导致了系统功能障碍，还导致了质量需要的紧张，以及对现有资本主义结构潜在的革命性不满。

"异化需要具有量的规定性"[①]，需要的"量"是衡量商品对资本家有用性的社会尺度，强调物的交换价值。商品的生产过程中，大量商品并不是人的真实需要，也并非高雅精美的需要，而是资本家为了积累财富而生产的获利较多的商品。在不断降低不变成本、增加可变成本的过程中，产品的价格比价值重要，产品越来越多，但其性能和效益则不断减少。对量化商品的追求是资本主义社会异化需要的表现，在一个数量限制了质量的社会（quantitative limits on quality）中，生产的对象集中于只能满足单一需要的、利润丰厚的商品，生产的目的不是满足人们的需要，而是积累财富。资本主义限制了需要对象的产出，使无产阶级需要和能力变得枯竭，资本增殖的动力驱使它巧妙地为社会创造了新的需要对象，它们并没有为工人带来财富，工人的劳动带来资本家的普遍财富。对金钱的渴求使人们只生产具有交换价值的物品，工人的需要枯竭，人成为抽象的人。对于资本家来说，需要是利己的，是一种对私人财产和金钱日益增长的需求。相反，工人只有维持身体运转、不至于后代死绝的需要，资本家离开雇佣关系比工

---

① Agnes Heller, *The Theory of Need in Marx*, London: Allison and Busby, 1976, p.62.

阿格妮丝·赫勒的异化需要理论研究

人离开雇佣关系活得更长久。赫勒认为，由于工人的购买力有限，日益增长的商品堆积如山，为了获利最多，资本家只关注能带来交换价值的商品，不重视生产满足人们需要的商品，使得市场上的商品单一化、片面化，新的需要以及对象的生产被利润遮蔽了。不能带来交换价值的商品不是资本家生产的对象，人的需要被遮蔽，这种贪婪的对物的占有的需要，使人对产品多方面质的需要受限。就如马克思所言，资本对艺术是敌视的，因为艺术不能广泛地占据市场，消费范围有限，不能作为交换价值的物质承担者。赫勒认为，资本创造出庞大的商品数量，剩余价值增加了，使用价值却没有增加，不能满足工人对产品的质的需要，这些质的需要使人成为人的"根本需要"。"根本需要"得不到满足的人始终有革命的意愿和冲动，这种对需要的压制能够让工人联合起来推翻资本家的统治，物质生产和人的能动性产生的社会矛盾是对立统一的，但是她只看到了矛盾的相互制约之处，并未看到其相互促进之处，这是其思想的局限性。

赫勒从质和量的关系分析商品生产的矛盾，资本追求效率和速度，为了盈利源源不断地生产商品。人们注重产品的交换价值，忽视其使用价值，商品的质和量的关系颠倒，"资本害怕没有利润或利润太少，就像自然界害怕真空一样"[①]，在资本介入人的需要的过程中，使用价值不是商品生产的目的，资本家为了追求经济利益最大化，市场上以次充好的现象是资本家只生产利润高的商品导致的，"金钱不仅可以'限制'质量，对质量的需要设限，使人们对质的需要萎缩，还可以对不可量化的需要设限，将质的需要转化为它们的对立面"[②]，资本家将金钱作为一切产品的媒介，认为只要拥有了金钱就拥有了一切，金钱决定人的能力和个性，对利润的贪婪造成需要的量压倒需要

---

① 《马克思恩格斯文集》第 5 卷，人民出版社 2009 年版，第 871 页。
② Agnes Heller, *The Theory of Need in Marx*, London: Allison and Busby, 1976, p.55.

第三章　赫勒对马克思异化需要思想的深化及拓展

的质。在共产主义社会，人的类本质不再与人疏离，人们真正的需要是对产品"质"的需要。也就是说，同一种事物的性能可以作为交换物，比如，有诚信的人可以获得信任、有道德的人可以教育他人、积极乐观的人可以激励他人，货币不再作为一般等价物将不可量化的需要进行量化。

三　工人阶级需要的绝对贫困

资产阶级的需要是对金钱和私有财产的占有。但对于工人阶级来说，他们除了自己的劳动力一无所有，他们的需要表现为对生存资料的渴求，面对压迫和剥削，工人不得不将自己的需要简化为生存的需要。

资产阶级不对无产阶级吸血，就无法确立其支配性统治地位。资本对雇佣劳动的剥削造成的劳动者的贫困是双重的，不仅造成资本家和劳动者形成物质充裕与匮乏的对抗性矛盾，也让劳动者价值物化、精神空虚。由此产生了商品生产与消费脱节的悖论：资本家财富的生产制造了工人的贫困，工人必须被剥夺一切需要，让他们只满足一种仅能维持自己生存的需要。赫勒认为，资本主义社会充满矛盾和异化，最突出的表现即人的需要的异化，无产者需要的贫困与资本家需要的富足形成反差。资本家占有生产资料是他们支配劳动者、满足多元需要的前提，劳动者和他们的产品都是资本家的工具。

"需要和能力贫困最重要的表现形式是同质化需要（homogenisation of needs）的减少。"[①] 资本家占据话语权，统摄着生产资料，并将他们需要的富足建立在无产者的不幸生活之上，工人阶级的需要是匮乏的、贫困的。首先，工人阶级的需要成为维持身体机能的需要，资本家为了获取利润，在生产过程中创造了可供消费的"物"，与此同

---

① Agnes Heller, *The Theory of Need in Marx*, London: Allison and Busby, 1976, p.57.

时，对工人来说连呼吸新鲜空气都是奢侈需要，工人只能维持身体机能。其次，工人的劳动范围和方式受限，自由劳动是人作为类存在的前提，但资本主义社会使人的劳动范围越来越狭小、工作方式越来越单一。赫勒从人类学视角分析了人与动物的需要的区别，刻画了工人需要的贫困，揭示了资本将私人的利己主义需要强加在工人身上，使工人沦为谋生的动物。工人的类本质需要得不到满足，人的生存需要是"必要需要"，在资本主义社会却成为"奢侈需要"。

人的需要是对象化及对象化活动的占有，但私有制将人的对象化活动变为异己的存在，只有资本家才能占有生产对象和对象化劳动，造成工人需要的绝对贫困。工人的生产资料被剥夺，成为资本家的私有财产，他们失去了生活资料的来源，陷入了绝对贫困的深渊。在资本主义社会，一切活动都是为了资本增殖，创造社会新需要的人并没有实现需要的满足，生产者和劳动产品分离，庞大的商品堆积、大多数人的需要得不到满足。

资产阶级不断扩大资本的规模，创造更多商品，开拓世界市场并寻找买家。商品关系普遍化使货币成为社会财富的衡量指标，人们对金钱的欲望加剧了对"物"的崇拜，物与物的关系消解了人与人的天然关系。资本主义社会限制了工人需要的丰富，需要的失衡导致经济危机的爆发。"一方面，资本主义社会被仅仅归结为'占有'（having），无论是统治阶级还是工人阶级的需要体系都被同质化成为'贪欲'；另一方面，资本主义社会制造了超越其统治的'根本需要。'"[1]根本需要的革命是工人争取自己利益的有效手段，工人需要的贫困使资本主义的统治成为无根之木。

---

① Agnes Heller, *The Theory of Need in Marx*, London:Allison and Busby, 1976, p.58.

四 个人利益成为一切行为的动机

赫勒认为，马克思将资本主义社会利益关系看作一种有用（useful）或效用（utility）关系，资产阶级的效用理论（theory of utility）就是利益理论（theory of interest）的同义表达。在马克思的作品中，很少出现阶级利益（class interest）一词，它是资本主义物化的表达，代表资产阶级的利益，不能成为超越资本主义的动力。无论是个人利益（individual interests）、普遍利益（general interests），还是阶级利益（class interests）都与劳动者的利益疏离和对立。资本主义社会的个体利益反映的是市民社会的利益关系，这种关系"使人已经成为自己的个人利益、自私自利和他人的'奴隶'"①。资本主义社会作为虚假的共同体，本质是利己主义，是一个阶级反对另一个阶级的联合，他们将普遍利益说成是个体的利益，实际上，这些利益与真正个体的利益对立。赫勒认为，普遍利益是商品世界中利己的、个体追求的利益（self-seeking interests），是一种异化的力量，它将人类个体的手段和目的颠倒。工人因劳动工资和资本发生冲突时常常引发阶级斗争，但劳动工资和资本之间是一种物化的关系（fetishistic relation）。工人阶级的利益与资本家的利益是资本主义社会中的两个对抗性力量。一方面，资本使社会集聚大量的商品，提高了生产力；另一方面，资本家创造的物质财富越多，对工人剥削的力度就越大，人的需要被控制和压制最后沦为动物的需要。工人阶级生产出财富也"生产"统治自己的人，工人成为满足私人利益的工具，工人阶级与资产阶级的利益日益分化。私人利益只是个体对商品的贪婪和占有，是对产品量的积累、是需要的质的减少。资本主义社会将人当作手段，个体利益与阶级利益不一致，个体利益是对立和冲突的。阶级利益的对立强化了异

---

① Agnes Heller, *The Theory of Need in Marx*, London: Allison and Busby, 1976, p.61.

化劳动，也生产了无产者"非人"的需要，资本使劳动者沦为最低贱的商品，他们只能出卖劳动力才能获得基本的生存条件。

资产阶级以"虚假共同体"的形式维护他们独特而狭隘的阶级利益，并将这种阶级利益普遍化，所谓的共同利益或普遍利益是一种虚假的形式，国家成为维护统治阶级利益的工具。"通过考察马克思关于个人利益、共同利益、阶级利益的相关论述，赫勒认为共同利益（阶级利益）作为社会结构范畴反映的是社会关系的物化，由此出发，她认为传统马克思主义将利益视为阶级斗争动力的做法是错误的。"[①]私有财产的世袭制导致国家成为维护资产阶级统治的工具，社会利益偏向资本家，阶级利益与劳动者利益的对立加剧了阶级矛盾和阶级分化，人们在"物神"的支配下，形成资本家利益和个体利益的双重异化，一方面，资本家利用工人创造商品，实现个人利益的最大化；另一方面，生产者自己的生存需要没有保障，生产什么、怎样生产不是他们可以控制的。工人对生产和交换的对象漠不关心，他们相互联系只是为了实现个人利益，即实现他人的需要的满足，这种利己的异化需要导致人与人孤立为原子化个体、需要的个别性和普遍性相对立和冲突。工人为了工资而联合起来的斗争，是反抗资本主义社会工资体系的斗争，其实质是某种得不到满足的"根本需要"。在金钱拜物教的资本主义社会，工人的革命意识容易被改善工作状况，提高工资等暂时的利益削弱，只有将工人从利益的拜物教中分离出来，意识到个体作为类存在的"根本需要"才能成为超越资本主义社会的动力，而不能将这种动力纯粹归为无产阶级的"利益"。

赫勒对资本主义社会内在矛盾的探索，指引她找寻需要解放的实践道路，合理的工资和劳动时间在资本主义制度中始终处于被压制的状态，要解放人们的合理需要就要将这些具有革命意愿和冲动的人联

[①] 颜岩：《激进需要与理性乌托邦》，《哲学动态》2009年第9期。

第三章 赫勒对马克思异化需要思想的深化及拓展

合起来。个人利益在资本主义社会表现为个人私利,对"物"的崇拜在资本主义生产方式中成为普遍,阶级利益作为利益的统治陷入了对"物"的崇拜。从这一点来说,赫勒的观点过于绝对,阶级利益有可能被自私的统治集团误用,但资本主义社会中的阶级利益也不能说都内含着拜物教。

第四章　赫勒对异化需要的扬弃及新需要结构的建构

赫勒认为，共产主义社会是人的丰富需要得以满足的社会，她将"联合生产者社会"视为扬弃依附和统治关系的理性乌托邦。"人的需要"是多元的，在依附和统治关系为主的社会中不可能得到满足，在理性乌托邦中，人的合理需要并不能同时得到满足。赫勒引用尤尔根·哈贝马斯（Jurgen Habermas）"无支配的交往"概念，通过价值的合理性讨论何种需要具有优先性的问题。"根本需要"内生于资本主义社会，是超越资本主义的动力，只有通过彻底的革命对现存的需要结构进行变革，才能重建需要系统，实现多元和民主的需要。彻底的革命即"根本需要"的革命，"根本需要"革命的前提是要唤醒具有自由个性的个体，即一切具有"根本需要"的人。她以激进哲学①作为讨论何种需要具有价值的合理性和优先性的革命纲领，使个体作出价值判断并承担社会责任，通过合理的价值讨论建构民主程序和道德秩序，为人们的思想、行为提供规范和指导。

---

① 赫勒将激进哲学作为指导根本需要彻底革命的理论，她赋予激进哲学以下任务：一是必须对抗依附和统治关系，发展合理性的乌托邦；二是必须提出人类学问题并指导人们思考，作为批判社会的理论研究社会结构、提供生活方式；三是指导人们的行动，将理论变成实践。

第一节 "根本需要"作为革命动力的构想

在依附和统治的社会中,人之为人"类存在"的需要得不到满足。赫勒将依附和统治社会中得不到满足的需要称为"根本需要"。资本主义社会追求的交换价值限制了质的需要,是对人的压抑和束缚。人具有不可计数的"根本需要"(countless radical needs),要促进人的全面发展,就要排除将他人当手段的需要。事实上,所有的需要同时得到满足是不可能的,充分满足合理需要的前提是对需要结构进行彻底的改革,只有到了联合生产者社会才能实现。因此,人的"根本需要"得到满足是人全面发展的基础,只有超越资本主义才能实现"根本需要"的满足。

当价值失范、人的精神偏离了人之为人的发展轨道时,人将丧失信仰、找不到生活的意义、将物质利益置于一切需要之上,只有将人从依附和统治的关系中解救出来,重塑人的独立性和自主性,才能复归人的本质。资本主义社会人的需要异化,不仅表现为人的生活犹如动物,且人与人、人与社会的异在性关系也无处不在,人对资本的占有将人异化为对物依赖的畸形人。人与社会的关系要复归属人的交往关系,就要挣脱利益关系的束缚,进行民主的、平等的商谈。赫勒将激进哲学作为理论的武器,希望通过"理想的言语情境"改变人的主体存在状态,撼动资本主义社会神秘"物神"的统治地位,将人从资本的傀儡和异化需要中解救出来,在精神世界和生活世界进行微观的革命,唤起作为"总体的人"的觉醒,建立自由王国。如果不将人从精神世界崩塌的"物神"中唤醒,人的需要被统治的现状将无法改变,革命主体无意识化或缺席的现状将无法缓解,现实的革命依然裹足不前。赫勒以激进哲学作为合理价值讨论的理论武器,拒斥资本主义社会对人的压迫和统治,主张通过向上引导的哲学进行价值判断并唤起物化的需要意识觉醒。

一 马克思需要理论中"根本需要"的哲学内涵

赫勒的需要理论是在考察马克思"需要"概念的背景下形成的,因此,对于她的需要理论及其核心概念"根本需要"的理解不能脱离马克思主义需要理论的整体视域。

首先,马克思认为资本主义社会中同时存在资产者需要的丰富和无产者需要的贫困,资本主义生产方式决定了工人的需要被资本增殖的需要所遮蔽,只有超越这种被束缚、被奴役、被压迫的生产关系,工人才能为满足自己的需要而劳动。马克思在《〈黑格尔法哲学批判〉导言》中提到:"彻底的革命只能是彻底需要的革命。"[1]工人为了复归人之为人的需要,就必须与非人化的依附和统治关系进行彻底的决裂,才能重新获得人的统一性和属人性。资产阶级占有工人的劳动力及其产品,阻碍了其需要的满足,造成人的片面发展。正是基于此,需要得不到满足的人为自己找到了超越资本主义社会的力量,摆脱抽象的人的需要和异己力量。赫勒认为,"这些需要是资本主义社会本身的有机组成部分,但在资本主义社会得不到满足,所以产生了超越这种社会的革命动机和实践"[2]。只有超越依附和统治关系才能触动资本主义社会的需要结构,掌握人本身,实现对类本质的真正占有。需要的革命旨在实现政治和社会的根本变革,人们"在极端贫困的情况下,必须重新开始争取必需品的斗争,全部陈腐污浊的东西又要死灰

---

[1] 《马克思恩格斯选集》第1卷,人民出版社2012年版,第11页。
[2] Agnes Heller, *The Theory of Need in Marx*, London: Allison and Busby, 1976, p.88.

复燃"①。只有掌握人、让人成为人、使人发挥应有的本质力量,才能彻底变革人的需要结构。

其次,马克思认为人作为类生命,具有属人的"类本质"需要。他在《1844年经济学哲学手稿》中指出,人的自由自觉活动是与动物区别的根本标志,也是人的本质。人具有类生命,既包括与动物相同的种生命的本能和属性,又能自为地创生自己的生命。"人是类存在物,不仅因为人在实践上和理论上都把类——他自身的类以及其他物的类——当做自己的对象;而且因为——这只是同一种事物的另一种说法——人把自身当做现有的、有生命的类来对待,因为人把自身当做普遍的因而也是自由的存在物来对待。"②人们根据自己的需要能动地改造自然界,按种的尺度和美的规律来生产,这些创造性的活动都是在"根本需要"得到满足的前提下进行的。"人作为人"的需要是马克思批判资本主义社会以及开展实践活动的现实基础,"人的需要"是对象化的活动,如果人作为类存在的需要被压制,就无法进行主观世界的改造,包括人在内的各种物种的需要是由所属的"类存在"规定的,这种生命的变化是自然的选择,马吃草、老虎吃肉,如果把草放到老虎面前,把肉放到马面前,两者都可能会饿死。"根本需要"意味着人的类本质需要是由人的本质派生的,如果这些需要得不到满足,人就会异化为动物。人与动物不同,其本质是真正符合人的本性的应然需要,人的需要与其生产方式密切相关,"人的需要"既由怎样生产决定,还受生产什么影响。

马克思阐明了人从"自然的本质"演进为"社会存在物的本质"的过程,"人具有的需要"发展为"人的需要"等对自然本性超越的过程,人具有吃、喝、生殖等与动物相同的自然需要,人在生产实

---

① 《马克思恩格斯选集》第1卷,人民出版社2012年版,第166页。
② 《马克思恩格斯选集》第1卷,人民出版社2012年版,第55页。

践中形成的自由活动、尊重和关怀、充分发挥主观能动性的需要是其与动物相区别的需要。只有依靠实践，使"根本需要"得以满足，人才能发挥主观能动性、释放潜能，"已经得到满足的第一个需要本身、满足需要的活动和已经获得的为满足需要而用的工具又引起新的需要，而这种新的需要的产生是第一个历史活动"①，人只有在类生活的"根本需要"得以满足的基础上，较高层次的需要才能逐渐得以显现。马克思认为，工人阶级对自由时间的需要和为工资而斗争的需要是其作为类存在的基础，只有当人们维持生存和发展的质的需要得到满足，才能真正得到解放。因此，类存在的"根本需要"为发展的需要创造条件，促进人的自由个性的生成。只有当"现实的个人"将需要复归自身，并且满足作为"人"的类存在需要的时候，才能抓住"人的需要"的实质，发挥能动性，使需要革命更深入根本和更彻底。

马克思认为，"人的需要的丰富性"是人的本质属性，资本主义社会将人变为"无需要""动物式需要"的存在物，这种需要是异化的。人是有意识和自由的存在物，只有把握人作为"类"的本质，才能理解人必不可少的需要。在具体的历史发展中，"人的需要"具有丰富性，并随着生产的发展不断深化和拓展。

再次，马克思强调"人们为了'创造历史'，必须能够生活，但是为了生活，首先就需要吃喝住穿以及其他一些东西"②，物质资料是创造历史的前提，也是人们最迫切的现实诉求，人只有满足了基本生存的需要才能开展历史活动。在依附性的社会，人类为了争夺饭碗而斗争，劳动人民只有获得作为人的前提，才能从根本上改善其生存状况。现实的人是开展一切历史活动的前提，感性的物质活动指向"他们的活动和他们的物质生活条件，包括他们已有的和由他们自己的活

---

① 《马克思恩格斯选集》第 1 卷，人民出版社 2012 年版，第 159 页。
② 《马克思恩格斯选集》第 1 卷，人民出版社 2012 年版，第 158 页。

动创造出来的物质生活条件"①。人们在物质生产的过程中形成与生产方式相符合的思维方式、社会交往形式，人们在创造物质资料的过程中形成的生产关系决定了"现实的人"的情境和制度，进而决定现实问题的理论形态。在资本主义社会，无产阶级需要的匮乏源于资产阶级占有生产资料的物质现实，以增殖为目的的特殊生产方式决定了资本主义社会"现实的人"的需要是抽象的、异化的。

最后，需要是社会向前发展的动力，新的对象化活动驱使人们不断改进生产方式。人类的生存依赖物质资料的生产，当人作为人的类存在需要得不到满足，人与人之间的关系将是异化的。物质生产活动不仅能满足人的需要，还能促使人与他人产生新的联系，人与人之间相互需要的关系是特定物质资料生产方式中社会关系的反映。马克思指出，人的需要是丰富的，不只局限于基本的生存需要，还有发展的、彰显个性的、能力得到体现的需要，只有当人不受物质资料束缚时，才能开始真正地生产。人能够生产需要的对象，并创造历史。然而，在资本主义社会中，工人最为持久和迫切的生存和发展的需要长期得不到满足，这些需要是人们开展创造性活动、充分发挥各项才能的前提，工人阶级类似于动物的生活使他们除了维持身体机能而不至于后代死绝，再也没有其他需要了，他们的劳动是抽象的，是束缚人、折磨人的。

二 赫勒赋予"根本需要"的历史任务及其特征

赫勒在《马克思的需要理论》中明确提到，"根本需要"的概念来源于《〈黑格尔法哲学批判〉导言》，她认为，马克思揭示了资本主义社会工人被剥削的实质，并以共产主义社会作为扬弃异化关系的远大理想。马克思的著作中存在一种让工人成为"类存在"的前提需

---

① 《马克思恩格斯选集》第 1 卷，人民出版社 2012 年版，第 146 页。

第四章 赫勒对异化需要的扬弃及新需要结构的建构

要,这种需要生发于资本主义社会,维持着资本主义社会的运转,但资本主义社会的工人却始终得不到满足的需要,这种需要是维持资本主义社会运转的"血液",这也将工人变为只有肉体需要的动物。只有超越依附和统治的关系,才能得到满足。在资本主义社会连新鲜空气都成为奢侈品,工人作为人的需要得不到满足,他们是彻底贫困的。但是工人阶级并未意识到这种需要对于他们的重要性,需要的阶级意识尚不明确,因此革命的意愿不强,而根本需要的革命是人们超越资本主义社会异化需要的途径。人的需要随着生产的发展与日俱增,但这种需要不可能全部得到满足,具有满足的先后顺序。赫勒认为,资本主义只关注交换价值,量的产品过剩成为需要的桎梏。一方面,资本增殖造成供给的丰富,另一方面,无产阶级需要的贫困对资本的发展带来限制。资本主义社会对人的根本需要的剥削和限制就是资本主义体系先天"脆弱"的需要,这种需要的满足能够引起资本主义体系的根本性"崩溃",实际上,赫勒将资本主义体系存在和断裂的"脆弱"点看作资本主义的"根本"点。她希望以根本需要为基点,变革需要的结构,从而变革资本主义生产关系。根本需要蕴含着社会对抗性矛盾的内在辩证法,资本主义社会的发展建立在对雇佣工人"吸血"的基础上,资本家要壮大就不能与根本需要的压制脱轨,离开根本需要资本主义将无法运转。

"我们把所有在一个以依附和统治关系为基础的社会中出现的,但在这样的社会中不能被满足的需要表征为'根本需要'"[1],根本需要具有三个特征:一是只有超越依附和统治关系才能满足根本需要,根本需要的个体带有彻底革命的特质,旨在从根本上消除将人当作手段和工具的需要结构;二是资本主义不仅生产了异化,也生产了关于异化的意识,根本需要革命的任务是重建现存的需要结构,以"联合生

---

[1] Agnes Heller, *Radical Philosophy*, Oxford: Basil Blackwell, 1984, p.138.

产者社会"取而代之；三是根本需要作为维持资本主义运转的"血液"，具有支撑资本主义进行新陈代谢、再造资本动能的作用。

根本需要之所以是彻底的、根本的，在于它是个体成为人的需要，因此，它首先要扬弃凌驾于个人之上的"社会需要"。需要具有历史性，在经验现实中生产和发展，所以在历史活动中并不会如实地反映人的本质，甚至存在虚假的"社会需要"。资本主义生产方式决定了工人的需要被资本增殖的"社会需要"所遮蔽，只有超越这种被束缚、被奴役、被压迫的生产关系，工人才能为满足自己的需要而劳动。工人为改善生存条件，以罢工等手段试图通过改革提高工资、缩短工作时长、改善工作条件，但这些运动并未从根本上改变工人的生存状况。这些运动是由得不到满足的根本需要引发的，根本需要是人作为类存在物的应然需要，只有超越依附和统治关系，才能触动资本主义社会的需要结构，进而实现对属人的类本质的真正占有。只有超越资本主义生产关系的、新生的创新性需要才能引领人突破社会规定，复归属人的自由。"人的需要首先要超越自然属性，不能被自然必然性所束缚，人的需要也要超越于特定社会阶段的必然性，回复到自由自觉的劳动这一人的根本性需要。"[①]由于资本家对工人剩余劳动的剥削和压榨导致了人们的需要与类的需要不一致，人们为了温饱不得不到工厂做工，时间都被资本家追求剩余价值的需要支配，根本没有自由时间，人的自然属性异化，"人的需要"成为非人需要。根本需要是人之为人的需要，是人们本应该得到的，也是人存在和发展的需要。如果这些需要得不到满足，人就会被异化。

对社会结构的根本变革即对人的需要的根本变革，是社会革命的本质力量所在。"资本主义产生了'根本需要'，'根本需要'指向根

[①] 袁富民：《美好生活需要：基于马克思人的本质理论的考察》，《中南民族大学学报》（人文社会科学版）2019年第2期。

第四章　赫勒对异化需要的扬弃及新需要结构的建构

本,指向人类,作为一种'集体的应然'(collective ought),它促使人们超越资本主义,走向人类的解放。"[1] 尽管根本需要是资本主义社会固有的,但也是资本主义社会的"掘墓者"。因此,不能得到满足的根本需要成为超越资本主义社会的动力,由于不断扩大的市场和商品的交换价值量化,扩大的资本将个人从"自然需要"中解放出来,代之以商品,只关注交换价值。工人的需要始终处于被支配、得不到满足的状态,比如不能平等地参与社会决策、改变不足的社会体制、获得更多的空闲时间、避免战争的需要。由于资本家把他人当作手段和工具的需要压倒了其他需要,人们要满足基本的生存需要,有赖于从现有的需要结构中生成革命性的、超越现存统治关系的新的需要结构。赫勒认为,工人只有推翻资产阶级的统治,才能实现需要的解放。革命的力量如何从"应然"变成"集体应然"？赫勒指出,只有唤起"根本需要"的人的觉醒,才能进行有效的需要革命,工人阶级革命的目的需要明确,并确定需要革命的主体,她将这种在资本主义社会"未被承认的"(unrecognizable)的需要视为革命的主要动力。

　　根本需要是维持资本主义体系存在和运转的需要,资本主义的本性必然会限制工人的需要,这种被剥削的需要是资本主义社会的根本特征,工人的需要一旦得到满足,资本主义体系就会崩溃。根本需要承担着彻底击破旧社会、建立新社会的历史任务,资本主义社会的特征决定根本需要无法满足,只有唤起根本需要得不到满足的人的意识觉醒,进行彻底的革命,超越资本主义社会需要体系,才能满足人的根本需要。

　　赫勒对于"根本"一词的使用继承了马克思赋予该词的理论内涵,并一脉相承,她强调需要的"根本性""彻底性","马克思说过,

---

[1] Michael A. Lebowitz, "Heller on Marx's Concept of Needs", *Science & Society*, Vol.43, No.3, 1979, p.350.

阿格妮丝·赫勒的异化需要理论研究

根本、彻底（radical）就是深入事物的根本（the root of things）。并且他补充道，事物的根本就是人本身"①，赫勒希望她的哲学研究能够彻底，而根本需要恰恰是她用于分析资本主义社会发展动力与社会矛盾的重要概念。资本主义社会是一种以占有为目的的社会，这种占有一方面表现为对生产资料和商品的量的积累，另一方面这种需要系统贪婪地占有着、支配着工人的需要。资产阶级的需要系统是异化的，它包含着无产者得不到满足的需要，这种对抗性的"根本需要"是资本主义生产的缺陷也是以占有为主的生产的"崩溃点"。资本主义社会产生、孕育了自身的颠覆力量，即工人在该体制中不能满足的、人成其为人的根本需要，她用其表达超越资本主义、掌握群众的功能。

赫勒提到，只有以集体为主体（工人阶级）的斗争才能推翻旧社会、建立新社会，这种革命是"彻底的""根本性的""总体的"（Only the struggle of the collective subject is capable of bringing about the new society: its revolution is radical, "from the root", and total）。② 赫勒认为，只有通过集体的斗争才能变革异化的需要结构，进行彻底的、根本的、总体的革命，根本需要是彻底革命的动力。根本需要是超越资本主义社会的前提和必要条件，资本主义社会作为一个产生异化需要的整体，具有总体性的异化需要和异化需要意识。资本主义制度对人的需要进行了两次否定，生产社会化与生产资料私有制的矛盾是资本家压迫人们需要的源头，生产资料私有制是对人自身需要的否定，生产社会化是对"人的需要"的否定之否定。资本主义的发展程度越高，就越成为根本需要的限制力量，资本家越是加快生产，也就更彻底地限制工人需要的满足。

以增殖为目的的生产造成供给的丰富与无产阶级需要的贫困，资

---

① Agnes Heller, *Radical Philosophy*, Oxford: Basil Blackwell, 1984, pp.136-137.
② Agnes Heller, *The Theory of Need in Marx*, London: Allison and Busby, 1976, p.86.

第四章 赫勒对异化需要的扬弃及新需要结构的建构

本主义社会对人的根本需要的剥削和限制是其先天"脆弱点",根本需要的满足会导致资本主义体系的"崩溃"。赫勒希望以根本需要为基点,变革需要的结构和资本主义的生产关系。一场根本需要的革命是建立在个人真正"质"的需要之上,根本需要蕴含着资本主义必然灭亡的规律,一方面,资本主义社会的发展压制和奴役人的根本需要,离开根本需要资本主义无法运转;另一方面,资本主义的发展将人变成动物,人们得不到满足的根本需要使其彻底变革现存社会制度的愿望越发强烈。"劳动时间的减少迫使资本家不断地提高劳动生产率,他们从追求绝对剩余价值转向追求相对剩余价值"[1],只有将工人异化为动物,才能维持资本主义的正常运转,工人的根本需要的缺失是维持资本主义运转的动力,而工人的根本需要的满足将导致资本主义的灭亡。

马克思指出,彻底的革命是根本的、掌握人本身、能够触及根基的革命,因此,这种源于人本身的根本需要是在窘迫的生存处境中能够彰显人的本性的需要。资本主义社会中"人的需要"被异化,成为动物的需要,真正属人的需要是人的根本需要,是获得更高级需要的途径,也是必经阶段。只有依据人的本性,才能区分出对人有益和有害的需要,只有属人的需要才能实现人、解放人,违反人的本性的需要是痛苦的,不利于人的发展。符合事物根本的人本身的需要才是有益的、值得人们追求的需要,而资本主义社会中充斥着异化的、非人的需要。

赫勒基于对资本主义社会需要异化的分析,描绘具有根本需要的个体,进而提出"根本需要革命"的构想,希望通过人类需要结构的改造达到人的个性的丰富以及个体与类的统一。如果说无产阶级是被压迫和奴役的阶级,那么他们联合起来革命的动力一定源于未得到满

---

[1] Agnes Heller, *The Theory of Need in Marx*, London: Allison and Busby, 1976, p.91.

足的根本需要。"这种变革的承载者将是那些具有'根本需要'的人，工人阶级的需要就是这种'根本需要'"①，无产阶级的根本需要是革命的动力，他们要为满足自己作为类存在的需要奋起反抗，这是赫勒需要理论和实践的核心，只有人类生存对象的根本需要得到满足，才能实现资本主义需要制度的超越。赫勒借助"根本需要"概念将人的客观需要从资本主义需要统治操纵人、控制人的外衣中剥离出来，通过根本需要的满足实现人的解放。

正是因为这些人成其为人的根本需要得不到满足，无产阶级才成为资产阶级掘墓人，但是赫勒将"根本需要"的适用范围扩大了，革命的主体由无产阶级扩大到一切具有根本需要的人。为庞大的商品堆积找不到销路而发愁的人也有根本的、成其为人的需要，这些根本需要得不到满足的人将成为革命的主体，发动根本的、彻底的、总体的革命。

根本需要产生于资本主义社会，维持资本主义社会的运转，是资本主义社会发展的动力。在依附和统治的关系中，人的全部生活被物所规定，物统治人，人沦为工具毫无自由可言。异化劳动将人限定在生存需要范围之内，泯灭了人的自由个性。在资本主义社会，随着物质生产的扩大，工人对自由时间的需要得不到满足，逐渐成为抽象的人。资本主义社会创造了抽象的人，有悖于人的本质，是非人化的。在经历罢工等革命运动后，资本家相对减少了工人的劳动时间，却又不断使用机器和技术提高劳动生产率，他们从追求绝对剩余价值转向追求相对剩余价值，资本的本质仍然是对活劳动的剥削和对自由时间的剥夺。资本通过奴役和支配劳动者的需要，将人贬低为动物，人的根本需要长期得不到满足，矛盾不可调和，革命的爆发成为必然。

从赫勒的相关文本中"根本需要"概念出现的具体语境来看，它

---

① Agnes Heller, *Radical Philosophy*, Oxford: Basil Blackwell, 1984, p.44.

第四章　赫勒对异化需要的扬弃及新需要结构的建构

指的是"在依附（subordination）和统治关系（super-ordination）为基础的社会中出现的，但在这样的社会中不能被满足的需要"①，是人区别于其他动物存在的、与类的需要相一致的需要。人成为人的需要在资本主义社会始终缺失、被压制、不被满足的现状，决定了他们始终具有革命的意向，根本需要是他们革命的动力，赫勒沿着马克思的足迹，始终将无产阶级视作有根本需要的阶级，根本需要作为人的存在方式，有助于我们理解无产阶级在资本主义生产方式中需要贫困的现状。只有满足作为类存在的人且具有类的需要对象特征的根本需要，才能对资本主义制度需要结构进行根本的、彻底的批判。赫勒主张从需要的满足来实现人在微观视域的解放，进而针对人的需要被支配的现状，提出"需要革命"的构想，她将根本需要的理性乌托邦作为人的全面发展的旨归。

三　"集体应然"的现实载体与关键力量

赫勒认为，共产主义社会人的需要将会得到满足，是扬弃异化需要后的理想的需要结构，她称之为"合理性的乌托邦"，是实现需要多元化、尚未实现却终将会实现的"应然"。根本需要是紧迫的、掌握群众的物质力量，旨在发动群众进行革命，最终实现合理性的乌托邦。只有明确根本需要的革命目标、超越现存社会需要的结构、唤起"根本需要"意识，才能终结依附和统治的关系，重建需要的结构，实现"集体应然"②。

第一，在依附和统治关系中，人的根本需要意识的觉醒会成为"集体应然"的关键力量。赫勒认为，只有依托社会整体革命才能变

---

① Agnes Heller, *Radical Philosophy*, Oxford: Basil Blackwell, 1984, pp.141-142.
② 赫勒认为，马克思把共产主义的实现看作一种"应然"，这种"应然"激励无产者形成联盟，当他们认识到自己是戴上"根本需要"锁链的阶级时，激进哲学就能掌握群众成为物质力量，超越资本主义社会并向共产主义转变，成为"集体的应然"。

革资本主义,这种"根本需要"是对资本主义生产关系的否定,也是马克思所说的向联合生产者社会过渡的前提。共产主义社会"各尽所能,按需分配"的前提是每个人都享有丰富的需要,充分发挥自己的能力,当人以自己的需要作为历史发展的动力,人就具有了自觉意识并开始了作为人的活动。赫勒提出,只有确立根本需要的革命任务和主体,才能激励集体主体(工人阶级)开展革命斗争的实践,建立人的本质与类统一的需要结构。根本需要驱使主体需要结构发生转变,并促使一切具有根本需要的个体挣脱依附和统治的关系,积累联合生产者社会的物质和群众基础,并向共产主义社会过渡。共产主义社会是一种"应然",通向"应然"的途径直指人类需要结构的变革,根本需要不仅关乎人成其为人的本源,更关乎自由、民主。根本需要之所以能成为超越资本主义社会的动力,原因在于掌握了人成为人的物质力量,是需要的根基,蕴含着向社会高级阶段转变的潜能,昭示着自由人联合体的理论自觉。

第二,根本需要旨在从性质上变革需要结构。在资本主义社会,人们以交换价值作为生产目的,集中生产获利最多的商品,很多对人的发展起着重要作用但资本家获利不多的质的需要被忽视。对货币的崇拜限制了质的需要的生产和满足。艺术、道德等人的需要都用金钱来衡量,将人对产品性能的需要转化为对金钱的需要,权力物化、需要物化、统治物化,货币量化一切不可量化的物,成为统治社会的主要形式。资本增殖的需要迫使工人生产庞大数量的商品,而工人创造的劳动产品不属于自己,导致人与劳动产品的对立和疏离,"无产阶级由于无法满足自己丰富的质的需要,就始终具有一种革命的意愿和冲动"[①]。赫勒强调,人类活动是多样化的、是围绕丰富需要展开的,

---

[①] 颜岩:《需要结构的批判与重建——赫勒对马克思需要理论的解读》,《学术研究》2020年第2期。

第四章 赫勒对异化需要的扬弃及新需要结构的建构

而质的需要是本质力量的根基,根本需要是使人的本质力量得以彰显的需要,侧重于发展那些不能在数量上得到满足的需要。资本主义社会过于注重量的需要,导致盲目扩张无用性商品,未来社会中人类所有物质和非物质需要都更注重质量,在共产主义社会,人对使用价值的质的需要将会得到发展,异化的量的需要的扩张将会受到遏制。赫勒认识到自然资源和人力资源的过度使用、效率不高等问题,这是对人类需要的威胁,她对需要量化扩张的批判是对现代性问题的回应,基于生命的本质性需要与外在需要脱节、量的需要扩张造成人们对金钱的欲望扩张、资源能源供应紧张等问题。赫勒强调,通过遏制量的扩张,对片面的、萎缩的需要进行革命,从而塑造新的生存方式和需要结构,"如果我们单纯考虑量的需要,很难确定在哪个点上它们能够达到'饱和水平'。只有质的需要占统治地位才能阻止量的(异化的)需要的无限积累"[①]。

第三,根本需要以解救那些需要被压迫却不自知的人为己任。在资本主义社会,由于人们并未意识到他们的需要是非人的,导致革命的潜力被削弱了,需要的革命沦为乌托邦的设想。赫勒意识到革命意识的成熟程度是革命是否彻底的关键。在资本主义社会,一方面,商品的种类和数量以惊人的速度扩张,"人的需要"随着生产的发展与日俱增;另一方面,工人的需要降低为动物生存的需要。因此,赫勒以根本需要作为类存在的需要之本源,以唤醒革命的主体意识为目的,她认为,根本需要的意识要渗透群众赖以生存的需要之根本,才能具备组织根本需要革命共同体的物质力量;人只有意识到自己人之为人的根本需要,产生需要的意识,才能使这种根本需要具有革命性并成为社会变革的动力;只有唤醒根本需要得不到满足的人,才能进

[①] [匈]阿格妮丝·赫勒:《从人的需要的观点理解理论和实践》,载衣俊卿《社会主义的人道主义——布达佩斯学派论文集》,黑龙江大学出版社2017年版,第63页。

行有效的需要革命，超越资本主义社会的需要结构。

第二节 "激进哲学"作为批判的武器

在赫勒看来，哪种需要能够优先满足是哲学讨论的任务，哲学的精神是乌托邦的精神，能够为被压迫的人们提供合理价值讨论的指导。激进哲学作为理性的价值讨论，"从一种生活方式的角度满足去神秘化的价值合理性的需要"[①]，提出了应然的"人的类特征"。赫勒将激进哲学视作一种"商谈"伦理，即通过建构一种新的哲学世界观，以哲学把握世界的方式回答"认识何以可能"的问题。激进哲学能够给世界提供规范，并成为理念、价值和准则，指导行动。激进哲学通过合理的价值讨论消除现存社会的非民主化，发挥哲学向上引导的作用，从应然建构实然，创造价值合理性的需要，将人们从教条主义的迷梦中唤醒。

一 哲学的任务：向上引导的实然与应然

马克思在《〈政治经济学批判大纲〉序言》中表示，抓住事物根本的理论就是"彻底的""人本身"的理论。赫勒认为只有当哲学表达了真正的需要，它才会被实现，只有当它成为彻底革命的哲学，才能拒斥依附和统治的关系，为多元、民主的需要提供价值讨论，扬弃异化需要。激进哲学可以为世界提供规范和标准，指导被依附和统治束缚的人如何思考、如何行动、如何生活，唤起人"对真与善统一的

[①] Agnes Heller, *Radical Philosophy*, Oxford: Basil Blackwell, 1984, p.50.

热爱",激进哲学作为决策程序,试图指导人们进行根本需要的革命。赫勒认为 20 世纪实证主义是不同学说汇合而成的意识形态,不是真正的哲学,哲学的核心是"实然"和"应然"的一致性。哲学成为追求真理的科学得益于人们接受哲学并将其作为人们共同的需要,只有将哲学理论运用并付诸实践,哲学才能真正成为改变世界的力量。

赫勒凸显了哲学指导人的实践的价值导向功能,重塑了哲学引导人们反思其生存方式的重要作用。赫勒认为真正的哲学以"改变世界"作为任务,以最高的"善"作为行动指南,"真"与"善"的统一是哲学的应然。赫勒的目的不是解释自然界、社会思维与方法,而是揭示哲学的任务,她认识到"哲学不能在'实然'与'应然'之间进行调解"[①],而是要成为真与善、"应然"和"实然"的统一。哲学是一种反思和批判的理论,激进哲学同样具有批判性,只有清理地基、反思前提、以思想作为思想,反过来再思之的哲学武器才能分析和回应时代之问,从而对依附和统治的社会进行总体性反思和批判。

（一）我们为什么需要哲学

激进哲学体现了人们的实践要求,是对人的生存意义和生命状态的展现,"哲学家指导人们思考,为人们在讨论中提供帮助直到真正找到真理和善良"[②],激进哲学能唤起人的根本需要的使命和担当,引导人从实然的世界进入应然的世界;通过拒斥依附和统治关系,以满足"人的需要"为目标,提供改变世界的价值和理想。在赫勒看来,人的根本需要的满足是扬弃异化需要的人的根本所在,也是人成为自己的根本所在。激进哲学是革新的哲学,旨在用实然认识应然,赋予人新的力量,用真善美的观念对价值交往的个体生活进行合理的商讨。激进哲学凝聚了个人的价值共识,回应了根本需要的思想指向。

---

① Agnes Heller, *Radical Philosophy*, Oxford: Basil Blackwell, 1984, p.184.
② Agnes Heller, *Radical Philosophy*, Oxford: Basil Blackwell, 1984, p.10.

"人的需要"应该以人的自由和全面发展为指向,但是在多元的文化和社会制度中,新思想不仅面临制度的困境还面临各种思想的交锋,激进哲学以根本需要的满足作为个体发展的前提,为"人的需要"设定了标准,在人的需要日益多元化和根本需要不均衡发展的社会中,为人的生存选择划定了航向,为人们积极追求美好生活和满足多元发展的需要提供了借鉴。赫勒将哲学作为指导实践的理论,发挥其改变世界的作用。她认为,人作为具有自由意志的行动者,需要锐利的思想武器为行动提供指南。哲学不是一套现成的告诉人们如何行动的知识体系,而是人存在的基本方式。哲学并没有明确的研究对象和实用的需要,因此常常引发人们追问哲学是什么。在赫勒看来,"哲学能够通过它的接受形式满足需要"[1],人的存在方式、如何生活、如何行动是哲学的任务,哲学教会人们独立思考,为人的行动提供一种遵循和指示,并使之成为事实。

针对人的根本需要被压制、被异化的问题,哲学追问人的需要是什么,如何思考、生活、行动才能成其为人的问题,提供理性和规范性的反思和批判,从本质上探究人的思维及存在方式、行为与经验、合理的需要等生活中最基本的问题,激进哲学回应的是在依附和统治的社会中人的思想、行为和经验,以及根本需要得以满足的人的思想和行为。激进哲学不仅提供一种引领实践的指南,也需要在实践中检验获得合法的依据,回答"人应该如何行动"的问题,因此,激进哲学是一种反思和批判的理论,通过澄清"对象性"实践的前提,形成影响人们行动的合理价值。赫勒指出,激进哲学通过对现存社会体制中"物的依赖方式"和"人的依赖方式"的揭露和批判,将偏见和虚假意识剥离出来,以"真、善、美"建构和回应时代的问题,唤起对人真正的存在方式和有意义的生活的反思和追问。

---

[1] Agnes Heller, *Radical Philosophy*, Oxford: Basil Blackwell, 1984, p.7.

第四章 赫勒对异化需要的扬弃及新需要结构的建构

"向上的引导是哲学系统的核心和世界哲学的核心。因此在一方面实然由应然组成,另一方面,应然由实然推演出来,否则对于每一个思考的人来说世界上的实然到应然就不可能"[①],哲学指导人将实然变为应然。资本主义社会和东欧国家的社会主义都没有实现丰富性的"人的需要",对需要管控过严,甚至将"社会需要"凌驾于个人需要之上,在精英和权威关系中将社会需要置于个体需要之上,造成个体需要很难得到彰显。资本主义社会将"阶级利益""普遍利益"灌输给个体,使个体的革命意识被物化侵蚀,激进哲学能够唤起个体根本需要意识的觉醒,为根本需要的革命提供理论指导。激进哲学回答的问题是如何在依附和统治的社会中超越现实,唤起根本需要得不到满足的"人的需要"的意识,并以根本需要的满足为目的。理论和实践的统一既是哲学价值观的整合,也是特定社会体制中的实践问题。赫勒为人们提供了乌托邦的愿景,如果没有这样一个真正切入群众需要的愿景,左翼激进主义也不能认识到以超越现存社会的需要结构为目标,唤起人们意识的觉醒对人的自由而全面发展具有的重要意义。

哲学具有去拜物教化和去神秘化的功能。哲学的思考方式启发人们进行合理性的价值讨论,唤醒真和善。资本主义社会的"物神"统治着一切,工人的需要被权威关系统治。赫勒认识到人的需要的丰富有利于推进社会的发展和人的自由,由于人的需要被异化,赫勒从哲学层面解读马克思的需要理论,认为每一种需要都具有相应的对象化领域,"人类的需要和需要的对象是相关联的,需要总是与一些具体的对象或是一个客观活动有关"[②],而激进哲学成为实践就要使个体通过合理性思考去自发地建构世界,实现和满足建构联合生产者社会的需要。赫勒认为,激进哲学是时代的需要,哲学批判和反思的任务是

---

① Agnes Heller, *Radical Philosophy*, Oxford: Basil Blackwell, 1984, p.10.
② Agnes Heller, *Radical Philosophy*, Oxford: Basil Blackwell, 1984, p.40.

针对人被物化、不得不屈从依附和统治关系，人的思想被禁锢、人际关系被利益化、互相漠不关心而提出的。激进哲学作为反思的、自我批判的时代精神，是"人的需要"摆脱压抑和束缚，实现自由和平等的"普照的光"。哲学作为一种澄清理论前提、划清思想界限的活动，能够启发人们思考什么是真的、什么是善的、什么是美的问题，以人的思维、行为的条件和前提为基点，为人们的行动制定规范、为价值提供指引。哲学起源于惊奇和怀疑，哲学在批判其他事物时，也会反思它自己的条件和前提，作为理论思维的前提批判，这正是哲学作为真和善统一的"最真实的存在"。

（二）关于哲学的价值诉求

赫勒认为"'乌托邦的精神'是哲学的精神。每一种哲学都是乌托邦，只有哲学能将应然建构成所有存在的事实[①]"。哲学为人的行为提供价值选择，哲学引领着人的根本需要。根本需要使人们对美丽世界的向往不是空想，它将驱动人们从此岸的世界迈向彼岸的世界，并成为规范人们思想和行为的"善"的力量。恩斯特·布洛赫（Ernst Bloch）在《希望的原理》中描绘过乌托邦的功能，他说乌托邦是可憧憬、可期待的尚未实现的东西。赫勒也认为乌托邦的精神是一种尚未实现的本体，她强调，"合理性的乌托邦"是通过激进哲学变革需要结构的憧憬，人们对世界是什么的追问和反思，承载着自我救赎的期望和价值，对旧世界进行改造和重塑。哲学可以假设一个多样性合理需要得以满足的社会，引发人们思考并对不合理的价值和生活方式进行改造，在依附和统治的社会中追问如何思考、如何生活和行动，旧的社会秩序和生产力发展水平阻碍了新的价值体系和需要体系的植入，人的所有需要都被满足只能是合理性的乌托邦。

哲学提供了应然的世界，我们可以依此去建构实然，乌托邦的

[①] Agnes Heller, *Radical Philosophy*, Oxford: Basil Blackwell, 1984, p.13.

精神为我们的生活提供希望和指引，以改变人们的世界观来指导行动。人是目的性的动物，可以按照对世界的认识来改变世界，人的认识是客观的，形式是主观的，认识世界的方式决定了如何改造世界、改造成什么样的。因此，人们对哲学的需要，即构建认识和行为中的"真""善""美"。

在赫勒看来，每个人都肩负道德责任，哲学的功能在于唤醒人们沉睡的道德自觉，只要自愿将普遍认可的道德律付诸实践并以乌托邦的价值和理想作为指南，人就可以自我创造、自我完善、丰富自己的个性，在依附和统治的关系中进行自我救赎，这个世界就会成为类存在得以丰富的家园。赫勒将激进哲学作为一种合理的价值引导，引导人们去设想一个多样化的需要得到满足、价值观表达没有障碍的社会。

（三）关于哲学的功用

作为合理性的乌托邦，能从实然推演出共产主义社会必将实现的应然，并承担唤醒个体的道德责任。首先，让人成为有独立思考能力的个体。赫勒强调哲学能够为人们提供生活方式，启发人们按照哲学的思维来思考问题，最重要的是，人们所能想到的一切事物只有在它特殊的适当性中才有普遍性，在世界的整体性中建构独立的个体，哲学就完成了解释世界、启蒙人们行动的任务。"为了满足这一需要，哲学必须有它自己的结构和它自己的真理。"① 哲学的任务不是获得绝对的知识，而是在"绝对精神"中确立生活需要的等级和价值标准，清除宗教的、非科学的思想残余，以科学的方式自主地思考，把时代问题和超越依附的社会的可能性置于哲学思想的实际背景中去解决。其次，真理能够解释世界，并改造世界，而人们的需要永远与个体的生存状况有关。激进哲学的功用在于引发个体对生活的思考帮助他

---

① Agnes Heller, *Radical Philosophy*, Oxford: Basil Blackwell, 1984, p.44.

们，理解生活和社会经验，以及历史发展与个人命运的关联。她认识到马克思主义本身就是批判的武器，因此，她用激进哲学为未来联合生产者社会引路，为被压迫和奴役的人们提供指南，通过左翼激进主义唤起需要被操控的人们对资本主义社会的批判，以及对东欧国家社会主义体制和意识形态的反思。她认为马克思是激进哲学的大师，他以共产主义社会的实现作为被压迫的人的共同理想，是对人类需要的承认和接受。

只有当哲学建构了人的真正需要，它才会成为指导彻底革命运动的理论武器。作为社会化的人类，只有在共同的理想中才能作为整体确立自觉追求的价值目标，在所有社会活动中指导实践进行合理性的价值讨论。对于赫勒来说，这种批判性提问的形式是超越资本主义社会的前提，为人们提供了一种价值观和生活方式，使人能够将其转化为行动。

（四）关于哲学的态度

哲学起源于惊奇，惊奇引导人们打开隐藏在理论中的奥秘，在进行哲学思考的过程中，人们带着这种惊奇用理论观照现实，澄清疑难和谬误，并将已经存在的偏见从人的意识中清除出去，即哲学承担了清理地基的工作。惊奇是哲学思考的出发点，哲学家需要弄清楚哪些是偏见，净化自己的思维和想法。哲学不仅要质疑它所设定的目标，还要质疑这种目标的合理性，哲学家常常追问"真理是什么""幸福是什么"这样的问题，追问和反思一切可怀疑的东西，哲学才能成为教人思考、提供生活方式的学问。哲学作为向上引导的知识，总是在质疑和重塑哲学观点，"每种哲学都断言他自身的普遍有效性，因为它同时也质疑其他哲学的真实性"[①]，哲学只有揭露和批判其他哲学，才能建构其自身。哲学要证实价值讨论的合理性，就要将真与善、实然与应然统一起来，满足指导人们行动的共同需要。

[①] Agnes Heller, *Radical Philosophy*, Oxford: Basil Blackwell, 1984, p.25.

第四章　赫勒对异化需要的扬弃及新需要结构的建构

二　以激进哲学为理论依托进行需要革命

当人们将自然界、社会、思维等领域作为哲学对象的时候，哲学流离失所、无家可归，当哲学被驱逐出这些领域之后，哲学真正地实现了四海为家。赫勒引用诺瓦利斯的名言"哲学是乡愁"[1]形容人对哲学寄予的希望，人类拥有一个共同的"家"，哲学能为这个"家"（世界）提供规范和理想，人们要找到安置肉身和灵魂的"乡"离不开哲学的规训和指引。激进哲学对人的需要满足的前提进行了考察，确定需要革命的主体，说明多元需要满足的条件，探究需要得以满足的路径。承认和满足人的需要，有赖于合理的社会制度，在依附和统治关系中，多元需要成为应然，要从根本上促进观念变革，依托激进哲学说服群众、打动群众。激进哲学只相信人类的行动，不相信救世主，要将拒斥依附和统治关系从实然变为应然，激进哲学的行动者就要思考什么是哲学、用哲学的方式表达需要、按哲学价值讨论的方式建构理想生活。

（一）激进哲学的行动者：左翼激进主义（left radicalism）

要阐述激进哲学的任务并考察其可能性，首先要确定执行这种理念的主体。赫勒拒斥依附和统治关系，并希望通过合理价值讨论制定新价值，按照新价值付诸行动来改变依附和统治关系的观点被称为激进主义。激进主义致力于批判和驳斥依附和统治的社会关系，根据具体意识形态的差别，激进主义分为左翼激进主义和右翼激进主义。右翼激进主义没有将人的类存在作为最高的价值标准，他们拒绝普遍有效的价值探讨，也不承认人的类存在作为社会的真实价值与社会群体或共同体产生紧密联系。左翼激进主义运动的目标是超越依附和统治关系，"左翼激进主义是一种精英主义"[2]，他们是依附和统治关系中被

---

[1] Agnes Heller, *Radical Philosophy*, Oxford: Basil Blackwell, 1984, p.134.

[2] Agnes Heller, *Radical Philosophy*, Oxford: Basil Blackwell, 1984, p.136.

物化操纵和控制的人，他们的价值和思考能力是被统治者支配的。右翼激进主义也参与日常价值讨论，但他们将合理的讨论权威化，以自己的利益为出发点，不能进行合理的哲学价值讨论。左翼激进主义恰恰相反，他们将人的类存在和人性作为最高价值，承认每个人都有参与合理价值讨论、平等参与社会重要决定的权利，鼓励人们进行独立思考。在依附和统治的社会，民主是少数人的民主，统治阶级灌输给他们的理念，使大部分人对自身能力和价值的认识变得无意识。只要左翼激进主义运动无法完全克服资本的干预，哲学的价值讨论就不能实现真正的民主，更不能在民众中得到普及，激进哲学也将失去说服力。由于资本统摄一切，统治阶级妄图将自己的利益说成是人民的利益，要克服依附和统治关系，就要改变统治阶级与个人之间的关系。正如马克思所说，只有还原人作为"类"的有意识的生命活动这一本性，才能成为社会化的人类，组成自由人的联合体。

在赫勒看来，"马克思是左翼激进主义的哲学大师"[1]，他既是革命家又是思想家，致力于解放被依附和统治关系控制的劳动人民，消除个体与类之间的对立关系，并提出共产主义理想是人类的"应然"。激进主义对现存制度不满，并持有根本的、彻底的否定观点，他们急于找到超越阶级和剥削关系的价值。在赫勒看来，人的合理价值要与自由一致并平等地讨论，只有依托激进哲学建立规范和理想并形成终极价值，才能对现存制度进行彻底的、根本的变革。马克思主义哲学作为拒斥一切被剥削、压迫、奴役关系的理论，代表着无产阶级的需要，揭示了社会阶级运动、利益与需要之间的关系，是拒斥资本主义社会的、平等的哲学价值探讨。在依附和统治社会中，利益冲突是必然的，革命的根源在于得不到满足的根本需要，人与人的关系异化表现为漠不关心、资源分配不均，激进主义要动员这些人接受激进哲学

---

[1] Agnes Heller, *Radical Philosophy*, Oxford: Basil Blackwell, 1984, p.136.

第四章　赫勒对异化需要的扬弃及新需要结构的建构

的合理价值讨论，拒绝成为被操控的大众，凭借着独立思考能力，组成自由人的社会。

（二）左翼激进主义的道德标准

激进哲学要成为引导彻底革命的理论武器，需要创造自由人共同的道德及其实现条件、设定道德标准、增强激进哲学的价值导向功能，为人们的行动提供理论支撑。为强化激进哲学的价值之维，并将超越依附和统治关系的行动理念内化于革命者的意志中，赫勒重塑了哲学认识与价值的关系，这种理念引导人们科学认识需要得以"满足"的条件，指向满足根本需要的现实途径。"如果一种哲学没有将自己的价值运用到社会理论中，没有对经验进行思考（considering）和主题化（thematising），并作为实现彻底合理性的乌托邦的任务，这样的哲学也不算激进哲学。"[1] 为了将理论从给定的价值提升为价值理念，赫勒从个体层面规定了激进哲学的任务。

首先，激进哲学要承担"考虑你如何思考"的任务。激进哲学提出人类学问题，为世界提供规范，从类本质和理想视角研究人类本性，研究社会起源回答经验的人能否实现彻底乌托邦、"人类理想如何可能""激进哲学能否普遍化"等问题；激进哲学是一种批判性理论，以情境为出发点，考察社会生活中经济基础与政治、社会制度和意识形态，思考"彻底的乌托邦能否实现、如何实现、面临的阻力"等一系列问题；激进哲学研究现存社会结构，解释社会的构成为什么既是历史的又是普遍的这一问题。

其次，激进哲学为人们提供生活方式。对于没有具体生活理念的人，要引导他们接受一种生活方式，直到他们完全认可，就必须接受并满足他们的需要，因此，激进哲学要从应然的角度出发，揭示什么样的生活能丰富人的人性。作为一种向上引导的哲学，激进哲学理应

---

[1] Agnes Heller, *Radical Philosophy*, Oxford: Basil Blackwell, 1984, p.145.

培养人反抗操纵和控制的意识，从应然的角度回答存在论问题，为人们如何生活提供规范和理想。在以利润为目的的社会，商品量的扩张使交换价值成为统摄一切的价值理念，物与物的关系使劳动者成为原子化的存在，人的生活是盲目而无意义的。只有让人们意识到有意义的生活何为、有意义的生活如何可能，人们才有可能为争取自己想要的生活而努力。

最后，激进哲学为人们提供行动指南。激进哲学要为具体情境中的政治行动寻找最佳方式，如何规划行动及其可能性没有固定的模式，"对于其行动的计划必须以两类标准为基础：合理性的乌托邦的应然标准以及可能性的标准"[①]。"应然"标准即一切行动都以合理性的乌托邦为准则，有悖于此的计划都要拒斥，后者的标准是，如果这种行动不符合合理性的乌托邦，那么回旋的空间以及靠近合理性的乌托邦的可能条件是什么。激进哲学要"彻底"就要具有价值合理性，引导人们认识并争取合理的需要，进行彻底的变革，否则将成为非理性乌托邦。

三 超越依附和统治关系的途径：合理哲学的价值讨论

为了在依附和统治的社会关系中，通过激进哲学建构平等自由的价值讨论，赫勒提出建立公共讨论的空间，形成对需要的平等认同。激进哲学展现了合理性的乌托邦的理想，并为这一公共讨论的空间建构"真""善""美"的道德秩序。作为一种社会理论，激进哲学强调对需要达成共识，并为人们的思想提供合理性的价值讨论。在资本统摄一切关系的社会，价值伦理被物化，需要受到控制，赫勒将哲学作为价值合理性的体现，寄希望于哲学特有的批判、反思的精神，科学地启蒙、引导人们进行独立的思考，民主地参与合理价值的讨论。激

[①] Agnes Heller, *Radical Philosophy*, Oxford: Basil Blackwell, 1984, p.151.

进哲学启发人们思考"应该如何生活""应该如何思考""应该如何行动"。首先，赫勒认为，价值合理性包含着道德因素，可以通过商谈和讨论的形式将合理价值普遍化。其次，在依附和统治的社会，哲学价值讨论的过程不可避免地涉及各个阶层对利益的争论。

（一）价值合理性包含道德因素

马克斯·韦伯（Max Weber）曾对价值合理性和目的合理性进行区分，价值合理性是道德、审美等具有价值意识的行为，能够根据人们的认知合理地引导人们的行为，目的合理性指的是以目的为导向、根据不同意图对行为进行调节和控制，并将人当作手段的行为。在依附和统治的关系中，正是由于目的和理性行为取代了价值合理性，人们过分关注目的忽视了社会交往的特征造成了工具理性的泛滥，人被当作手段。赫勒认为，人类的行为体现着价值合理性，价值合理性的标准"一是，行为者不断地实现价值；二是，价值本身是一种社会认可"[①]，价值合理性是一个不能被个体改变的系统，它是正确的行为标准并在日常生活中影响人们，个体的价值是不同的，由此产生了不同的行为。"价值合理性是社会行为（social action）、交互行为（interaction）和交往（communication）的特征"[②]，价值是否合理，取决于我们的意图以及行动的过程是否是公正和合理的。首先，我们要坚持为自己的价值选择和行动负责；其次，这种价值选择需要得到社会的认可且达成共识。在价值的选择过程中，有赞同合理性的阶级或共同体，也有非理性的阶级或共同体，人们将生产力的发展和方向作为衡量价值是否合理的标准，只有将行为与世界联系起来，让人成为自由自觉行动的主体，将人的行为规训为具有普遍性道德价值的行为，才能为人类提供价值规范和行为准则。

---

① Agnes Heller, *Radical Philosophy*, Oxford: Basil Blackwell, 1984, p.77.
② Agnes Heller, *Radical Philosophy*, Oxford: Basil Blackwell, 1984, p.77.

目的合理性即人们将行动的任务归为实现具体的目标。什么样的价值会为社会生活提供指导，这种价值标准既受态度的影响，也受行为目的本身的影响。在资本主义社会，人们的行为服务于资本增殖，目的合理性遮蔽了价值合理性，人们的价值合理性被金钱拜物教侵蚀。哲学提供了一种价值标准，基于对"应该是什么"的共识，建构了理想化的新道德秩序。

价值合理性包含道德维度、具有普遍有效性，比如康德的绝对律令，但道德行为的有效性却因人而异。情境恰当（situation adequacy）和主体恰当（subject adequacy）是价值合理性的两个方面，也就是说，环境和行为主体影响着价值合理性。当主体选择价值时，因行为主体不同，具体的人采取的行动就有差异。价值合理性提出了行为合理的目标，对行为的合理性作出了界定，使行为主体对其后果负有效的责任。在主体承认道德责任时，道德价值的普遍有效性因情境而异，比如杀人是有罪的，但是面对奥斯维辛大屠杀中的刽子手时，我们是否要遵照内心的道德原则不可以杀人，还是怜悯他解救他，或者根据情境决定杀死他，就要考虑个体行为的情境，行动的情境与合理的价值应该统一。

以价值为导向的行为的合理性也分真和伪，真实的价值关注社会本身的行为合理性，而不关注目的。我们需要区分合理性行为的价值和真实的价值（true values），真实的价值与历史不可分割，是基于历史和时代、与已有的社会结构的对抗力量。要成为真实有效的价值，第一，"具有真实的价值的哲学理论针对所有想战胜以统领和依附关系，压制（repression）、继承（inherited）劳动分工的人"[①]。第二，真实的价值讨论要将实质的（substantive）与形式的价值理论（formal value theory）联系起来，只有从实质的价值出发，才是真实的价值，

---

① Agnes Heller, *Radical Philosophy*, Oxford: Basil Blackwell, 1984, p.94.

否则就只能成为有效的价值密码。第三，真实的价值是一种哲学价值讨论。在真实的价值讨论中，面对价值理想的冲突，应回到哲学中将新价值的普遍有效性对象化，用真的知识引导人的个性。个性的自由只对一个价值理念发挥作用，自由人的联合体用共同的原则统一不同的个体。赫勒引入卡尔－奥托·阿佩尔（Karl-Otto Apel）的"理想交往共同体"概念，认为人们可以通过普遍有效的沟通达成共识，并确立基本道德规范和交往的共同原则。赫勒认可在一种理想的共同体中进行商谈，但她认为在当代资本主义社会，人的真实价值容易被利益诱导，很难达成共识。首先，假定存在这样一种共识，当某种引导性价值得到人们认可，价值的讨论就成为可能，但这种共识不能被权威领导；其次，由于生活方式的多元性，真实的价值并不能达成共识。赫勒将尤尔根·哈贝马斯的"无支配交往"作为理想，将哲学价值讨论的标准交给寻找真理的人，被选定的价值在参与价值讨论时，要确定符合真实价值的标准并对个人负责。价值讨论引导认知，只有个体有明确的认知并对行为负责，才能以善的标准检查个人动机的真实性，确保这种动机不是出于个人私利，才能让这种真理具有普遍有效性。

（二）道德困境

价值讨论何以可能，赫勒指出，围绕价值的理念和意义进行讨论，由于具体情境和任务的不同，理念的真实价值会产生道德困境（dilemma of morality）。在不同的情境之下会产生不同的道德悖论，比如公民不能杀人，杀人是犯法的，但杀人的情境还包括正当防卫、被杀的人是罪犯等不同情况。真实价值的有效性会受到个人感情的引导，只有在不凌驾于权威之上的对称（symmetrical）关系中，才有可能进行合理的价值讨论。如何让这种真实价值成为特定的规则，并由平等的个体接受成为共同体的准则，赫勒引入了哈贝马斯的"理想的言语情境"（ideal speech situation），描绘了这种理想的平等交流的情境，即商谈的对象是对称的平等关系，双方在权力上完全对等。哈贝马斯认为现代社会的价值多元化，"不存在一个普遍的视角，所有问题都依赖个人或群体对其生活经历的反思性自我理解来回答，因而伦理规范本质上是特殊的"①。人们共同的认知能否成为合理的道德标准，依赖共识产生的情境。在现实社会中，普遍共识的存在只能是一种假设，赫勒进一步阐释了这种情境的困境，由于在依附和统治的社会关系中，人与人之间的交流诉诸权威，不可能进行平等的交往，具有对称关系的人在进行讨论时以权威干扰共识，这样的行为将破坏合理的价值讨论。

  价值讨论面临两个方面的阻力，其一，权力关系。在依附和统治关系中，非对称（asymmetrical）关系普遍存在，比如父权社会中家庭成员的对话是一种权威的、命令的言语行为。在不对称、不平等的关系中，比如君主和大臣之间的对话就存在权威的因素，君主要听到真话，就需要一个居于依附和统治关系之外的人。在依附和统治的社会中，对称的关系仍然存在，但这是一种特殊性不适用于整个社会。"普遍性基本原则也只有在对称性互惠的理想情境下才是可能的，哈贝马斯的商谈伦理学不能给人提供积极的行动指导，不能告诉人如何作出最好的选择。"②赫勒虽然引入了哈贝马斯的商谈伦理学，她对哈贝马斯的观点是认同的，但在如何通过商谈确定普遍性原则的问题上，她对哈贝马斯的商谈伦理观表示怀疑。她对个人的依赖关系和依附和统治关系做了区分，个人依赖关系可能不平衡，并不一定要在依附和统治关系中形成，但个人依赖关系必须遵循一定的规则，比如，孩子对父母的个人依赖关系，长大后成为领导，与下属形成个人依赖关系。个人依赖关系中，不是每个人都可以民主地选择目的，个

---

① 汪行福、闫高洁：《超越伦理与道德的对立——后哈贝马斯批判理论阐释与批判》，《国外理论动态》2022年第1期。
② 杜红艳：《赫勒对哈贝马斯商谈伦理学的批判与重塑》，《世界社会科学》2024年第2期。

第四章　赫勒对异化需要的扬弃及新需要结构的建构

人依赖关系是普遍存在的。目的和理性行为也不一定是建立在对称关系中，目的合理性行为更注重目的，就像得了蛀牙需要看牙医，这种目的合理性行为以专业技术作为权威，个人依赖关系不可避免。人们在依附和统治关系中，受资产阶级利益观念的影响，言语交流必然围绕着利益，这致使人们的真正需要无法得到社会的普遍承认。其二，道德困境。价值讨论分为日常价值讨论和哲学价值讨论，日常价值讨论并不要求是真实的价值（true value）讨论，里面夹杂着特殊的个人动机，其价值系统和等级可以是模糊的，但在哲学价值讨论中，价值系统和层级必须明晰。人们应该尽力争取将讨论置于哲学层面，发挥哲学向上引导的作用，"在哲学价值讨论中，并不争论价值的真理性（truth），因为参论双方都承认对方价值的真实性。相反，讨论更多的是价值的等级"[1]。在实践中，一种真实价值的承认意味着对另一种价值的否定，由于每个人的价值都处于特定的等级和系统中，只要一方凌驾于另一方之上，就会将他人当作手段，因此道德话语很难达成一致。当人们面临两难选择时，就出现了道德困境，而价值观选择在一个给定的道德世界里可以是一致的，个人的行动各不相同，不能期望普遍有效性。由于每种哲学讨论都涉及实际行动，对其真正价值的探讨不可避免地会出现道德困境。随着资本主义社会把自由变成一种价值理想，在虚假民主和正确价值观被遮蔽的前提下，共同的价值理想不可能成为普遍有效的哲学价值。只有将合理的价值讨论提升到哲学价值讨论的高度，拒斥权力关系并带着真实的价值进行争论，才能有效。但是在依附和统治的社会，哲学价值的探讨无法普遍化，不同的价值来自不同的阶层，代表的社会力量和利益不同，很难进行民主、平等的价值讨论。

大多数人参与哲学价值讨论都会面临价值冲突，价值讨论的目的

---

[1] Agnes Heller, *Radical Philosophy*, Oxford: Basil Blackwell, 1984, p.114.

不是说服和胜出，而在于为有争论的价值找到合理的解决路径，在讨论中被认可的价值将成为主导性的价值，不被普遍承认的价值也不意味着不被奉行，新的价值理念是一种重新排列和组合的真实价值。哲学价值讨论的动机不能被提前假设，因为假设的过程会伴随着利益，在依附和统治的社会，只要这种价值不是由需要和利益中推导而来，讨论就是可能的。

　　从制度上来说，价值讨论还面临着道德个性的困境。从原则上来看，达成共识的价值是首要的社会事实，特权阶级只看重利益，本身不能推演出价值。"一种价值本身可以变成一种需要。简而言之，价值不能从需要中推演出来。由此，价值哲学讨论在原则上是可能的。"[1]赫勒对哲学的价值讨论陷入了二律背反，一方面，在依附和统治的社会，必然存在利益冲突和价值对抗；另一方面，只要存在特殊利益的群体和利益需要的群体，平等的哲学价值讨论就不可能，在依附和统治关系中，人们不得不受权力的控制，强制的劳动分工导致人们的能力片面化，价值讨论必然带有特定社会的意识形态，人们的道德判断力也就会带有利益的标记，这种价值讨论已经异化。

　　在依附和统治的社会，人们的言论被物化规训和制约，人的根本需要不仅被资产阶级意识形态侵蚀，其言论还受到禁锢，只要依附和统治的关系存在，合理的价值讨论就会被利益关系遮蔽，就不可能普遍化。赫勒认识到哲学不能在"应然"与"实然"之间进行调解，单纯从哲学上来说，通过合理价值讨论并转化为行动，实现哲学从"实然"向上引导至"应然"是一种悖论。赫勒提醒我们，在依附和统治的社会，很难满足所有合理需要，只有在特定的社会实践中，对决策程序进行调整，才能行之有效。在依附和统治的社会如何获得可行的决策程序？在赫勒看来，只有根据经验的哲学理念调整人们对社会民

---

[1] Agnes Heller, *Radical Philosophy*, Oxford: Basil Blackwell, 1984, p.123.

第四章　赫勒对异化需要的扬弃及新需要结构的建构

主的标准,并获得人们的认可,以人的价值和物质条件为基础,明确人的"根本需要",才能实现无产阶级的"集体应然"。在一种依附和统治的政治环境中,开展合理价值讨论需要民主和公开的社会环境,但在资本主义社会中,资本家控制着工人的生存状况,工人离开资本家无法存活,无法进行合理价值讨论。因此,人的"根本需要"能否进行实然和应然的统一陷入了矛盾。

在依附和统治的社会,哲学价值讨论不能被普及,处于依附地位的人的利益与统治者的利益相排斥,根本需要的实现面临困境。进行哲学价值讨论的前提是人们要带着真实的价值,以废除依附和统治关系为前提。摆脱这一矛盾的方法就是放弃理论上的极权以及哲学改变世界的传统构想,因为依附和统治的关系在短期内不会灭亡也不能被超越。如果要从价值观上改变工人的思想和生活方式,就要让他们认识到需要是一致的,摆脱人与人之间以利益为中介的价值讨论,将商谈作为人与他人、与社会的中介。然而,被支配状态中的个体难以接受和认可商谈得出的结论。"如果人想要改变,那么世界就必须改变,而如果世界想要改变,那么人也必须改变,但是在哲学中,是不允许循环论证的。"[①]

为了打破依附和统治的关系,赫勒设想了合理价值讨论的前提,即以哲学的理性乌托邦精神为指引进行合理、平等的价值讨论:第一,要将人类作为社会最高的对象(highest social entity);第二,清楚自己所代表的社会需要,不被意识形态所误导;第三,将哲学价值讨论作为一种调节性的理念(regulative idea)。满足这三个前提才能实现价值讨论。价值讨论充分发挥调节性和构成性的功能,寻找真理的人只要找到自己真实的愿望,就会促使人们组成共同体,在平等的存在者中,将会以如何思考、如何生活、如何行动构成合理价值讨论。为了

---

① Agnes Heller, *Radical Philosophy*, Oxford: Basil Blackwell, 1984, p.185.

进行民主的价值讨论，人们需要明确自己的认知，在实践中作出善的选择。"那些所有想要结束以依附和统治关系为基础的社会的人都需要哲学。他们需要能提供一种视角使他们可以改变世界的规范和理想。"[①]哲学告诉人们什么是真的、什么是善的、什么是美的，这种对生活的追问和反思不能从实然中推演出来，却能提供一种价值导向。

四 激进乌托邦的标准：符合三种理想的伦理规范

激进乌托邦与人的多元需要相契合，个人自由既是人们评价美丽新世界的价值标准又是改变现实世界的力量。激进乌托邦的实现以扬弃异化需要为前提，要回到人自身的根本需要，将人作为目的，超越依附和统治关系，建构合理的价值讨论，以民主、平等的方式，培养个体的多元需要和丰富的个性。但是，在依附和统治的社会，物与物的关系取代了人与人的关系，资本统摄着一切，人们不能独立地思考并占有需要的丰富性。在赫勒看来，共产主义社会是根本需要得以满足的前提，激进哲学体现合理性的乌托邦的理想，并对价值理念作出多元化阐释，即什么是"真""善""美"。赫勒为合理性的乌托邦建构了三个理想，"真"是道德取向；"善"以认知为指引；"美"促进理想人格的养成。这种主导性价值表达不再以利益为中介，而是以实现真、善、美的协调发展成为最终目的。

激进乌托邦不能通过立即行动来实现，但人们仍然竭力渴求需要的变革，这些变革为可预见的未来提供价值和规范。赫勒表示，"激进乌托邦总是面向未来，指向一种社会结构（运动），并对现存社会结构持一种批判态度"。[②]哲学的乌托邦是价值理性的乌托邦，而不是目的理性的乌托邦，激进乌托邦不是特定的社会模式，而是一个寄希望于消除异化、排除依附和统治关系、个体与类同一的"应然"。激

---

① Agnes Heller, *Radical Philosophy*, Oxford: Basil Blackwell, 1984, p.133.
② 颜岩：《一位东欧新马克思主义哲学家对哲学的理解》，《中外文化与文论》2016 年第 2 期。

第四章 赫勒对异化需要的扬弃及新需要结构的建构

进乌托邦有三种理想的模式:

"真"的理想价值即通过合理的语言达成的"不受支配的交往",主导人与社会的关系。哲学为人的生活提供规范、可供选择的信仰和理论,哲学价值讨论需要具体的价值取向,将这种价值讨论普遍化,并使之成为价值理想。人的思想和行为以揭示真理、启迪智慧为首要目标。只有最高的善才是真实的,哲学将价值普遍化并发展为崇高的真理,"真"引导人们正确的认知,"真"的知识重构价值指导人的生活。赫勒根据阿佩尔和哈贝马斯提出的"理想交往社会"(ideal communication society)和"理想的言语情境",将"不受支配的交往"中对利益的拒斥作为"真"的理想,人们要为每一种言语行为寻找"共识"(consensus),通过话语协商,达成一致意见。赫勒引用哈贝马斯的民主商谈作为制度化的哲学价值讨论,让每个人都可以民主地参与社会决策,获得平等权利。"理想交往社会"是民主、不受支配的社会,人们可以通过价值讨论决定社会纲领及制定过程。赫勒认为,哈贝马斯在经验、启蒙的意义上谈论"普遍有效性"是可能的,但是如果他基于超验的层面谈"理想交往社会"中民主商谈的"普遍有效性"是不可能的。在资本主义社会,虽然工人阶级的话语不受资产者支配,但他们的需要依然被支配,即使每个人都可以民主、平等地参与讨论,但劳动者没有决策权,绝对的民主是很难实现的。激进民主需要一种具体的制度,即从彻底乌托邦出发,用"合理的言语"协商排除利益的冲突,使每个人都可以参与真实的价值讨论,使涉及公民权利的事务经过合理性思考和论证,被人们接受和认可,实现"不受支配的交往"。在利益冲突的社会,对"真"的理想价值的追求引导人们明确真理。哈贝马斯列出的三个最重要的价值观——真理、正义、自由,不能囊括所有的价值准则,只是赫勒设想的"应然"状态。

"善的理想包含两个方面:对所有需要的承认,以及对所有需要的满足。'所有需要'必须得到承认是一种构成性理念（constitute idea），'所有需要必须得到满足'是一种调节性的理念（regulative idea）。"① "善"是一种价值，主导人与人的关系，意味着不能将人当工具，所有合理的需要都应该被承认和满足。在激进乌托邦的理想中，善是具有强制特征的价值规范，这种规范以排除将他人当作手段和工具的做法，使每个人的（合理）需要都被承认。"善"隐藏在人们的意识和道德行为中，赫勒提供了关于善的解释，人与人的关系遵循调节性理念，民主地讨论何种价值具有优先性。在自我的需要和他人的需要不能同时满足时，激进乌托邦承认他人需要的满足并予以优先性，将人类的关系建构在构成性理念和调节性理念之上，真正地体现人的第二性和道德个性的"善"。由于"善"是具有强制性（imperative）的规则和体系。道德体系内的规范会因为社会阶层、对象化不同导致冲突和矛盾，并陷入义务不明确的异化道德处境中。

"我们将自我丰富的任务作为激进乌托邦第三种理想的起点。"②赫勒引用了康德在《道德形而上学》中提出将自我的丰富作为"善"的人类理想的观点，自我的丰富即以自己的个性、才能和现实处境来建构和丰富自己的能力，自我的丰富有助于以"个体"为单位丰富人的类本质。类本质的丰富有助于扬弃异化需要，当个体与类同一时，作为类存在的人就成为自由自觉的人。美的理想主导人与共同体的关系，"美"既体现在人类需要的丰富和发展中，也体现在每个个体能力的充分发展上，以及个体多元化需要的发展中。人类的丰富需要是人作为类以及人作为个体的丰富和发展，只有占有类的丰富需要才能实现人类对"美"的需要，人在肉体和精神上具有属人的丰富需要，才能构成类的物质、心理和精神上对"质"的需要。美的理想以自由

---

① Agnes Heller, *Radical Philosophy*, Oxford: Basil Blackwell, 1984, p.166.
② Agnes Heller, *Radical Philosophy*, Oxford: Basil Blackwell, 1984, p.169.

作为准则，以人的丰富需要和能力的充分发展作为目标。在美的需要世界中，要排除纯粹量的需要，只有实现"个体"与"类"的同一，才能实现质的、以人为目的、符合类本质、丰富多元化的需要，当这些需要得以满足时，人才能自由全面地发展，实现马克思所说的"各尽所能"。赫勒认为日常生活是可以调节个体与类的关系的对象化领域，在日常交往中，充斥着将人当作手段和工具的动机。日常生活作为社会再生产对象的集合，没有被支配的个体需要，是一个自在的对象领域。日常生活作为社会再生产的领域，是意识到自己合理需要的人的联合体，人们可以选择自在的生活方式和自为的生活方式，日常生活是"那些同时使社会再生产成为可能的个体再生产要素的集合"①。日常生活的状态将人规训为一个自主的个体。赫勒将习惯作为异化的日常生活中心，认为个性包含在特殊性之中。人要在世界上生存，首先需要满足一定的"类"的生产，人类生活的条件包括语言、交往、意识等进行再生产活动需要的条件，以前的人、现在的人，以及还没出生的人都共享作为社会存在的基本条件。人与动物都依靠自然界获得生存的资料，但人具有与动物不同的类本质，人在社会中生存，需要具备发展的能力。赫勒从日常生活和日常交往两个方面分析了"自为的"类本质，对社会交往和社会结构（政治、道德、宗教）进行探索。赫勒将个体预设为"人的类丰富"的着眼点，人类本质对象化需要是随着实践不断发展的，人作为社会存在的个体，生产力越发展，需要习得的技能就越多。只有满足社会的要求才能从自在生活领域进入自为领域，最后成为自在自为的存在。

为了实现激进哲学的任务和功能，赫勒设定了"真""善""美"的秩序，她认为，自由是最高的善，在联合体中确立共同的价值，三种理想才能成为普遍有效的价值理念，矫正和引导着经验现实。"彻

---

① ［匈］阿格妮丝·赫勒:《日常生活》，衣俊卿译，重庆出版社1990年版，第3页。

底的民主，作为制度化的哲学价值讨论体系，调控着间接的人类关系"①，个人不仅要民主地讨论自己的合理需要，更要在他人的承认中实现个体与类的需要统一。合理性的乌托邦作为社会的理想，应该尽可能地发展和满足人们对质的需要，以个体的丰富性为基点，让多元需要得到承认和满足，促进个体能力的充分发展。人的丰富需要是彰显自由个性的前提，在自由联合组成的共同体中，当个体与类自觉同一的时候，才有可能成为"社会化的人类"（socialised humankind），成为具有多元生活方式的自由人。赫勒援引哈贝马斯和阿佩尔关于民主对话程序的论述，将共识作为指导性的概念，预设了具有民主个性的"不受支配的交往"、承认和满足合理需要、实现个体与类丰富和统一的共同体。赫勒提出，三种理想的共识达成一致是合理性的乌托邦，这有利于完善个人的价值选择、丰富个性和建立道德秩序，多元性的生活方式是应然和实然的连接。哲学要结束依附和统治的关系，就要为改变世界提供一种规范，为个体提供价值和行为准则，"哲学的价值讨论本身就是这样一种理想：民主的价值讨论和意见生成的理想，应该给世界制定这样一种规范，使一个符合规范的世界能够得以创建"②。

五 激进乌托邦面临的悖论

赫勒用激进哲学充当彻底乌托邦的中介，通过合理价值讨论让激进哲学被接受，让乌托邦成为现实的社会规范和理想，让群众产生进行革命运动的意识，于是，乌托邦从理论领域进入实践，支配人类的行为。具有"激进乌托邦"理念的哲学家按照"真""善""美"的理想，指导人思考和生活并转化为行动。在资本主义社会，人的自我意

---

① Agnes Heller, *Radical Philosophy*, Oxford: Basil Blackwell, 1984, p.174.
② Agnes Heller, *Radical Philosophy*, Oxford: Basil Blackwell, 1984, p.132.

第四章 赫勒对异化需要的扬弃及新需要结构的建构

识无法挣脱依附和统治的关系，个体与社会制度的对抗最终会被资本主义意识形态调和，借助合理价值的讨论从实然推演应然只能成为理想。赫勒指出，在依附和统治的社会中，激进乌托邦面临以下悖论。

首先，在依附和统治的社会中，哲学不能被普及。为了应对这种困境，赫勒预设了一个与彻底民主相一致的计划，"哲学对人的现实世界的思考即是要通过揭示人存在和他的世界的现实关系呼唤人的主体自觉"[①]。在依附和统治的社会中，人对自己生活的现实世界的创造和理解是抽象的，哲学讨论被虚假的意识形态束缚。只有在理想的社会中，自由的人具有平等的权利，价值讨论才可能是真理的商谈结果。以"普遍性"作为标准，自由人的商谈必须超越特定统治关系或利益的对抗性，但这种可能性在依附和统治的社会几乎不存在。需要是社会实践的产物，受生产方式的制约，如果仅仅用价值判断变更人与人之间的交往联系，就颠倒了生产力对生产关系的决定作用；价值本身是在社会成员自由意志的形成过程中建构出来的，很难被规范和引导；理想交往随着历史的发展不断变动，让理性共识在资本主义生产方式中不受约束并参与民主的价值讨论是不可能的。需要的满足具有先后次序，哲学讨论何种需要是优先满足的需要，就需要的满足次序、满足程度而言，将自由的商谈引入民主、平等的社会中，只能成为假设。在政治上，这种自由商谈模式是一把双刃剑，一方面，它假定个人有价值的判断和选择自由，每个人都必须决定什么需要是最重要的；另一方面，在依附和统治的社会，自由的商谈模式根本不可能出现。"赫勒对乌托邦式哲学内容的辩护——哲学应该不断地关注存在于'实然'和'应然'之间的联系和超越，是对当代社会工人阶级

---

① 田海平：《哲学的起点与终点——论回到现实世界的哲学转向》，《浙江社会科学》2000年第3期。

利益边缘化的直接回应"。①在依附和统治的社会中普及哲学作为商谈伦理进行合理价值讨论只能是理想，只要这种悖论在实践中无法得到解决，哲学就无法在"实然"与"应然"之间进行调解。

其次，赫勒预设了"美"的理想，将把他人当作手段的需要排除在外，承认所有合理的需要。当人的多元需要得以满足，人的能力得到彰显，就排除了以利益作为需要的中介，这种理想脱离了资本主宰一切生产关系的现实。一是在依附和统治的社会中，所有合理需要无法都被承认。被剥削和压榨的个人，是被资产阶级意识形态物化的个人，这种"个人"的生存境遇由资产阶级支配和控制，因此有很多需要是得不到满足的。确立合理价值讨论的前提是建立一种共识和规范，在个体利益、统治关系和权威关系的影响下，使相互冲突的需要能够在民主、公开辩论中，被平等地承认并确定优先满足的次序。"承认所有需要都应该得到满足的规范与民主原则融合在一起，以产生民主讨论后一致决定的优先次序。"②然而，在一个以利益为导向的等级社会中，人们的意识已被物化侵蚀，重新引入道德秩序的努力注定会失败，因为它预设了资产阶级作为特权者，以依附和统治的方式干预民主讨论，受剥削和从属的劳动者的合理需要消失了。合理性乌托邦不是目的的合理性，而是个体选择的价值合理性，个体的选择存在主体和情境的差异，他们的价值选择也将各不相同。二是根本需要的实现强调人的历史主体地位，个体的根本需要在依附和统治的社会中被统治者的利益遮蔽，被依附和统治关系控制的人不能从人作为动物存在的现实境遇中寻找变革历史的"主体"，哲学的价值在依附和统治的社会关系中无法得到普及，统治者需要的满足要以依附者需要

---

① Richard Wolin, "A Radical Philosophy by Agnes Heller", *New German Critique*, Special Issue on the German-Jewish Controversy, Vol.38, No.2, 1986, 196.

② John Grumley, "A Utopian Dialectic of Needs? Heller's Theory of Radical Needs", *Thesis Eleven*, Vol.59, No.2, 1999, 62.

第四章　赫勒对异化需要的扬弃及新需要结构的建构

的否定为前提,变革依附和统治社会的革命主体只能在对抗性的利益中调和自己的利益。赫勒进一步阐述了在依附和统治社会中发展个人能力的可能性,人们在资本主义社会"金钱至上"的生产方式和交往关系中,总体的社会革命无法将人从私有财产的束缚中解放出来。一方面,物与物的关系遮蔽了人的外在价值,人作为类存在的需要成为非人的、否定人的力量;另一方面,人的需要被资本增殖替代,工人成为没有需要的人。

最后,赫勒预设每个人都应该获得生产资料、享有社会财富并发展自己的能力和需要,但是依附和统治的社会本身就是准自然分工(quasi-natural division of labour)的社会,人们被机器生产控制并被强制分工。资本主义制度的需要结构对人的言论和行为造成了束缚,对人的个性塑造、多元化需要"画地为牢",人的思维方式和行为习惯深受物的侵蚀,资本主义制度的非人性表现在它的剥削性上,既建立在商品的生产方式上,又建立在对人精神的剥削和奴役上。在准自然分工的社会,人们的劳动是片面的、抽象的,单一劳动限制了能力的发展,这种生产方式决定了个体能力和个性的丰富是不可能的,哲学在"实然"和"应然"之间没有调节的空间。即使合理的需要经过民主讨论被大众接受和认可,也不可能体现在客观的社会生活和社会制度中。

赫勒预设了与人的需要相一致的哲学,对人有意识地灌输"属人需要",鼓励人们有效地开展实践,借助哲学在"实然"和"应然"之间的调节功能,指导和改变人的认知,对社会经验进行重新解释,从而改变世界。但在依附和统治的社会,抽象"物神"的统治使人的意识被资本物化蒙蔽,异化需要的现象和意识不同程度地将人的现实存在和思维方式抽象化,是阻碍人"成其为人"的症结,哲学调节的功能失去效力,"只有一件事哲学可以做。它可以给世界提供一个规范,而且它可以希望人们想要给规范一个世界"①。赫勒建构激进乌托邦的意义不是去猜测一个不确定的未来,而是批判不合理的存在,并针对这种非理性存在制定规范、指导行动。"哲学家不是作为一位哲学家而是作为一个人在实然与应然之间作出调解:作为千百万人中的一员,作为那些想要世界成为人类家园中的一员。"②哲学通过调节人的行动和思维,指导人类努力实现理性的乌托邦。赫勒用激进哲学动员一切拒斥依附和统治关系的人,通过哈贝马斯的"商谈",使人们能够将合理价值讨论提升到哲学价值的层面,为处于支配地位的人提供如何思考、如何生活、如何行动的理论依托。根据赫勒的理解,哲学家并不创造价值导向的具体类别,他们只对日常生活中的价值取向进行反思、批判和净化。因此,人们应该看到赫勒对扬弃异化需要理论武器的建构在时间和空间维度上都存在局限性,但她承认"类存在"的多元需要、解剖了扬弃异化需要的现实条件并考察了实现途径。

第三节 重建需要系统与"联合生产者社会"

资本主义社会异化需要的系统不能促进人更好地发展。要改变这种见"物"不见"人"的需要结构,就要通过民主的价值讨论建构扬弃异化的社会关系和生产关系、满足人的"根本需要"的新系统。超越异化的关系、重建社会共同体是扭转依附和统治关系、打造需要的"自由王国"的主要途径。赫勒将激进哲学作为深入根本的理论,启

---

① Agnes Heller, *Radical Philosophy*, Oxford: Basil Blackwell, 1984, p.186.
② Agnes Heller, *Radical Philosophy*, Oxford: Basil Blackwell, 1984, p.186.

第四章　赫勒对异化需要的扬弃及新需要结构的建构

发人思考,将"实然"变为"应然",思考物带来的异化关系及异己的偶然性对人的需要的支配,这里的应然即"联合生产者社会",是赫勒通过需要的革命建构的合理性乌托邦。

一　联合生产者社会的初步构想

未来社会是有根本需要的人向集体转变的"应然",第一,资本主义生产方式产生了自己的否定力量,根据赫勒的理解,只有在真正的共同体中,个人才能占有生产资料,全面发展其才能,并以共产主义的实现作为共同理想。第二,共产主义社会的人是肩负道德责任,以激进哲学为自我救赎,具有多元价值和多元生活的个体。"在马克思看来,人的全面发展,主要且根本的是人的能力和需要的全面发展,全面发展能力和需要是每一个人的职责与使命"[①],共产主义社会生产力的发展使人的物质需要得到满足,人的个性和能力得到全面发展。赫勒将个体的发展看作共同体发展的微观单位和前提条件,探讨个人与共同体的关系,共同体的基础是个人需要的满足及其个人利益中体现的共同价值。需要的满足具有普遍性和特殊性,未来的社会将是真正的共同体,个体需要具有特殊性,但也应该遵循总体要求,与共同体的利益相符合。"在'真正的共同体'条件下,'偶然的个人'发展成为'有个性的个人',个人将是真正自由的个人"[②],个体需要的满足推动共同体的形成,促进人类的发展。赫勒将个体需要的满足作为衡量社会进步的根本尺度,个体组成的自由人联合体是多元需要得以满足的理想组织。马克思将共产主义社会作为人的本质的确认。共产主义社会分为两个阶段,第一个阶段存在分工,物质产品按劳分配;第二个阶段即联合生产者社会,这一阶段仍然存在分工,劳动成

---

① 张艳涛:《马克思能力财富观的基本内涵与当代启示》,《宁夏党校学报》2018年第6期。
② 郝立新、米乐平:《马克思恩格斯关于个人与共同体关系思想的历史建构——基于〈德意志意识形态〉的分析》,《山东社会科学》2021年第1期。

· 157 ·

阿格妮丝·赫勒的异化需要理论研究

为第一需要，人们可以自由选择职业、不再被迫参与分工、从事强制劳动，生产部门的划分随需要而变化。赫勒认为只有进入共产主义社会第二个阶段，才能摆脱异化需要的束缚。随着生产力的发展，分工是自愿、联合组成的，私有制不复存在，人们真正实现为自己生产的自由王国。赫勒深入分析了资本主义社会和东欧社会主义国家异化需要的根源，指出满足人的"根本需要"才能实现人全面的发展，要从"根本"上建构一个与之前不同的全新的需要结构。

其一，联合生产者社会的物质基础。人作为有生命的存在，"物质生活的生产方式制约着整个社会生活、政治生活和精神生活的过程"[①]，只有依靠物质资料，才能创造其他的需要。自由人的联合体，是自由和平等的人的联合，他们愉快并自愿参与劳动，不再是资本主义社会强制劳动中原子化的个人，消除了个体对偶然性和阶级统治的服从。联合生产者社会的人共同占有生产资料，生产资料从支配人的手段转化为联合劳动的工具，个人的利益与社会共同体的利益真正一致，每个劳动者都可以共同支配的集体生产资料，物质资料与劳动者自愿结合才能实现真正自由的共同体。

其二，形成联合生产者社会的依靠力量。赫勒认为，人都是被偶然地抛到世界中的，因此人的个性需要十分重要，根本需要得不到满足的人是主要的革命力量。根本需要的革命将打破异化的社会关系和异化的需要，形成未来社会自由人的联合体，最大限度地满足"人的需要"。

其三，如何推进个人成为联合共同体的主体。未来人的发展是自由而全面的，人们将在联合生产者社会实现自由劳动并拥有多项技能，人们的劳动范围可以根据需要进行安排，可以选择充分发挥才能的行业，根据需要从事打猎、捕鱼、哲学批判等，而不是重复简单的

---

① 《马克思恩格斯文集》第2卷，人民出版社2009年版，第591页。

第四章　赫勒对异化需要的扬弃及新需要结构的建构

机械劳动，真正实现"通过革命使自己成为统治阶级，并以统治阶级的资格用暴力消灭旧的生产关系"①。

共产主义社会新需要系统地建立要解决需要的"必然"与"自由"的关系。新需要系统是由生产力和生产关系推动的，资本主义社会生产了对抗性的力量，人的根本需要随着资本主义社会不断创造的物质财富而扩大，事实上，资本对人的压制与日俱增，不能满足这种根本需要的人将成为社会变革的主体，对自由和平等的渴望驱动他们联合起来推翻旧的需要系统，新的需要系统的建立成为"必然"。在新的需要结构中，劳动成为实现自己、展现自己才能的重要力量，根本需要的满足为个人存在和发展奠定了基础。在"人的依赖性"阶段，人的生产能力是有限的，人的需要也以自然进行物质变换为主，在"物的依赖性"阶段，人的需要被"物神"统治，人的"个性""独立"以肯定形式对人进行否定，无产者的需要被奴役、蔑视。当人的需要处于以人的存在为需要对象的世界，这时的人是处于未完成状态的人。只有人的生存需要得到满足之后才能探索"自由个性"，在联合生产者社会中，人的存在状态将以自由而全面发展为目标，是对人的异化的积极扬弃，物质的丰富和民主的实现是扬弃异化后本然和应然的结果，人们凭借自主活动从物的奴役性中得到解放，不再被他的创造物和活动本身所奴役。联合生产者社会人的需要是对"自由个性"的需要，人追求生命本身的实现，根据分工合理地调节物质和精神的需要，随着物质需要的满足，人们不再关心以金钱度量的社会财富的多寡，更在意能带来精神财富的个人自主活动。联合生产者将会减少和自然之间的物质变换，共同控制与自然交换的物质输出，"靠消耗最小的力量，在最无愧于和最适合于他们的人类本性的条件

---

① 《马克思恩格斯选集》第1卷，人民出版社2012年版，第422页。

下来进行这种物质变换"①。劳动为人的自由创造力量，从自由王国进入必然王国新需要结构的变革将促进人类的发展，因此，只要把握住个人生活条件与社会发展的对抗力量，打破旧的生产关系，有望重建人的生活方式，实现人的生命价值和意义，新需要结构是人从事自由劳动、充分彰显能力和创造性、人的个性得到全面发展的新生活。

二 联合生产者社会的生产标准

赫勒认为，每个社会都有特定的形态和需要结构，她反对用现存的社会需要结构作为标准来衡量联合生产者社会的需要结构是否先进和合理，未来社会是一个真正为了"人的需要"而生产的、克服异化需要的社会，"一个与前一个不同的社会，在这个社会中，全新的需要体系将有别于所有以前的需要体系。因此，试图用当前存在的需要结构作为判断新需要体系的基础是荒谬的"②。

第一，联合生产者社会的生产力水平不只由劳动时间的长短来决定。马克思设想未来社会生产力的发展、物质财富的增长已经解决了人们的生活必需品问题。马克思在《资本论》第三卷的"剩余价值理论"相关章节中，指出可支配时间的两种形式，一种是用少量社会必要劳动时间创造更多的财富；另一种是将劳动时间减少一半，用剩下的一半来满足"必要需要"。马克思表示第一种是可行的，随着生产力的发展，活劳动力的需要将会减少，机器将取代大部分劳动。当生产能够满足社会和个人发展的需要，人们的根本需要也将得到满足，异己力量的个体将被自由的个人所代替，私有制的扬弃使人们摆脱了对"物"的依赖。当生产的产品达到饱和，生产的增长率就会放缓并与消费的速度保持平衡，生产过剩和需求不足将得到有效遏制。生

---

① 仰海峰：《人的存在与自由——马克思关于人的五个论题》，《武汉大学学报》（哲学社会科学版）2018年第1期。
② Agnes Heller, *The Theory of Need in Marx*, London: Allison and Busby, 1976, p.98.

第四章 赫勒对异化需要的扬弃及新需要结构的建构

产是为了整个社会的发展需要,人们的需要既有物质产品的需要,还有发展和享受的需要,生产不仅要满足物质的需要还要满足精神的需要。

第二,生产的发展很大程度上代表了社会财富的增长。赫勒从两个方面分析了这个问题,首先,体力劳动在未来社会的适用范围和比例将会降低,生产的发展主要由脑力劳动推动,赫勒梳理了马克思在《哥达纲领批判》中对劳动和社会财富关系的描述,在资本主义社会,生产商品是为了获得交换价值,人们将货币视为社会财富的象征。在联合生产者社会,劳动时间不再是衡量物质财富的标准。联合生产者社会的生产与劳动不再等同,生产过程以自动化为主,辅之以预测和计划等脑力劳动。社会财富的来源不是传统的活劳动,而是以智力为主的劳动。活劳动力将会被机器智能化替代,劳动时间的长短不再是衡量社会财富的标准。其次,社会财富主要来源于个人的自由时间。马克思提出,通过生产产生的物质财富只是构成社会一般财富的条件。"社会的财富是由个体的自由活动和对质的多方面的、丰富的需要决定的。"[①]人的自由时间在物质财富的生产中起着决定性的作用。"商品"世界随即消失,社会财富主要通过人们自由劳动时间创造。因此,个体自由时间即空闲时间,人们在自由时间内从事自由自觉的活动,这为社会挖掘新的需要对象、创造财富,新需要结构中这些对自由时间的"奢侈需要"将成为人的"自然需要"。

第三,物质需要不能代替精神需要。"人的需要"在联合生产者社会更加"社会化",需要的满足是人成为自由的人、人的创造才能得以充分发挥的前提。赫勒将"人的需要"分为"物质需要"和"非物质需要",在物质资料匮乏时期,人们首先满足生存的物质需要,

---

[①] Agnes Heller, *The Theory of Need in Marx*, London: Allison and Busby, 1976, p.104.

当社会生产进步之后，精神需要将不断升级。相反，非物质需要是那些不能在与自然的有机交换中直接"产生"的需要，非物质需要是生产劳动内在于人的主要方式，它创设了人生存的环境，改变了人的道德水平、坚定了人的意志、改善了人的精神风貌，是不可或缺的需要。例如，艺术作品作为一种客观存在，异化的对象化创造也属于生产领域。"人的需要"是丰富的，不仅有物质的，也有精神的。新的需要结构分为物质需要和非物质需要，是联合生产者社会人的不同类型需要。赫勒认为，未来物质财富不断增长的社会，随着生产的发展，对于活劳动力的需要会减少，相应的劳动时间就会减少；随着财富的增加，人们对物质消费的需要会降低，生产物质的多少由人们的需要来确定，"物质消费品在个人需求结构中所起的作用将越来越有限，或者无论如何它们所占的比例将会减少"[①]。生产不仅仅是为了创造物质财富，更是为了满足人的需要，由于联合生产者社会不再有交换或交换价值，劳动力不再是商品，生产性劳动和非生产性劳动之间的对立也将不再存在。

第四，强制的劳动分工不复存在。在资本主义社会，雇佣劳动是为了维持身体机能不得不从事的唯一需要，在未来社会，当劳动不再是奴役性和强制性的谋利手段，直接肉体需要的统治就失去了根基，劳动成为实现人、使人的能力得以彰显的自由活动。当劳动成为人的第一需要，私人利益不复存在，共同的社会劳动与个体的劳动将融为一体，联合生产者社会的一切为了自由人的发展，强制的劳动分工将会自然消亡。联合生产者社会仍然需要分工，但不是资本主义社会那种按物质生产中的作用来分工，而是根据生产部门的发展需要决定，"如果存在某种意义上的分工，也是个体为了发展的需要而进行的自

[①] Agnes Heller, *The Theory of Need in Marx*, London: Allison and Busby, 1976, p.101.

由的选择"①。体力劳动和智力劳动的差别将会缩小,生产由机器取代、体力劳动转化为智力劳动,人们将拥有更多项技能。新需要结构中的劳动性质不同,脑力劳动和体力劳动的差别将消除,劳动时间减少,人们从事必要的劳动,服从生产的分配和调节。联合生产者社会将克服强迫的、异化的劳动,劳动不再是奴役人的手段,而是出于发展自由联合体的需要,劳动成为解放人使人彰显个性、开掘才能、得到富足和安乐的手段。个体劳动将成为共同劳动的一部分,并作为个人自由发展的条件,将属于自己活动的部分推给他人,想要不劳而获的人不复存在。每个人都将享有生产资料的使用权,劳动者与生产资料的结合使劳动成果"为我所用"。很多体力劳动将被智能化,大多数人将从事复杂的、创造性活动,人们将用最短的时间、最少的精力完成简单的劳动。

新需要结构中,劳动者占有生产资料,强制劳动和分工都将被消除,生产不再以利润为价值规定,而是真正为了人的自由和全面发展的"按需要生产"。自愿的劳动是人的存在方式和"人的第一需要",劳动产品不再伴有商品交换过程,交换价值不再作为产品的衡量标准。社会全体成员根据需要按共同的计划进行生产,每一个劳动者都直接参与社会财富的生产和分配,产品直接投入使用过程。新需要结构中"物质生产"和"非物质生产"关系的建构,是与传统生产方式迥然相异的新的需要结构。资本主义社会生产方式造成"对人的漠不关心",而联合生产者社会将关注人的存在和发展,通过塑造人的精神风貌和内在品格,探索生产面向"非物质文化"的更多可能性,使人通过生产实现了对自己和世界的改造,实现劳动作为真正类的生产活动。

---

① 李晓晴:《理性乌托邦——阿格妮丝·赫勒激进哲学的彼岸》,《北方论丛》2014年第3期。

三　联合生产者社会的价值标准

在资本主义社会，资本家通过延长工人的劳动时间、增加劳动强度，千方百计增加利润，来实现资本的增殖，社会必要劳动时间是衡量商品使用价值的标准。这种生产方式并不符合人的需要、不利于人的创造性的良性发展，也不利于人的解放。到了联合生产者社会，由于机器的普及，人们将会有更多的自由时间进行更高级的创造性活动。随着人们阶级意识和需要意识的增强，人们将意识到追求自由是人的智慧生活的新需要，自由时间的增多有利于人们进行科学和艺术的创作。这种自为的（for themselves）对象化需要是人作为类存在的需要，只有这种劳动才能被称为真正的生产性联合生产者社会的需要，这只有在废除了私有财产后的共产主义社会中才能实现，这时的需要都是为了人的发展。未来的社会不是以生产为目的的社会，而是以符合物种本身的活动和人类关系所代表的需要为目的，这种需要结构的变化将有利于个体和社会的发展。也就是说，自由时间是对类存在的肯定，也是人类从事高级活动的根本保障。因此，在联合生产者社会中，对"自由时间"的需要在"人的需要"系统中起着非常重要的作用。

由于生产力的发展，可支配时间可以用来消费产品也可用来进行自由活动，人们不再为利润而生产，劳动时间将减少。根据马克思对劳动的阐述，在联合生产者社会，人的体力劳动已经减少，劳动时间创造物质财富，自由时间创造社会财富。在联合生产者社会，机器和人工智能代替人的体力劳动，人们只需要监控或预测，"简而言之，物质财富仍然是由生产提供的，但不再是传统意义上的生产劳动。这就决定了智力劳动对所谓体力劳动的'霸权'"[1]。生产商品和增加物质财富是为了满足人的需要，物质财富只是社会财富的一部分。一方

---

[1] Agnes Heller, *The Theory of Need in Marx*, London: Allison and Busby, 1976, p.103.

第四章　赫勒对异化需要的扬弃及新需要结构的建构

面，社会的财富是由个人的自由和发展的需要决定的，人与社会的真正财富不在于劳动时间，而在于自由时间；另一方面，由于劳动的性质不同，无法进行量的比较。生产活动不仅创造物质财富，还塑造人的精神风貌、提升人的内在品质，重获人的存在的尊严。

赫勒对联合生产者需要体系的建构是沿着马克思对共产主义社会基本特征的阐释展开的。"马克思认为，在联合生产者的社会中，衡量财富的标准不是必要劳动力与剩余劳动力的比例，而是必要时间与可支配时间的比例。"① 生产力的发展使可支配时间被用来消费劳动产品或用来进行自由的创造活动，人们不再为利润而生产。在联合生产者社会，人们将用最少的时间与自然进行物质变换，劳动时间创造物质财富，自由时间创造社会财富。未来将成为一个自动化的社会，机器和人工智能代替人的体力劳动，人们只需要监控或预测，自由时间内从事的简单劳动和复杂劳动都是由于社会必要，但不用社会必要劳动时间衡量。比如，人们从事自然科学的研究，并让人成为某个领域的专家是由可支配的自由劳动时间决定的。"简而言之，物质财富仍然是由生产提供的，但不再是传统意义上的生产劳动。"② 因此，个人自由和全面发展的需要就是社会财富的体现，真正实现了个体与类的需要的同一。联合生产者社会中，人的自由时间增多，劳动者的主体地位得到彰显，当他们在富有弹性和流动性的生产中，自我认同、社会认同得到加强，他们的认知、创造能力是创造财富的有机组成部分，他们不再是抽象劳动者，而是从事具体劳动并将精力和时间投入到自己身上的自由人。

---

① Agnes Heller, *The Theory of Need in Marx*, London: Allison and Busby, 1976, p.116.
② Agnes Heller, *The Theory of Need in Marx*, London: Allison and Busby, 1976, p.103.

四 联合生产者社会的分配原则

第一，联合生产者社会中人们各尽所能。在联合生产者社会，人为了自我实现而从事的劳动是至关重要的需要，劳动是人的本质。个人能力的充分发挥是创造和发展生产力的前提，"能力作为人的本质的力量的集中体现，是现实的个人从事一切活动的内在依据，也是人生存和发展的基础"[①]，联合生产者社会的需要是生存、情感和精神的需要，只有扬弃人对物的崇拜，才能真正地进行生产，实现自由地发展。在资本主义社会，人为了生存不得不出卖自己的劳动力，未来社会人们更注重发展的需要，劳动是由自我实现、社会责任等内在动机引起的自发性活动。人不再被动地服从分工而是根据需要调节生产；未来社会注重享受的需要，而可支配自由时间的增多将有利于发展人的能力。

第二，联合生产者社会中人们各得其所、按需分配，但更注重产品的性能而不是数量。联合生产者社会真正实现了为需要而生产，为了防止物质资料和生产力的浪费，就要平衡生产和需要之间的关系。在联合生产者社会，所谓人的全面发展，指的是人的能力和需要的扩展，随着财富极大的丰富，人们的物质需要已经达到饱和的状态，人的个性自由得到了彰显，人的需要更多地表现为非物质需要。赫勒强调，这种模式不是与"平等"联系在一起的，而是与需要体系的彻底重组联系在一起的，因此，赫勒所说的按需分配并不是按需要的量分配，而是满足人们对产品质量和性能的需要。首先，要衡量可支配时间和人的需要所花费的时间，生产率的提高促进社会必要劳动时间缩减，并留下更多的闲暇时间供人自由支配。其次，每项活动所耗费的社会必要劳动时间将在生产的各个分支之间进行划分。最后，衡量

[①] 张艳涛:《马克思能力财富观的基本内涵与当代启示》,《宁夏党校学报》2018年第6期。

第四章 赫勒对异化需要的扬弃及新需要结构的建构

哪些需要具有有效、有质的特性的并进入生产部门，真正使"必要需要"与"社会需要"相协调。未来社会个体的需要在质和量上都是平衡的，"共产主义社会是以拓宽人的质的需要（非异化的需要）为主导，以质的需要压倒人的量的需要（异化需要）的社会过程"[1]。赫勒指出，共产主义社会的"按需分配"绝不是按照人的欲望和产品的数量来分配"物质需要"，需要的对象指向"有用性的"产品和人的需要的满足，是不可量化的自由而全面发展的需要。新的需要结构指向自由和平等，促进人的能力的提升并丰富人的个性。联合生产者社会将扬弃利益至上、将他人当作手段的需要，劳动成为人的第一需要，不再是束缚人的痛苦，而是解放人的快乐。赫勒指出，新的需要模式为人们建立了一个标准，它表达了人性最美丽的愿望，一个属人需要的愿望。

未来自由人联合体的需要结构由物质生产力的积累推动。生产力低下或者先天的经济条件不足都不能促进新需要结构的形成，赫勒从总体性的视域批判资本主义社会，而东欧社会主义国家当时严格控制着人的需要，造成人的生存和发展需要被控制的局面。她对未来需要体系的建构和规划是美好、肯定和积极的，符合人作为类需要的活动，但针对如何建立自由人联合体的具体革命路径、方式还不清晰、不实际。新的需要结构在生产力条件不具备的时候，是不可能实现的。资本主义社会剥削和压迫人的需要与私有制相伴而生，只有当生产力高度发展并超越资本主义私有制，新的需要结构才能取而代之。联合生产者社会从制度和需要结构中建构理想的"人的需要"，强调"非物质需要"的满足，让生产回归创造性劳动，按照美的规律生产。

"人的需要"是以质为主的多元化的需要。以需要为目的进行生产，有效避免了浪费，也充分满足人对产品性能的需要。资本主义社

---

[1] Agnes Heller, *The Theory of Need in Marx*, London: Allison and Busby, 1976, p.63.

会将一切劳动产品都看作商品，人与人之间的关系也浸透着商品的价值属性，将人还原到物的抽象商品结构中，资本创造了一个颠倒的、处处呈现着商品同质化的社会。"在物质需要的概念中，一种'平等主义'（egalitarianism）占主导地位"①，资本主义的平等是一种口号。赫勒认为，异化需要的扬弃是人道主义生成的前提，扬弃对人的需要压制和奴役的社会制度，是人的需要和本质的复归，需要主体之间的依附关系压制人的本质力量，消解了人的类本质，使其成为抽象的个体。需要的革命是一场不断否定和消灭现存需要之恶的运动，探索"人的发展目标"和"真实的社会主义"是以人的需要意识的肯定为开端的社会主义，不是为了压制人的需要、消弭人的本质而设定的"人的存在"。

赫勒认为，真正的社会需要是个体与类的统一，"在'社会化'的人那里，人作为类存在与个体代表着一种可实现的统一"②。未来社会，人除了满足必要的需要之外，社会劳动时间的减少成为每个个体共同的利益。只有摆脱"被创生"的社会的人才能肯定自己的价值，达到自在自为的人性的复归。"人的需要"在依附和统治的社会关系中"被创生"，将人变成从属的存在物，在资本主义社会，人们被迫工作、依靠他者为生。赫勒在《马克思的需要理论》中论述了真正的社会主义样态，摆脱被创生的需要以及依附和统领的社会关系，重构人的自在自为的需要。

非物质的需要指向绝对精神，当物质需要不再是社会决定的需要，可支配的时间是人的真正财富。自为的对象化需要是人类真正的不可量化的需要，这种需要直接指向目的，人对质的需要和自由时间的需要是能力发展的自在前提，当人的能力超越物化关系的限

---

① Agnes Heller, *The Theory of Need in Marx*, London: Allison and Busby, 1976, p.122.
② Agnes Heller, *The Theory of Need in Marx*, London: Allison and Busby, 1976, p.125.

第四章　赫勒对异化需要的扬弃及新需要结构的建构

制,自为的对象化需要在场,符合人的本质和要求的需要结构才能得以建立。在真正的社会需要中,人与人互为目的并以质的需要为纽带。赫勒认为,阶级革命未从微观的生活中改变人的存在状态,只有从日常生活改变人的状态,扬弃异化的社会关系和现象,使人们过上有意义的生活,才能建构需要的主体,消解人作为功能性的存在状态。由于物化已经渗透到社会生活的方方面面,总体性的革命将实现微观视域的日常生活方式的变革,因为阶级解放只能实现人的政治自由,而日常生活方式的变革才是根本的、彻底的,"马克思主义运动在资本主义社会条件下,只有伴随着他们的政治纲领,同时也提供一种新的道路,一种新的生活方式,才能是革命的和示范性的"[1]。改造社会需要的过程是人的需要的对象性本质的外化,马克思认为"社会的人"是从奴役走向自由的,具有人的需要和意识、理解独立自由本质的人,这种人作为自由人存在的状态是对人的类存在的创生。在未来社会中,"生产性劳动在日常活动中处于从属地位"[2],人能够通过劳动创造自己的需要,进入马克思所说的"社会与历史"的秩序,人在自由劳动中肯定自己,从而自由地创造自为的"人的需要"。质的需要将成为摆脱异化需要,实现人化的自然、复归人的本质的主要动力。

共同体是类存在的对象化需要。对于马克思来说,共产主义社会是自由的共同体,只有在共同体中,个体才能获得自由并彰显其才能,这种没有利益冲突的公共活动符合人的类存在的"自为"需要,不仅在于它们表达对充裕的自由时间的渴望,还在于个体超越资本主义社会,建立联合体的渴望。新的需要结构通过激进哲学引导人们思考和生活,塑造个性化的个体,联合生产者社会的人是由社会合作者

---

[1] [匈]阿格妮丝·赫勒:《马克思的革命理论和日常生活的革命》,载衣俊卿《社会主义的人道主义——布达佩斯学派论文集》,黑龙江大学出版社2017年版,第52页。

[2] Agnes Heller, *The Theory of Need in Marx*, London: Allison and Busby, 1976, p.130.

构成的，被称为"共同体"或"需要的共同体"。未来社会新的需要结构是以质的需要为主，自由人组成的共同体不仅满足了人们的"根本需要"，恢复了人的主体性和独立性，也保证了人的需要达到更高水平。只有复归人的丰富需要，进而提高与人自由自觉活动相适应的能力，才能满足生存和发展的目标，促进人摆脱异化劳动和异化需要的束缚。个体需要的满足将生产出自由的、不受支配的社会关系，并推动对象化活动的扩展，随着新的需要结构和"社会需要"的发展，自由人的共同体得以丰富和完善。

第五章　赫勒异化需要理论的贡献及其局限性

赫勒认为马克思经典著作中贯穿着哲学意义和人类学意义的需要问题域，她深入挖掘了马克思哲学意义上的异化需要问题域及概念，并在此基础上提出了自己的"根本需要"革命论，并预见了未来社会的需要结构。但她的思想深受后现代主义的影响，没有从生产力和生产关系的矛盾中分析"人的需要"的变化，忽略了特定的生产方式中"人的需要"是由生产力决定的这一规律。在依附和统治的社会中，人的需要始终被资本统摄，人的意识和观念始终依附"物神"，激进哲学指导人们进行合理价值讨论的现实条件不充分，不能触及人的根本，难以成为引导人们进行需要革命的理论武器。

第一节　赫勒对马克思需要理论的贡献

赫勒响应卢卡奇"回到马克思"的号召，捍卫和发展了马克思主义，她深入研读了马克思的著作，考察了"需要"概念的不同场景，挖掘了异化需要的内在规定性。她从哲学和人类学的视角扩展了需要的内涵，从人的对象化活动限制人的发展剖析人的需要片面和单一的原因，并指出资本主义社会创造了源源不断的物质财富，也生产了工人阶级需要的赤贫。针对资本主义社会中人的需要被控制、东欧社会主义国家中人的需要被政治需要取代的现象，她提出只有扬弃依附和统治的生产关系，才能解放人的需要，建构自由人联合体的新需要结构。

一 对马克思需要理论"历史在场"的考察

赫勒的需要理论是对马克思人道主义的继承，对"人的需要"的关注，充分彰显了她从唯物史观角度对人的存在问题的关切。在《马克思的需要理论》中，赫勒针对资本主义社会异化需要的表现进行了揭露，在《对需要的专政》中，她反思了东欧社会主义国家的异化需要，并将其归为依附和统治的关系，沿着马克思对资本主义社会以交换价值为生产目的的论述，她以广大劳动人民的"根本需要"为出发点和落脚点，以"集体应然"作为劳动者获得解放、颠覆资本主义社会的动力，从微观视域对马克思需要理论从政治经济学、哲学、人类学等视域进行了考察和深化。

赫勒在马克思主义政治经济学的基础上，扩展了哲学意义和人类学意义上的"需要"概念。国民经济学家从商品的二重性来分析需要，认为商品具备有用性，即使用价值，能够满足客体对主体的需要，以主体的需要和实用性来衡量价值的大小，这种需要是从政治经济学中"有用""利益"等概念进行阐发。人与物具备有用性因而被看作商品。这种划分将人的需要以及需要当作工具，是异化的，她从哲学和人类学等视角解读需要理论，认为需要是对象化的领域，探索了异化需要的内在规定性，对"需要"概念出现的背景作进一步的考察，从人类学视域对特定社会形态中"人的需要"进行划分。

第五章　赫勒异化需要理论的贡献及其局限性

马克思的需要理论既有时间的特征也有空间的特征。从时间来说，人的需要是随着社会形态的变化而演进的，从空间来说，"以空间作为规范的坐标——固定的自然生活和排斥社会流动性，因而认为变化即意味腐败"[①]，以人的需要满足为目的，人们进行劳动和生产，创造了源源不断的物质财富也生产了现实的社会关系。人的需要具有对象性，这些对象性活动也能限制人的需要。在依附和统治的社会中，人与人之间互为手段，无产者的需要始终被支配和奴役，人的需要被划分为富有和赤贫的需要，人具有多样化、能动的参与劳动的需要，但资本主义的生产方式使富人精致、奢侈的需要与穷人粗陋的需要形成矛盾。

二　对马克思需要理论的"场景转换"

赫勒将需要看作人的自由个性得以解放的重要维度，以及历史发展的动力。她对资本主义社会支配和占有工人的需要，资本家将创造剩余价值的意志作为"社会需要"强加给劳动者进行了深入的批判。深入挖掘了异化需要的表现及原因，提出以激进哲学作为理论武器消解异化需要的意识，唤醒"根本需要"意识的觉醒，完成了马克思需要理论的"场景转换"。

首先，她挖掘了马克思对人的多样化需要与人的自由发展的相关阐释，并进行深化和拓展。人的丰富需要是人的本性，"赫勒在分析马克思需要理论的基础上，结合当前社会的现实提出了自己的人类需要理论"[②]，她认为，人的丰富需要是人的本性，只有自由自觉开展对象化活动，人才能创造具有质的产品，当需要被操纵和控制时，人就

[①] 张文喜:《历史唯物主义的需要理论及其反贫困的政治哲学向度》,《人文杂志》2006年第5期。

[②] 于萍:《马克思需要概念的内涵探析——兼评赫勒对马克思需要理论的解读》,《北京航空航天大学学报》(社会科学版) 2012年第3期。

成为贫困、粗陋的、非人的存在。能力和个性的彰显决定人的需要是多元的,但资本主义的需要建立在对人的需要奴役和控制的前提下,将人的需要变得赤贫和粗陋。赫勒对资本主义社会需要的异化展开批判,强调质的需要对于人的存在和发展的重要性,这些需要是人成为人的根本需要。实际上,这种超越资本统治界限的需要在革命中起着重要作用,只有将人的需要从依附关系中解放出来,才能解放人本身。"根本需要"是人的基本存在状态,即"普遍性需要",马克思认为满足根本需要非常重要,同时,无产阶级和资产阶级需要的对立决定这种以需要为动力爆发的革命是必然的。赫勒将根本需要得不到满足的人作为革命主体,并指出,只有超越资本主义社会,才能满足人的根本需要,她以需要为视角印证了马克思的"两个必然"。人具有丰富的需要,当他们的需要沦为资产阶级追求利润的"牺牲品",人特有的自由自觉的类本质与强加的、被奴役的生存方式产生冲突,这些根本需要得不到满足的人必然会联合发动革命。但在现实中,根本需要的承载者作为推翻资本主义的主要力量还不能成为"自为阶级",需要革命以有产者和无产者利益的对立为前提,相互依存,在争取自由时间和工资的斗争中,无产者离开资产者无法生活,对根本需要意识的呼吁是使工人成为革命、团结联合体的方式。只有以个体需要的满足为前提,以激进哲学作为革命武器,指导人们通过"理想的交往情境"民主、平等地参与社会价值讨论,唤醒需要的意识,彻底革命才能深入根本,并超越这一对立和矛盾。

其次,赫勒认识到"现实的人"的主体地位,坚持以人为中心并复归人作为自由自觉的类存在需要,在依附和统治的社会中,人的需要沦为资本增殖的手段,并异化为动物维持生存的需要。她将人的需要的满足作为社会变革的动力,提出根本需要是超越资本主义社会,并向未来社会过渡的动力和建构新需要结构的基石。沿着马克思对资本主义社会异化需要的批判,赫勒丰富和发展了马克思的需要理论。

资本主义社会奴役劳动者创造了越来越多的需要,但人的根本需要始终得不到满足,他们将始终具有超越现存依附和统治关系的动机。资本主义社会将人的"经济"与"理性"特性发挥到极致,将人作为功能性的物,占有物品符号并创造私有财产,他们将工人作为手段,人的劳动是他们获利的商品。人只有在劳动中才能确认自身的本质存在,形成新的生产方式和社会关系。人因为劳动目的性和创造性区别于动物,当人失去了存在和发展的前提时,必将反抗资本拜物教,冲破资本主义意识形态的虚伪统治,从自在的斗争转为自为的、自发的联合斗争。人的需要是生活的动力,对物质资料的追求是人们进行历史活动的起点。资本破坏了自然界的自在力量,不断扩大人对物质的需要,实现对自然界自为的普遍占有。"资本破坏这一切并使之不断革命化,摧毁一切阻碍发展生产力、扩大需要、使生产多样化、利用和交换自然力量和精神力量的限制"①,资本主义发展的前提是对劳动者根本需要的压制,唯有如此,他们才能支配人的需要。

在资本主义生产方式中,劳动背离人的本质,无产阶级需要的贫困是反抗剥削的动力。资本家不能满足工人的合理需要,造成工人的持续贫困,他们没有能力从依附关系中抽离。工人只有通过革命才能改变被压迫的命运,只有私有制的彻底废除才能解放被资本控制的活劳动。

在依附和统治的社会关系中,工人贫困的需要束缚了他们的发展,只有彻底解放"现实的人"的需要理论,才能成为革命的、科学的理论。赫勒将激进哲学作为理论武器,在生活中引导人的思考和行动并使这种行动成为向共产主义社会过渡的"集体应然",哲学作为改变世界的力量将摆脱利益和权威的关系,引导人从"应然"过渡到"实然"。

---

① 《马克思恩格斯文集》第 8 卷,人民出版社 2009 年版,第 91 页。

最后，她为了扬弃"为了生产而生产"的需要结构，基于"生产是为了需要"构建了未来联合生产者社会的需要结构。"鉴于联合生产者社会是一个非异化的自由王国，其需要结构便同资本主义社会的需要结构存在质的差别"[1]，她扬弃了资本主义社会的需要结构，并打破了资本主义以"物"的需要代替人的需要的局限，重构了符合人自由自觉活动和社会发展的需要。赫勒认为，未来人的需要是多样化的。"非物质需要"对人的发展有着重要作用，是塑造人的品格、陶冶人的情操、塑造人的个性、开发人的创造性等重要品质的"必要需要"。她捍卫和发展了马克思的需要理论，鞭笞了资本主义将生产关系囊括到资本的架构中，由于工人的劳动被资本控制，他们在精神上受折磨、心理扭曲成为非人的存在的现象。联合生产者社会没有强制的劳动分工，物质财富不再是衡量生产力的主要指标，这种需要结构突破了物质需要的单一模式，人们更注重闲暇时间对创造性能力发展的重要作用。非物质需要使人的精神境界提高，个性的丰富和发展促进人的观念变革，提升人的理想、信念和眼界。

三 继承和发展了马克思的异化批判方法论

赫勒援引马克思的异化理论，指出人们创造的劳动产品不属于劳动者，进而对需要异化现象进行深入的批判。由于赫勒既有生活在东欧国家的历史背景，又有资本主义工业化国家的生活经历，她从双重社会制度层面深入反思和批判了人的需要与人的本质疏离的现象。她从异化劳动出发，揭示了资本主义社会的工人沦为资本增殖的工具和奴隶的现象，人的需要成为"被操控的需要"。一方面，资本主义创造了丰富而盈余的"物"；另一方面，资本奴役劳动，并控制着社会。

---

[1] 颜岩:《需要结构的批判与重建——赫勒对马克思需要理论的解读》,《学术研究》2020年第2期。

第五章　赫勒异化需要理论的贡献及其局限性

资本遵循利润最大化的原则，使"物神"通过不断占有和消费确认人们的存在感。东欧社会主义国家将"社会需要"极权化，对人创造的产物与创造者疏离，官僚阶层为了维护统治将政治需要强加于人。赫勒援引异化理论对异化需要的根本原因和基本逻辑进行剖析，揭示了两种社会制度中需要结构面临的困境。

"东欧新马克思主义学者大多认为，资本主义的固有矛盾决定了其不能消除异化的情况，只有在社会主义社会的实践发展中才能扬弃异化。"[1] 不平等的依附和统治关系有碍于人的个性发展，赫勒主张通过商谈民主消除现实社会关系的异化。要建立激进的乌托邦，扬弃将他人当作手段的社会关系，就要探究人的本质及其需要结构，人的本质决定人具有丰富的需要，但异化劳动消解了人的多元需要，使人的需要成为否定自己的力量。赫勒在《马克思的需要理论》中，多次提到需要被划分和支配是由于劳动分工限制了人的个性发展，异化劳动使人的对象化活动外化、主客体关系异化，由于劳动背离人的本质，人的对象化活动也就背离了人的需要。在异化劳动的作用下人的生产片面化；劳动作为人的本质规定变成谋生的手段，他们的身体不属于自己，人的需要也异化为动物的需要。工人在劳动分工中将自己的活动范围固定在某一具体位置，人的认识只局限于机械化的活动中，单一和片面的劳动过程和劳动对象使他们生产出自己的敌对力量，异化劳动和异化的需要束缚他们的发展、阻碍人自由个性的生成。劳动作为人的需要的对象化活动，使人在精神上受折磨、物质上贫困，自己作为人存在的需要被操控。在赫勒看来，未来的联合生产者社会是根本需要得以实现的理性乌托邦，未来社会要扬弃依附和统治的社会关系，也要扬弃强制的劳动分工。

---

[1] 唐庆：《论东欧新马克思主义的需要理论及其异化批判方法》，《国外社会科学》2018 年第 5 期。

东欧新马克思主义者继承了马克思的异化批判立场，重新探讨了马克思异化理论的实质和核心，他们以人存在的问题和人本主义为中心，拓展了现实社会中的异化领域。赫勒从分工导致的需要的单一和片面解剖异化需要，与大多数东欧新马克思主义者一样，她将社会主义实践看作消除异化需要的现实基础。人的需要与民主、自治的社会主义制度之间是辩证发展的关系，一方面，只有将平等协商、自由发展的社会关系作为人的需要摆脱奴役和支配的载体，人的需要才能被承认和满足；另一方面，人的需要是对象化的产物，只有人的合理需要被承认和认可，人才能创造条件并改变依附和统治的环境，创设民主、自由的政治环境，探索与人的需要结构相一致的社会主义实践。赫勒以需要为理论着力点，重新阐释了异化劳动和需要之间的关系，分析了"人的需要"粗陋化、野蛮化及其表现，并指出这种需要是异化的，有悖于"人类需要的丰富性"，是对人的需要和本质的疏离。

第二节　赫勒异化需要理论的局限性

赫勒将资本主义社会目的和手段关系的转变作为超越依附和统治关系的前提，离开了马克思将生产力作为社会变革动力的基本论述。赫勒将生产关系的变革作为社会需要结构变革的前提，"按照唯物史观，需要不是自然产生或随意确立的，而是源于人的存在方式"[1]。赫勒对东欧社会主义国家需要模式的认识和评价不够客观。她将具有根本需要的个人作为革命的主体，过度强调个人的作用，脱离了马克思

---

[1] 丰子义：《人学视域中的"美好生活需要"》，《学术界》2021年第11期。

第五章　赫勒异化需要理论的贡献及其局限性

将无产阶级作为革命主体的观点，由于对历史和社会发展客观规律的认识过于主观，导致她过分强调微观革命，忽视了宏观革命的重要作用。

一　违背了生产力和生产关系矛盾运动原理

东欧新马克思主义者将异化作为解剖社会问题的钥匙，为扬弃异化，建构了社会主义的理想模式，"如果断言这种意义上的异化会在某一历史时刻被一劳永逸地绝对扬弃，那就等于说，人作为历史的存在可以在某一时刻达到永恒与完善，这是有悖于人的存在本性的"[①]。赫勒认为，异化需要的根源在于依附和统治的社会关系，没有沿着马克思对生产的分析解剖资本主义社会的异化需要，她没有看到资本主义社会和东欧社会主义社会中生产资料不属于劳动者，被官僚阶层占有的现状，生产要素私有化才是生产关系异化和需要异化的根源。要扬弃异化需要，就要考察特定历史阶段的生产方式，分析具体环境中需要的类型及其结构。只有从马克思的唯物史观来分析人的需要的合理性，才能理解需要作为人创造历史的前提与发展的辩证关系。赫勒将依附和统治关系的扬弃作为变革社会需要结构、扬弃异化需要关系的前提，要改变将人当作手段、压迫、奴役他人需要的社会性质，就要重建需要的结构。她没有看到需要作为人生存和发展的动力，既是生产力的推动力，也是生产关系变革的桥梁，生产力的提高可以扩大人的需要范围、推动人的需要结构向前发展。人的需要对象是由生产力的发展水平决定的，"唯物史观教导人们，人类历史的真正动力来自获取食物和肉体生存的动机，所有文化建构均产生于经济状况和经济斗争"[②]。人为了生活，创造"物"维持基本生存是第一个历史活动，

[①] 刘海静：《哲学反思与社会批判——东欧新马克思主义的马克思观》，黑龙江大学出版社2016年版，第33页。
[②] ［德］特洛尔奇：《基督教理论与现代》，朱雁冰等译，华夏出版社2004年版，第291页。

社会的物质生产方式决定人的存在方式。

  需要是在实践中形成的,需要的产生与满足不能脱离特定的历史时期,物质需要是现实的人生存和发展的前提,现实的人的需要是特定历史发展阶段的产物,而生产方式在"人的需要"的发展变化中起着关键作用。人有维持肉体生存的需要,从而开展劳动,形成生产关系,生产方式的变化由生产力的发展状况决定,并在生产力和生产关系之间相互调节,发挥着重要的"中介"作用,与生产方式相一致的需要才符合人的存在及其历史发展。人的对象化活动以实践为基础,在创造需要对象的同时,人与人之间发生一定的联系,形成与生产方式一致的交往关系,表现为政治关系、经济关系等,这些关系构成个体作为社会存在物具有"类"的社会生活。"人的需要"是动力和目的,"现实的人"的生产是为了满足自己的需要,这一过程将促进扩大再生产,现实的生活是由特定的生活方式和生产方式推动的。"随着新生产力的获得,人们改变自己的生产方式,随着生产方式即谋生的方式的改变,人们也就会改变自己的一切社会关系,手推磨产生的是封建主的社会,蒸汽磨产生的是工业资本家的社会。"[①]"现实的人"是处于各种生产关系中的人,资本主义社会的主要矛盾是生产力和生产关系的矛盾,赫勒通过变革新的需要结构来实现自由人联合体的生产方式,是对马克思主义唯物史观的颠倒。马克思把需要问题放在人类社会的发展实践中,对"需要"的意义进行解读,从生产方式、满足人需要的途径、需要的结构等视角把握需要问题,人的需要的丰富性不是孤立、抽象的,而是与生产方式和需要的对象化活动密切相关的。

  赫勒忽略了生产方式对需要的重要性,在一定程度上存在对马克思需要理论的误读。"赫勒抛开了生产力与生产关系的矛盾,转而研

[①]《马克思恩格斯文集》第1卷,人民出版社2009年版,第602页。

第五章 赫勒异化需要理论的贡献及其局限性

究人的需要,从宏观领域转入微观领域,这是西方马克思主义流派一贯的研究路径。"① 赫勒忽略了特定的生产方式对人的需要结构的影响,只有将生产方式的变革作为重建需要结构的根本,才能从人类的真实生活条件中找到他们需要的对象。需要的发展仍然是由物质生产活动和再生产推动的,只有生产关系的改变才能扭转将他人的需要当作手段的状况。资本主义社会过程中不可能得到满足的需要将产生相应的生产关系,即人与人互为目的和手段。只有依托"生产力对生产关系具有决定作用"的原理,客观分析"人的需要"结构和条件,以及与生产力水平相一致的需要,才是符合特定生产方式的需要。"人的需要"是客观、现实的,"人的需要"对象也是现实存在的,只有遵循历史发展的规律,充分发挥人的主观能动性,才是合目的、合规律的需要。

资本主义社会异化需要来源于依附和统治的社会关系,从根本上看是由于生产资料私人占有,物质生产过程中劳动者与劳动产品、劳动本身、生产关系的异化造成"人的需要"的异化。资本主义社会对人的需要的压制阻碍人自由而全面的发展,只有正确处理生产力与生产关系之间的矛盾,才能遏制虚假的需要和消费主义的需要。"人的需要"是由社会存在和生产力发展水平决定的,要遵循将生产力作为推动社会前进的历史依据。"可以说,人的现实需要就是唯物主义历史观的现实根基,人们生活、活动的过程就是人的历史的过程。"② 人的需要能够促进社会发展,但赫勒对依附和统治的社会生产力和生产关系的考察不够明确,她从哈贝马斯的交往理论和阿佩尔的语言哲学分析商谈伦理的可能性,然而基于唯物史观的视角,赫勒的激进哲学

---

① 于萍:《赫勒对马克思整体思想的重构与解读——以赫勒著作〈马克思的需要理论〉为视角的分析》,《理论月刊》2018年第4期。
② 王振东、白利鹏:《走出需要的困境——论马克思"人的需要"思想的三重维度》,《宁夏社会科学》2015年第6期。

不能改变与特定社会相适应的生产力和生产关系，只有源自现存生产方式的革命，才能成为"人的需要"及其结构的救赎力量。

二 人道主义的革命力量不够彻底

赫勒的异化需要理论始终以人的需要问题为核心，但她过分重视微观革命，忽略了阶级斗争和政治革命依然是宏观革命的主要方式。她从人作为类存在、自由而全面发展的需要分析需要结构是否合理，并将社会需要结构改变的希望寄托于如何关照人道主义内涵上，但她忽略了资本统摄一切、人的需要被物化浸透、人的根本需要碎片化等现实问题。

赫勒没有考虑一个根本的问题：个体需要的满足如何推出人作为类存在需要的满足，她认为个性释放能够使人不被支配和束缚，使人的对象化活动更自由，但她忽略了每个人对实践的认识是不同的，即使人们对需要形成共识，也并不代表人们会依据本真而开展实践活动。

（一）人道主义社会主义的理想化

由于社会主义运动在资本主义国家受挫，马克思主义在东欧社会主义国家被曲解，对现实的观照使东欧的理论家将目光转向重新阐释马克思主义，但他们对社会主义的反思仍停留在理念层面。20世纪60年代东欧马克思主义学界呼吁重新考察马克思主义的立场和方法论，赫勒拒斥将马克思主义教条化，认为东欧社会主义国家没有关照人的命运，资本主义国家人的需要被奴役，她强调人们冲破依附和统治的社会关系，实现人的解放。东欧新马克思主义思想家赫勒为了实现日常生活的人道化，改变人与人之间的关系，在人道化的引领下拒斥利己主义、将他人当作手段的行为，但这种对人性的关怀不足以成为革命的主体力量。赫勒认为，人道主义在于对个体的人的关注，生活应该多角度触及人的道德需要，比如守信、诚实、正直、感恩。她

第五章 赫勒异化需要理论的贡献及其局限性

认为可以通过塑造人道化的价值理念来实现有意义的生活，在依附和统治的社会争取民主，并有意识地根据自己的需要设计和塑造价值讨论。她认为只有扬弃异化需要，人们才能找到生活的意义，平等地参与政治生活和价值讨论并共享社会的财富。人道主义批判官僚社会主义以及与之适应的生产关系，主张用进步的文化反对落后的文化，他们对社会主义实践中遇到的问题进行了反思和批判，"人道"概念包含爱护人的生命、尊重人格、重视人的教育、维护人的权利、规范人的行为等。他们希望用这些说服人们，但是这些理论不足以改变社会发展进程。人们越穷困，生活越贫乏，精神世界空虚、价值观与意义世界产生冲突，人的价值在特定的社会关系中很难得到凸显，赫勒揭露和批判了这些矛盾，但解决方案不够有力。在现有的社会关系中，劳动者被迫屈从统治阶级的奴役，人的生存被物质关系支配，很难形成人道主义社会主义。"人性就是人际的关系。我们身负责任，我们身处爱的联系之中。如若抛弃这些关系，我们只能变成魔鬼或者蠕虫病毒。"[①]

赫勒将激进哲学作为彻底的、说服人的理论，主要是依据马克思关于"人的根本就是人本身"的论述，但她将超越依附和统治关系看作掌握人本身理论的目标，强调形式民主的重要性是不恰当的。她以人道主义社会主义的理论开启她对真实、民主社会主义道路多样化路径的探索，但她对多元需要的社会主义理论建构并未在实践中真正超越资本主义，也没有深入考察东欧社会主义国家需要结构的诸多可能性，以至于她对真实社会主义的人道化探索停留在抽象的理论层面，无法深入社会现实、掌握群众，更不可能成为改变依附和统治关系的指南。

---

① [匈]阿格妮丝·赫勒：《超越正义》，文长春译，黑龙江大学出版社2011年版，第331页。

(二)重视人的价值却忽略了宏观革命

人道主义强调人的价值,但是对人道主义的探索使赫勒忽视了宏观革命和微观革命之间的适用范围和不同革命斗争方式的具体情况。马克思认为人的剥削和压迫都是由于生产资料的私有制,只有以暴力的方式推翻资产阶级的统治,才能实现人的解放。赫勒的日常生活人道化注重人的个性的生成及需要的满足,她对人道主义理论的建构是对马克思人道主义的继承,也是对卢卡奇的总体性革命的发展,但她没有准确把握微观革命和宏观革命之间的关系,从微观视域中寻找人的解放,对阶级意识的唤醒具有重要作用,宏观革命仍然是夺取政权、从根本上进行政治变革的途径。人道主义不能将人从追求财富和充满奴役的社会中唤醒,人要获得真正的自由,不仅需要从微观视域促进阶级意识的觉醒,更需要宏观革命,只有"政治解放"与"人的解放"的统一才能废除私有财产和异化,才能消灭剥削、消除阶级压迫。

从马克思主义人道化中强调人的价值,并不能消除资本主义世界的各种危机。"赫勒明确反对弗洛姆的人的本性理论,针对后者的人的本性'内部显露说'她提出著名的第二天性'内部注入说'"[①],强调第二天性作为心理—社会天性的重要作用,在于人会根据外部环境发挥自身的潜能,人作为实践活动的产物,受价值的引导,可以将"偶然性"转化为"自决"。她认为马克思主义哲学是一种"希望哲学",它关注人的存在方式,主张暴力革命救赎无产阶级,通过人道主义超越资本主义的愿景只能落空。通过重塑"道德律令"寻找日常生活的人道主义、以人的存在和发展为目的进行需要变革,不能解决需要得不到满足的现实矛盾,赫勒夸大了道德在实践中的作用,道德有利于

---

① 颜岩:《东欧新马克思主义对马克思人的概念的解读——从赫勒对弗洛姆人学理论的批判谈起》,《苏州大学学报》(哲学社会科学版)2016年第6期。

唤醒沉睡的良知和人们的意识，但不能拯救世界。资本家追逐利润的本性不会改变，依附和统治的关系将一直伴随着资本主义社会，私有制的消除仅靠软文化和需要革命意识的灌输难以实现，资本主义不会因为"人道主义"就停止对劳动人民的压榨。

马克思所指认的宏观意义上的阶级革命仍然是彻底革命的主要方式，人性的自省和进行民主价值平等讨论能否唤醒阶级意识还有待商榷，仅仅从微观视域，寄希望于需要和道德结构的转变很难成为革命的实践理论，人道主义只能成为边缘性的力量。在彻底的革命运动中，不发动人民群众就难以对抗资产阶级，因此，暴力革命才是彻底改变资本主义生产关系的武器。只有依靠革命实现无产阶级专政，才能消灭一切阶级差别并建立无阶级的共产主义社会。

赫勒等东欧新马克思主义者将马克思主义视为人道主义，在一定程度上忽略了马克思主义的科学性和革命性。马克思主义理论的目的在于改变世界，将个体作为如何思考、生活和行动的主体，陷入了一种目的决定论。人道主义受到社会存在以及特定的生产方式的制约，只有在社会存在和社会意识的矛盾运动中，才能揭示上层建筑的发展规律。赫勒将激进哲学作为武器，希望通过平等协商建立每个人都遵守的绝对律令，通过个性释放来实现社会解放，将社会变革的希望寄托于人性和个体的选择上，以便建立合理的乌托邦并为世界树立规范，这种从微观层面变革社会不具有现实性，从某个领域解放全人类也只能成为理想。

东欧新马克思主义者立足个体存在、用哲学建立规范性的"善"，但作为自觉的个体也会有独立的论断，很难对个体具有约束效力。"东欧新马克思主义者自觉或不自觉地夸大了青年马克思对'个体'的哲学定位"[①]，赫勒将个体需要的满足作为社会需要满足的标准，忽

---

① 温权:《东欧新马克思主义的社会哲学及其伦理批判》，《山东社会科学》2021年第1期。

略了宏观革命对实现联合生产者社会的重要作用,"个体"与"共同体"之间存在辩证关系,只有当个体成为自由人并联合起来,才能由单个的存在者变成总体性的人。在赫勒等东欧新马克思主义者看来,个性释放已经成为解决个体和类同一的钥匙,合乎人的需要、关注人的存在状况被冠之"人道主义"。东欧新马克思主义者将人道主义作为价值立场,"这种理论立场的根本性规定了,任何哲学上的认识论或价值论问题都必须在马克思主义人道主义的基础之上和框架之内获得解释"①。但他们理解的"人"受东欧社会主义模式的局限,具体表现为对现存社会中人的能力的实现和生存困境的批判。马克思强调人的解放,通过宏观革命实现共产主义社会,在东欧新马克思主义者看来,马克思的这个观点就成为个性释放和实现人道化社会主义的学说,这在一定程度上偏离了马克思对未来共产主义社会及其实现路径的建构。

（三）尚不具备实现自由的客观条件

赫勒等东欧新马克思主义者关切劳动者的生存状况,并将自由看作人的本性和人作为自觉存在的前提。马克思认为,自由是目的本身,也是人类能力得以发展的前提,将个体的自由发展看作共产主义社会的基本原则；赫勒认为,自由意味着人的能力和个性的彰显,人的发展和主观能动性不受限制是人类创造性发展的前提。首先,东欧社会主义国家没有实现人的自由,资本主义国家资本的渗透阻碍了人的自由。赫勒等人探讨了社会矛盾,将生活方式和经济形态的变革作为实现真正社会主义的任务；她认为,只有改变人沦为动物、非人化的生活方式,人才能成为真正的人,但赫勒过分强调从生产关系中变革人的生活方式,促进人的自由和发展,也就不可避免地走向极端,

---

① 张笑夷:《东欧新马克思主义对马克思伦理思想的发展及其限度》,《马克思主义与现实》2021年第5期。

第五章　赫勒异化需要理论的贡献及其局限性

现实中的社会关系仍然处于依附和统治占主导的社会，尚不具备"每个人的自由发展"的条件。在依附和统治的社会关系中，劳动者依附于统治阶级，他们失去了劳动的能动性和自主性。赫勒认为真实的社会主义应该是自由和民主的，社会关系的变革作为人自由劳动的前提，但她过分强调"个体""个性"，忽视了集体和阶级的力量，将改变世界的力量寄托于微观视域的革命，理想的"尚未"和"存在"只能成为不在场的、空洞的可能。其次，赫勒在探索社会主义理论的过程中，认为"现行的社会主义"不是真正的社会主义，而社会主义运动的意义在于对民主和自由的追求，她提出走不同于资本主义虚假民主、也不同于东欧社会主义形式民主的"第三条道路"。针对东欧社会主义国家遇到的这些问题，赫勒将之归结为自由被束缚，个性得不到彰显，从而探索民主的、自治的社会主义道路，这种表面化的处理没有触及东欧社会官僚主义的实质，她从人道主义的角度剖析极权化政治产生的社会根源，遮蔽了个人需要屈从国家意志、精英阶层的野蛮化管理的内在动因。东欧国家的社会主义者探索扬弃异化的路径因缺乏实践可行性，局限于对自由和民主商谈的抽象展现，总体上停留在理论设计层面，在实践中只能陷入僵化、停滞的状态，这就决定了激进的乌托邦只能成为绝对的乌托邦。

三　"根本需要"革命的条件不够充分

"全部历史是为了使'人'成为感性意识的对象和使'人作为人'的需要成为需要而作准备的历史。"[①] 人的存在和发展的过程是现实的人占有类本质的过程，不同于感性的人的活动具有实践性和历史性，"人的需要"的形成过程本身是一个历史的过程，是在特定时期的生产方式和生活方式中产生，并随着实践而发展的。马克思的需要理论

---

① 《马克思恩格斯文集》第 1 卷，人民出版社 2009 年版，第 194 页。

与实践紧密联系，人要生存，就要在实践中确认需要的对象，在对象化活动中创造条件，满足自然需要。当人的生存需要得以满足，需要的对象才能得以发展，马克思将需要置于实践的生产、再生产的环节，阐释和分析人们的需要。赫勒预设了通过需要革命扬弃异化需要的理性乌托邦，即建构联合生产者社会的新需要结构，这种需要革命的方式没有充分考虑社会生产和生活的现实条件，脱离了实践。在资本主义社会，人们的生存环境面临着依附和统治生产关系的缠绕，这种生产方式的症结在于资本主义私有制。财产权的侵占使工人的生命权、劳动权均被否定，只有深化对社会发展客观规律的认识才能推动实践的发展。

"人的需要"不是"感性的人"的需要，要以现实的人和物质资料生产方式作为标准。马克思将实践作为区别旧唯物主义的主要标准，"人的需要"不仅要符合人的生存和发展，还要符合实践。检验需要是否合理，需要能否实现，就要从实际出发，超越现实生产生活条件的需要是抽象的需要，只能成为乌托邦。赫勒对"根本需要"的刻画脱离了实践。"人的需要"是通过实践活动在特定的生产方式中创造出来的，生产力的发展依赖特定的物质基础，社会认识和社会实践相辅相成。由于人的需要具有物质性，人的意识能动地反映物质，资本主义社会的物质资料生产方式受资本家的控制，受资产阶级意识的影响、受物化的侵蚀。资本主义社会的人受剥削和物化的"历史经验"的支配。

赫勒将激进哲学作为需要革命的理论武器，她对扬弃依附和统治的社会关系的理论探讨脱离了实践。"缺少和终止了资产阶级生存方式和资产阶级结构，这种'必备的意识'无法在群众中发展起来，相

第五章 赫勒异化需要理论的贡献及其局限性

应的,'根本需要'也发展不起来"①。在依附和统治的社会中,激进哲学不能对社会需要的结构进行彻底变革。

根本需要的承载者并不明确,新的需要结构一定要与新的生产方式相符合,并渗透到人们的生活中。随着实践的开展,人类活动的对象更加多样化,只有在新的生产条件下自觉形成的需要,才能成为新共同体的基础。尽管赫勒强调,随着社会的发展,很多人在努力寻找一种超越现存需要结构的、真正对质的需要。社会中生产的个人,生物本能的肉体需要仍然是一切物质交往和现实生活需要的前提。事实上,在资本主义社会,革命的主体力量不明确。资本主义只有剥削和压榨雇佣劳动者才能维持其统治,因此,对工人"根本需要"的压制是维持资本主义运转的条件。赫勒认为,在资本主义社会,人的需要被异化成动物,"人的需要"与他们创造的物质财富疏离,这种疏离是资本家对私有财产的继承权与无产者被剥削所导致的。赫勒预设了根本需要得不到满足的人作为革命的主体力量,资产阶级与无产阶级的矛盾没有彰显,根本需要的革命主体和动力不明确。

赫勒预设了根本需要的革命能够超越资本主义社会和东欧社会主义社会民主的局限性,但她忽略了人首先要作为类存在,才能争取自由和发展的需要。在她看来,激进乌托邦是一条通向真正的民主和自由的有效路径,但在如何组成自由人联合体的路途中阻力重重。首先,她认为激进哲学能够引发人们对如何思考、生活和行动的追问,但在资本主义社会,物质资料始终掌握在资本家手中,人们的意识形态浸透着对"物"的占有,丧失了革命意识。资产阶级以财产私有的形式控制着无产者的生活方式和思维方式,使工人沦为金钱拜物教的奴隶。由于资产阶级的意识形态侵入一切社会领域并规训着人的行

---

① [匈]阿格妮丝·赫勒:《从人的需要的观点理解理论和实践》,载衣俊卿《社会主义的人道主义——布达佩斯学派论文集》,黑龙江大学出版社2017年版,第69页。

为，即使人们能在这样的社会中进行商谈，也很难真正彻底地向社会民主转变。资本主义的市场被权力关系支配，理论的传播途径都是预先设计的，公共舆论受统治阶级思想浸透，激进哲学很容易成为没有群众支持的理论。其次，资本主义社会的市场充满权威，统治阶级会想方设法灌输和扶植他们所谓的"真理"。理论需要满足人们实践的动机，才能在群众中具有可信度，她"忽略了在资本主义社会中没有哪个集团、运动或者力量能够同工会工人一样向现存的权力与特权组织发起有效和强大的挑战"①。她低估了资产阶级统治者的力量，脱离了特定时期的生产方式，她的激进乌托邦只能成为合理性的乌托邦的设想。

赫勒的激进哲学没有从根本上把握社会的利益原则。赫勒引用哈贝马斯的商谈伦理学来达成"商谈共识"，但"理想的言语情境"毕竟只是先验假设，在依附和统治关系中，权威关系始终存在，利己主义驱使人们从个人利益出发。个人利益与共同利益的冲突始终存在，把他人当作手段的需要和对物的占有的冲突将不可避免，资本主义社会的人们不可能摆脱物质利益的诱惑。交往主体之间要达成平等共识并相互理解几乎不可能。因此，激进哲学无论从其立场还是实践上来说，都将面临两难，不能指引"人的需要"从社会实践活动中摆脱被剥削和压迫的困境，也就不能进行彻底的社会变革。

要改变需要的结构就要深入事物的根本，根本需要不足以凝聚革命力量超越资本主义社会，在变革旧制度中所起到的作用并不明确，根本需要作为实现联合生产者社会的力量，无法在现有的生产关系中培育出拥有广泛群众的共同体。首先，要将人们从异化需要中解放出来，就要进行日常生活革命并建构满足根本需要的社会制度，但她没

---

① 颜岩：《"激进"与"民主"的联姻意味着什么？——布达佩斯学派激进民主理论评析》，《马克思主义与现实》2011年第6期。

有阐明如何从异化需要过渡到自由人组成的联合生产者社会,也没有对如何不受资本的限制发展生产力作出说明,没有为联合生产者社会奠定物质基础作更多的叙述。其次,资本创造出庞大的商品数量,剩余价值增加了,使用价值却没有增加,始终不能满足工人对产品的质的需要,这些质的需要是人成为人的"根本需要"。"根本需要"得不到满足的人始终有革命的意愿和冲动,这种对需要的压制能够让工人联合起来推翻资本家的统治和控制。赫勒看到了从物质生产和人的能动性产生的社会矛盾是一组对立统一的矛盾,但是她只看到了矛盾的相互制约之处,并未看到它的相互促进之处,这是其思想的局限性。

资本主义社会的人之所以成为"单面人",就是因为他们的意识被物化,很难认识到自己的根本需要,更不可能进行合理的价值讨论。赫勒认识到"根本需要"符合人的"第二本性",但是她将革命动力寄托于所有根本需要得不到满足的人身上,革命的主体不明确、动力不足,决定了革命不可能彻底。在依附和统治关系中,个体需要意识和需要革命的主体无法触动将他人的需要作为工具的根基,在资本统摄一切的关系中发展个性、民主的价值讨论面临诸多困难,无法彻底颠覆资产阶级的统治。

四 脱离了马克思关于革命主体的理论

马克思在《共产党宣言》中将资产阶级与无产阶级的斗争看作一切历史的斗争,他指出"在当前同资产阶级对立的一切阶级中,只有无产阶级是真正革命的阶级"[1]。他呼吁无产者要联合起来反抗资本主义的压迫。由于无产阶级是受压迫最深、最彻底的阶级,只有通过革命的方式彻底摧毁旧制度建立新制度,才能有效地解决私有财产造

---

[1] 《马克思恩格斯选集》第1卷,人民出版社2012年版,第410—411页。

成的阶级对立和冲突。赫勒没有将马克思主义阶级斗争的内涵表达出来。她将阶级分析的方法弱化，也就失去了阶级斗争和革命的向心力。无产者联合起来推翻资产阶级统治的目标是消灭私有制。当阶级对立不复存在，人才能自由而全面的发展。赫勒强调根本需要得到满足的人不一定是无产者，部分资本家也可以是根本需要得不到满足的人，扩大了需要革命的基础，但过分强调个人的作用，忽略了无产阶级的革命性和彻底性。

"人的需要"是在现实的生产、生活中由利益推动而不断向前深入和发展的，当利益被压制的时候，人们就会发动争取物质资料和合法权益的斗争，革命就具有了自发性。个体利益得不到满足又如何在依附和统治的社会联合起来？个人利益如何与阶级利益一致？这些问题决定了赫勒对个体需要的强调是势单力薄的。需要被支配的人们在依附和统治的社会中生存下去离不开资本家，他们的意识形态受物化侵蚀，容易妥协和退让。要从根本上解除需要被压制的社会规则，就要联合资本主义生产关系中受压迫者，改变社会体制并促进人的观念变革，才能改变人的根本需要被压制的命运。"就实践的关联来说，抽象的主体便于建构理论，但不便于现实的实践，同时，基于单纯的个人主体虽然容易构建行动，但这样的主体在现代社会实践中又往往不够格。"[1]在依附和统治的社会中，人的观念受物化侵蚀，不变革社会体制就很难向人灌输需要的意识，人们缺少公共讨论的空间，民主、公平地进行价值讨论就不可能一蹴而就，根本需要得不到满足的人难以成为共同体，基本的生存需要得不到保障的人进行根本需要革命就会动力不足，就会失败。

---

[1] 马天俊、吴莉莎：《思辨·批判·实践：以主体问题为中心的三种关联》，《江海学刊》2021年第3期。

个体的根本需要具有多样化特征，脱离了马克思对阶级革命的论述，根本需要革命的爆发带有碎片性和偶然性，根本需要得不到满足的人难以成为革命的主体。马克思认为，只有改变财产的"资本"属性才能改变被剥削和压榨劳动者的命运，被统治阶级没有生产资料，他们活着是服务于资本增殖，无产阶级的革命要实现两个决裂，即与传统所有制和以往的私有观念彻底的决裂，赫勒对根本需要主体的设定包含了资本家，但根本需要得不到满足的人受权威关系和统领关系的干预，无法成为独立的革命力量，与资本私有制进行彻底的决裂，赫勒没有对"根本需要"意识与资本主义异化需要的观念形态之间的关系做出更深刻全面的解析。

第三节　赫勒异化需要理论的价值与启示

赫勒对异化需要的批判以及未来需要结构的建构，试图破解依附和统治关系中需要的"斯芬克斯之谜"。她基于东欧社会主义国家的探索，提出了新的理论，为结合国情独立自主地发展社会主义，她积极响应"回到马克思"的号召，探索"人的需要"。她对扬弃异化需要的理论探索，对我们追求需要的解放和个性化的需要，有深刻的时代价值和现实启示。赫勒针对异化需要出现的背景和原因进行了批判性的分析，正确地理解异化需要与劳动之间的关系、以质的需要激活生活的各要素，对于化解当前的生态危机问题、物质财富与精神财富问题具有巨大的启示，值得我们借鉴和反思。

第一，夯实人们对美好生活需要的物质基础。首先，物质生活的需要和满足是人发挥主体能动性的根本需要。"'精神'从一开始就很倒霉，受到物质的'纠缠'。"①物质需要的充实是精神文明得以提高的前提，没有扎实的物质作保证，"非物质需要"就成为无源之水。人作为属人的存在，如果基本的物质需要不能得到保障，便不能调动人们的积极性和创造性，也不能为人们开辟更加美好的生活。因此，必须创造条件满足人民的丰富需要，只有经济水平的不断提高才能改善人民的物质文化生活。其次，还要满足人们多样化的需要，创造条件满足人们对医疗、教育、养老等多方面的需要。从事社会生产的人是"现实的人"，人生产什么、如何生产是外化其本身的实践的过程，既要与当时的生产方式一致，也是改造人本身的过程。最后，明确人是需要的主体，是目的与手段的统一体。需要体现人的主体能动性，只有将"人是目的"作为发展需要和生产的前提，才能建立以人的本性为主的需要系统。只有将"人是目的"作为原则，处理好物质需要和精神需要的问题，才能遏制两极分化现象，处理好个人需要与社会需要的关系。生产属人的需要，不仅要提高数量还要保证质量，只有通过需要的不断发展，满足人们全面发展的丰富而多元的需要，才能彰显个性，提升群众的创造力、塑造品格、培养道德。

不满足"人是目的"的需要都是异化的、虚假的需要，只要是束缚人的需要都是不合理的需要，只有消灭虚假的和不合理的需要，才能生产与人的本质相符的需要。人们对幸福的追求与生产出人本身的需要的历史进程是一致的，真正属人的需要是社会向前发展的动力，也是个人幸福得到保障的生长点，只有个人幸福与社会幸福协调一致，人作为社会关系的总和才能成为"自在自为"的存在。

第二，处理好需要的质与量之间的关系问题。随着人们的需要日益广泛化和多样化，要牢固树立以质的需要为主的需要观，美好生活的需要是普通大众的需要，但很多地区还处于温饱的水平，发展不均

---

① 《马克思恩格斯文集》第1卷，人民出版社2009年版，第533页。

衡，只要抓住质的需要，就能在生产不断扩大、需要不断向前推进的过程中力争上游。需要具有社会性，人在社会劳动中要抓住需要的根本，人是人最根本的需要。我国脱贫攻坚取得了全面胜利，但是东部和西部的差距很大，城乡、地区、行业之间的差距也很大，只有注重贫困地区发展，把属于人的需要及其属性生产出来，才会释放出人本身就拥有的能力。现阶段经济的发展要保持平稳运行，促进高速增长并逐步向高质量发展过渡，"我们要在继续推动发展的基础上，着力解决好发展不平衡不充分问题，大力提升发展质量和效益"①。协调好需要的质和需要的量，在质的有效提升中实现量的增长。人们的需要是多样化、个性化的，在处理人们需要的质和量的问题时，首先，通过不断完善制度体系、优化供给体系，满足人们对教育、医疗、住房、环境等的需要，提升满足人民需要的质量。其次，要妥善运用社会主义市场经济中的资本要素，资本可以提高社会生产力，但要将其规范化，通过制定合理的法律法规对资本进行引导，使其发挥积极作用，只有扬弃资本带来的负面影响，才能使之为社会主义服务。最后，当前生态危机频发，其根本在于资源的量是有限的，要将质的需要作为人的社会性得以确认的前提，通过提高资源利用的效率，创造新需要并将质的需要作为限度；要有节制地开采自然资源，杜绝肆虐开采，同时促进生产、流通、交换、消费等环节的发展，防止供过于求或供不应求。

第三，人的需要及其满足形式要与生产力发展状况一致。"人的需要"要遵循人的发展规律，"所谓人的发展逻辑，就是人自身发展各种需求、要素的内在联系及其发展趋势，它反映的是人自身发展的内在规律，其规律常常在现实中体现为人的发展及其需要的顺序性、

---

① 《习近平谈治国理政》第 3 卷，外文出版社 2020 年版，第 9 页。

层次性、有机性"①。人作为需要的主体就要抓住事物的根本,只有将人作为事物的根本,才能将群众的需要与理论相结合,成为物质力量、掌握群众。历史的生成是人作为"现实的人"在需要对象化扩展的过程中,不断发展和演进的过程。需要的发展程度与生产方式密切相关,"人们自己创造自己的历史,但是他们并不是随心所欲地创造,并不是在他们自己选定的条件下创造,而是在直接碰到的、既定的、从过去承继下来的条件下创造"②。需要具有历史性,人的需要是在与现实世界联系的过程中产生的,要根据不同的生产力发展状况,生产和满足人的需要。当人饥饿的时候,对根本需要的满足受历史条件的制约,内容不同,满足的形式更是不尽相同。人的需要不是随心所欲的,也不会在历史之外,而是遵循历史规律并不断演化而向前发展的。以人的需要透视历史,当前我国主要矛盾发生了改变,说明人民的需要已发生根本变化。人们在生产生活中要建立与社会交往相匹配的需要结构,要对阻碍人的合理需要向前发展的生产环节进行革命性的改造,从而更好地满足人们对美好生活的需要。

---

① 丰子义:《人学视域中的"美好生活需要"》,《学术探索》2021年第11期。
② 《马克思恩格斯选集》第1卷,人民出版社2012年版,第669页。

结　论

什么才是真正的"人的需要"？在当代社会，人们通过创造商品来满足"人的需要"，也创造出很多"想要"而非"需要"的商品。"需要"是对象化的感性活动，是基于人的生理本能，客观地存在对象，"想要"是主观感觉，是得不到饱和、抽象的存在，随着"想要"欲望的膨胀，人的对象化活动不能反映人的本质反而限制了需要的发展，就产生了异化的需要。赫勒在吸收、继承马克思的需要理论的基础上，剖析了人作为类存在的需要前提，以及"人的需要"的基本样态，拓展了马克思的需要理论。这种拓展主要体现在以下四个方面：第一，赫勒对马克思需要理论中"需要"概念的场景进行了划分，指出人的需要是对象化活动的领域；第二，赫勒以异化劳动推进了异化需要的批判；第三，资本主义社会动物性需要压倒了人的需要，人的根本需要得不到满足；第四，"根本需要"指向对资本主义的颠覆和政治重构，是向联合生产者社会需要结构转变的动力。赫勒从哲学视域考察了需要的"对象""活动""类本质"和"人与人之间的关系"，指出人的需要在异化劳动的作用下，沦为非人的需要。

赫勒向人们呈现了别样而深刻的异化需要及其表现，具有重要的理论意义和现实意义。资本主义的需要模式，即每个人在另一个人身上创造一种新的需要，以便驱使他作出牺牲从而满足自己的利益，把自己的需要置于对他人的依赖中。资本家和劳动者双方都试图在对方之上建立一种外来的力量，以满足自己的需要。产品异化表现为工人制造的东西属于非工人，他们属人的需要被剥夺；劳动异化表现为工人被迫参加劳动，他们只是资本增殖的工具；类本质异化表现为人作为自由自觉活动的主体，沦为只为生存而劳动的动物，人与人关系的异化表现为资本力量统摄一切，劳动与资本对立。货币将不可量化的产品变成用交换价值衡量的商品，"人的需要"沦为商品化的、纯粹的量，物化意识遮蔽了真正有意义的需要，人在精神上颓靡，失去存在感和幸福感。人变得越来越"穷"，这种"穷"不只是物质上的匮乏，而是对产品性能需要的单一，以及在精神风貌、道德品质、艺术修养等需要上的贫穷。

她对异化需要的批判以及新需要结构的建构厘清了"人的需要"的"实然"与"应然"，全面剖析了马克思关于"人的需要"的问题域和理论前提，她对资本主义社会异化需要展开批判，资本主义社会劳动分工越细，对技能、广泛知识的需要则越来越少，人们的需要越来越片面化。她深化了马克思需要理论的内涵，从人的本质、需要的对象化、异化劳动等方面，揭示了"人的需要"的合理范围。

赫勒以"实践""合理性的乌托邦"建构了扬弃异化需要的路径，她提出将激进哲学作为规范，为人们提供价值选择。她将"真""善""美"作为激进哲学的"理想方案"，对现实的依附和统治关系作出批判，用"应然"改造"实然"。激进哲学作为批判的武器和武器的批判，要在依附和统治的关系之外寻找生活的意义以及合理的需要，通过理想"言语交往情境"建构激进的乌托邦，但是，劳动者及其产品被权力所支配，他们不可能停止生产劳动、舍弃劳动机会，合理价值讨论就缺少了现实前提和依据。赫勒以激进哲学为依托，力图将根本需要得不到满足的人作为革命的动力，重建需要结构，以"联合生产者社会"作为合理性存在突破异化需要的良方，在她看来，当依附和统治的关系被民主和平等的社会关系取代时，人的需要就能得到满足,个体与类就能实现同一。但在现实社会中资本统治着一切,仅仅依靠个体思维观念的转变,异化需要很难获得救赎。

　　赫勒指认了人的需要在"物神"的作用下是如何异化的,并对异化需要进行批判性反思和去魅。但是她过分强调激进哲学的作用,预设了人们在共同的精神和文化价值启发下将形成自由人联合体,却忽略了社会关系改变的前提是生产方式的改变,要变革需要结构,除非依附和从属的关系已经被解除,自由人才能成为对产品质的需要的承担者。她重构需要结构的革命理想脱离了资本统摄一切的现实;她对于"理想的言语情境"的先验假设难以付诸实践;她将商谈伦理作为建构合理性的乌托邦的手段,并引导人进行善的选择,这一先验理想也具有乌托邦色彩。

参考文献

一 中文文献

（一）著作类

《马克思恩格斯文集》（第1—10卷），人民出版社2009年版。

《马克思恩格斯选集》（第1—4卷），人民出版社2012年版。

陈学明：《二十世纪哲学经典文本》（西方马克思主义卷），复旦大学出版社1999年版。

范为：《历史哲学中的现代性反思——赫勒的后期思想研究》，黑龙江大学出版社2015年版。

傅其林：《阿格妮丝·赫勒审美现代性思想研究》，巴蜀书社2006年版。

黄继锋：《东欧新马克思主义》，中央编译出版社2002年版。

李伟：《后马克思主义视域的历史想象——赫勒历史哲学研究》，中国社会科学出版社2016年版。

李霞：《个性化的日常生活如何可能——赫勒日常生活理论研究》，人民出版社2011年版。

李晓晴：《激进需要与理性乌托邦——赫勒激进需要革命论研究》，黑龙江大学出版社2011年版。

刘海静：《哲学反思与社会批判——东欧新马克思主义的马克思观》，黑龙江大学出版社2016年版。

鲁克俭:《国外马克思学研究的热点问题》,中央编译出版社 2006 年版。

宋朝普:《卢卡奇对现代性的批判》,中国社会科学出版社 2014 年版。

孙建茵:《文化悖论与现代性批判——马尔库什文化批判理论研究》,黑龙江大学出版社 2011 年版。

孙建茵、杜红艳:《布达佩斯学派研究》(中),哈尔滨工程大学出版社 2019 年版。

王东:《马克思学新奠基:马克思哲学新解读的方法论导言》,北京大学出版社 2006 年版。

王秀敏:《个性道德与理性秩序——赫勒道德理论研究》,黑龙江大学出版社 2011 年版。

颜岩:《个性自由与道德责任——布达佩斯学派社会批判理论研究》,黑龙江大学出版社 2014 年版。

燕宏远:《沉思与批判——卢卡奇走向马克思的道路》,社会科学文献出版社 2020 年版。

衣俊卿:《20 世纪的文化批判:西方马克思主义的深层解读》,中央编译出版社 2003 年版。

衣俊卿:《人道主义批判理论——东欧新马克思主义述评》,中国人民大学出版社 2005 年版。

衣俊卿:《20 世纪的新马克思主义》,黑龙江教育出版社 2007 年版。

衣俊卿:《社会历史理论的微观视域》(上、下),黑龙江大学出版社 2011 年版。

衣俊卿:《现代性的维度》,黑龙江大学出版社 2011 年版。

衣俊卿:《新马克思主义评论——超越物化的狂欢》,中央编译出版社 2012 年版。

衣俊卿:《社会主义的人道主义——布达佩斯学派论文集》,黑龙江大学出版社 2014 年版。

衣俊卿:《西方马克思主义概论》(第二版),北京大学出版社 2019

年版。

俞吾金、陈学明:《国外马克思主义哲学流派新编》(西方马克思主义卷)(上下),复旦大学出版社 2002 年版。

曾枝盛:《国外学者对马克思主义若干问题的最新研究》,中国人民大学出版社 2006 年版。

张冀星:《为卢卡奇申辩——卢卡奇哲学思想若干问题辨析》,云南人民出版社 2001 年版。

张一兵、胡大平:《西方马克思主义哲学的历史逻辑》,南京大学出版社 2003 年版。

张一兵:《文本的深度耕犁——后马克思思潮哲学文本解读》(第二卷),中国人民大学出版社 2008 年版。

张一兵:《文本的深度耕犁——西方马克思主义经典文本解读》(第一卷),中国人民大学出版社 2004 年版。

赵司空:《后马克思主义与后现代的乌托邦——阿格妮丝·赫勒后期思想述评》,上海社会科学出版社 2013 年版。

[匈]阿格妮丝·赫勒:《日常生活》,衣俊卿译,重庆出版社 1990 年版。

[匈]阿格尼丝·赫勒:《现代性理论》,李瑞华译,商务印书馆 2005 年版。

[匈]阿格妮丝·赫勒:《激进哲学》,赵司空、孙建茵译,黑龙江大学出版社 2011 年版。

[匈]阿格妮丝·赫勒、费伦茨·费赫尔:《后现代政治状况》,王海洋译,陈喜贵校,黑龙江大学出版社 2011 年版。

[匈]阿格妮丝·赫勒:《超越正义》,文长春译,黑龙江大学出版社 2011 年版。

[匈]阿格妮丝·赫勒:《现代性能够幸存吗》,王秀敏译,衣俊卿校,黑龙江大学出版社 2012 年版。

[匈]阿格妮丝·赫勒:《道德哲学》,王秀敏译,黑龙江大学出版社 2014 年版。

[匈]阿格妮丝·赫勒:《碎片化的历史哲学》,赵海峰、高来源、范为译,黑龙江大学出版社 2015 年版。

[澳]艾格妮丝·赫勒:《人的本能》,邵晓光、孙文喜译,辽宁大学出版社 1988 年版。

[美]赫伯特·马尔库塞:《单向度的人——发达工业社会意识形态研究》,刘继译,上海译文出版社 2014 年版。

[美]赫伯特·马尔库塞:《爱欲与文明》,黄勇、薛民译,上海译文出版社 2015 年版。

[匈]捷尔吉·卢卡奇:《社会存在本体论导论》,沈耕、毛怡红等译,李洪武校,华夏出版社 1996 年版。

[匈]捷尔吉·卢卡奇:《历史与阶级意识》,杜章智、任立、燕宏远译,商务印书馆 1999 年版。

[匈]捷尔吉·卢卡奇:《卢卡奇文选》,李鹏程编,人民出版社 2008 年版。

[匈]捷尔吉·卢卡奇:《小说理论》,燕宏远、李怀涛译,商务印书馆 2018 年版。

(二)期刊类

豆勇超、翟修平:《社会主义核心价值观日常生活化研究——基于赫勒日常生活理论维度》,《理论导刊》2019 年第 4 期。

杜红艳:《"人的境况"和确定性与不确定性的辩证法——赫勒伦理学建构的现代性线索与方法论旨趣》,《道德与文明》2020 年第 4 期。

杜红艳:《赫勒对哈贝马斯商谈伦理学的批判与重塑》,《世界社会科学》2024 年第 2 期。

杜娟:《赫勒对马克思思想的重构与解读:以"需要"为视角》,《学术交流》2018 年第 6 期。

冯旺舟:《正义的超越与良善生活的构建——评阿格妮丝·赫勒的〈超越正义〉》,《学术交流》2019 年第 6 期。

傅其林:《阿格妮丝·赫勒阐释学思想与公共阐释》,《社会科学战线》2019 年第 12 期。

高岩:《哲学的乌托邦精神——评阿格妮丝·赫勒的〈激进哲学〉》,《学术交流》2018 年第 5 期。

李世涛:《西方现代性的构成——阿格尼丝·赫勒的探讨》,《湖北大学学报》(哲学社会科学版)2021 年第 2 期。

李世涛:《西方现代性的国家形式——阿格尼丝·赫勒基于政治哲学的探索》,《河北师范大学学报》(哲学社会科学版)2021 年第 4 期。

李世涛:《西方现代性的逻辑及其关系——阿格尼丝·赫勒的探索》,《甘肃社会科学》2020 年第 4 期。

李晓晴:《阿格妮丝·赫勒的激进需要理论探析》,《学术交流》2013 年第 4 期。

梁秋:《阿格妮丝·赫勒对现代性的反思与批判》,《学术交流》2020 年第 1 期。

刘影:《论卢卡奇政治伦理思想及其对赫勒的影响》,《学术交流》2020 年第 2 期。

鲁芳:《卢卡奇、赫勒、列斐伏尔的日常生活批判理论》,《伦理学研究》2020 年第 2 期。

彭成广:《东欧新马克思主义文化现代性理论的本土化研究与反思》,《西北民族大学学报》(哲学社会科学版)2019 年第 1 期。

尚人:《阿格妮丝·赫勒论道德的现实可能性》,《苏州大学学报》(哲学社会科学版)2018 年第 5 期。

孙建茵:《赫勒以 feelings 为中心的马克思主义人类学建构》,《哲学研究》2023 年第 1 期。

唐庆:《论东欧新马克思主义的需要理论及其异化批判方法》,《世界社会科学》2018年第5期。

王国学、尚人:《论赫勒关于个性视角下道德标准的界域问题》,《学术交流》2019年第10期。

王海萍:《从激进到保守——赫勒历史哲学的现代性逻辑初探》,《苏州大学学报》(哲学社会科学版)2018年第5期。

王海萍:《赫勒的需要理论对马克思人类解放理论的丰富与拓展》,《求是学刊》2020年第5期。

王思楠:《阿格妮丝·赫勒的"政治伦理"内涵解析》,《学术交流》2020年第3期。

王思楠:《论卢卡奇政治伦理思想及其对赫勒的影响》,《苏州大学学报》(哲学社会科学版)2019年第6期。

王秀敏、于慧:《激进需要的满足与现实乌托邦的期许——阿格妮丝·赫勒需要理论的旨趣》,《马克思主义与现实》2017年第5期。

王秀敏:《从生产范式到需要范式——兼论赫勒对马克思理论范式的解读》,《马克思主义与现实》2023年第6期。

王振东、白利鹏:《走出需要的困境——论马克思"人的需要"思想的三重维度》,《宁夏社会科学》2015年第6期。

温权:《超越正义何以可能?——赫勒政治哲学的三重向度与良善生活的道德愿景》,《苏州大学学报》(哲学社会科学版)2015年第6期。

温权:《东欧新马克思主义的社会哲学及其伦理批判》,《山东社会科学》2021年第1期。

文长春:《马克思的"超越正义"观——兼论赫勒对〈哥达纲领批判〉的误读》,《山东社会科学》2020年第8期。

谢宇格:《自在对象化领域中的张力与超越——关于赫勒〈日常生活〉的心理学再思考》,《学术交流》2019年第7期。

许恒兵:《阿格妮丝·赫勒历史哲学批判及后现代转向论析》,《理论月刊》2019年第4期。

颜岩：《"激进"与"民主"的联姻意味着什么？——布达佩斯学派激进民主理论评析》，《马克思主义与现实》2011年第6期。

颜岩：《激进需要与激进乌托邦——赫勒人类需要理论评析》，《哲学动态》2009年第9期。

颜岩：《论赫勒的现代性道德哲学》，《国外社会科学》2021年第2期。

颜岩：《现代性与偶然性——对赫勒现代性理论的解读》，《山东社会科学》2018年第8期。

颜岩：《需要结构的批判与重建——赫勒对马克思需要理论的解读》，《学术研究》2020年第2期。

杨晓东：《理性道德秩序的重建——评〈个性道德与理性秩序——赫勒道德理论研究〉》，《学术交流》2018年第8期。

于萍：《赫勒对马克思整体思想的重构与解读——以赫勒著作〈马克思的需要理论〉为视角的分析》，《理论月刊》2018年第4期。

于萍：《马克思需要理论的内涵探析——兼评赫勒对马克思需要理论的解读》，《北京航空航天大学学报》（社会科学版）2012年第3期。

于欣：《赫勒个性发展理论的现实价值》，《学术交流》2018年第9期。

张笑夷：《伦理学、现代性与马克思——阿格妮丝·赫勒访谈》，《马克思主义与现实》2019年第4期。

张艳丽：《现代性批判与后现代意识——评阿格妮丝·赫勒的〈现代性能够幸存吗？〉》，《学术交流》2020年第3期。

赵海峰、王晓琼：《人和历史的后现代处境——论赫勒〈碎片化的历史哲学〉中的隐喻及意义》，《苏州大学学报》（哲学社会科学版）2020年第6期。

[匈] A.赫勒尔：《马克思主义伦理学与东欧的未来》，光军译，《国外社会科学》1980年第8期。

（三）学位论文

李晶晶:《赫勒人道主义的马克思主义思想研究》，博士学位论文，吉林大学，2021年。

梁汉乾:《赫勒的激进需要理论研究》，硕士学位论文，中南财经政法大学，2020年。

任泽溥:《阿格妮丝·赫勒的激进需要理论研究》，硕士学位论文，上海社会科学院，2017年。

锁益娜:《赫勒需要批判理论研究》，硕士学位论文，黑龙江大学，2022年。

王海萍:《赫勒需要理论研究》，博士学位论文，黑龙江大学，2017年。

二　外文文献

（一）著作类

Agnes Heller and Ferenc Feher, *The Grandeur and Twilight of Radical Universalism*, New Brunswick: Transaction Publishers, 1991.

Agnes Heller, *A Theory of History*, London: Routledge and Kegan Paul, 1982.

Agnes Heller, *A Theory of Modernity*, Oxford: Blackwell Publishers, 1999.

Agnes Heller, *Can Modernity Survive*, Berkeley and Los Angeles: University of California Press, 1990.

Agnes Heller, *Ethics of Personality*, Oxford: Basil Blackwell, 1995.

Agnes Heller, *Everyday Life*, London: Routledge & Kegan Paul, 1984.

Agnes Heller, *General Ethics*, Oxford: Basil Blackwell, 1988.

Agnes Heller, *Immortal Comedy: The Comic Phenomenon in Art, Literature and Life*, Lanham: Rowman and Littlefield, 2005.

Agnes Heller, *Lukac's Reappraised*, New York: Columbia University Press, 1983.

Agnes Heller, *Radical Philosophy*, Oxford: Basil Blackwell, 1984.

Agnes Heller, *Renaissance Man*, London: Routledge & Kegan Paul, 1978.

Agnes Heller, *The Theory of Need in Marx*, London: Allison and Busby, 1976.

Agnes Heller, *Time Is Out of Joint*, Lanham: Rowman and Littlefield, 2002.

Andras Hegedus, Agnes Heller, Maria Markus and Mihaly Vajda, *The Humanization of Socialism*: *Writings of the Budapest School*, New York: St Martins Press, 1976.

Ferenc Feher, *Agnes Heller and Gyorgy Marcus, Dictatorship Over Needs*, Oxford: Basil Blackwell, 1983.

Ian Fraser, *Hegel and Marx: The Concept of Need*, Edinburgh: Edinburgh University Press, 1998.

John Grumley, *Agnes Heller*: *A Moralist in the Vortex of History*, London: Pluto Press, 2005.

John Rundell, *Aesthetics and Modernity*: *Essays by Agnes Heller*, Plymouth: Lexington Books, 2011.

John Rundell, *Agnes Heller*: *An Interpretative Essay Aesthetic and Modernity*: *Essays by Agnes Heller*, Lanham: Rowman and Littlefield, 2011.

John Rundell, *Modernity Essay by Agnes Heller*, Lanham: Rowman and Littlefield, 2011.

Peter Beilharz, *Postmodern Socialism*, Minneapolis: University of Minnesota Press, 2009.

Roberts David, *The Total Work of Art in European Modernism*, Ithaca: Cornell University Press, 2011.

Simon Tormey, *Agnes Heller*: *Socialism, Autonomy and the Postmodern*, Manchester: Manchester University Press, 2001.

(二) 期刊类

Agnes Heller, "Freedom, Equality and Fraternity in Kant's Critique of Judgement", *Critical Horizons,* Vol. 19, No. 3, 2018.

Agnes Heller, "On Evils, Evil, Radical Evil and the Demonic", *Critical Horizons,* Vol. 12, No. 1, 2011.

Anthony Kammas, "Introducing Agnes Heller: The Radical Imagination of an Unhappy Consciousness", *East European Politics and Societies,* Vol. 17, No. 4, 2003.

Anthony Kammas, "Reconciling Radical Philosophy and Democratic Politics: The Work of Agnes Heller and the Budapest School", *Critique: Journal of Socialist Theory,* Vol. 35, No. 2, August, 2007.

Dorahy J. F, "Agnes Heller: A Philosopher for Today", *Critical Horizons,* Vol. 21, No. 4, 2020.

Dorahy J. F, "From the Body Politic to the Politics of the Body: The Biopolitical Theory of Ferenc Fehér and Agnes Heller", *Constellations: An International Journal of Critical & Democratic Theory,* Vol. 25, No. 4, 2018.

Doug Brown, "The Budapest School Model of Eastern European Societies", *Review of Social Economy,* Vol. 44, No. 3, 1986.

Grumley John, "A Utopian Dialectic of Needs? Heller's Theory of Radical Needs", *Thesis Eleven,* Vol. 59, November, 1999.

Grumley John, "Agnes Heller's Existential Ethics and Bare Life", *The European Legacy,* Vol. 13, No.6, 2008.

Grumley John, "Agnes Heller's Late Lectures: Method, Scope and Contemporaneity", *Critical Horizons,* Vol. 21, No.4, 2020.

Jean-Paul Gaudillière, "Happiness, Consumption, Capitalism—What Are Our Needs?" *Mouvements,* Vol. 54, No.2, 2008.

Katie Terezakis, "The Revival of Romantic Anti-Capitalism on the Right: A Synopsis Informed by Agnes Heller's Philosophy", *Critical Horizons,* Vol. 21, No.4, 2020.

Lukasz Czarnecki, "Human Life is Like a Joke Ágnes Heller in Memoriam South African", *Review of Sociology,* Volume 50, No.4, 2019.

Micheal Gardine, "A Postmodern Utopia? Heller and Feher's Critique of Messianic Marxism", *Utopian Studies,* Vol.8, No.1, 1997.

Ornella Crotti, "Agnes Heller and the Secret of Goodness", *Thesis Eleven ,* Vol. 125, No.1, 2014.

Pauline Johnson, "Learning from the Budapest School Women", *Thesis Eleven,* Vol. 151, No.1, 2019.

Peter Beilharz, "Agnes Heller: From Marx to the Dictatorship Over Needs: For Agi, and Gyuri", *Revue Internationale de Philosophie,* Vol. 3, No.273, 2015.

Peter Beilharz, "Bauman and Heller: Two Views of Modernity and Culture", *Comparative Literature*: *East & West,* Vol. 1, No.3, 2017.

Peter Beilharz, "Budapest Central: Agnes Heller's Theory of Modernity", *Thesis Eleven,* Vol. 75, November, 2003.

Rundell John, "The Postmodern Ethical Condition A Conversation with Agnes Heller", *Critical Horizons,* Vol. 1, February, 2000.

Simon Tormey, "The Vicissitudes of 'Radical Centrism': The Case of Agnes Heller, Radical Centrist Avant la Letter", *Journal of Political Ideologies*, Vol. 3, No.2, 1998.

附录 "激进的"抑或"根本的"：赫勒需要理论中一个重要的翻译问题[①]

摘要：需要理论是阿格妮丝·赫勒哲学思想的重要组成部分，她在《马克思的需要理论》《激进哲学》等著作中进行了系统阐发。"radical need"作为理解其需要理论的一个关键概念，国内一些学者将其直译为"激进需要"，我们认为，这种译法并不能准确地刻画赫勒赋予该词的哲学内涵，而意译为"根本需要"将有助于我们更加精准地把握"radical need"的内涵和外延。一方面，人们需要充分考察赫勒提出这个概念的原初语境，以相关文本为依托，才能深入理解她关于"radical need"的相关讨论，并作出合理的阐释；另一方面，只有从马克思主义需要理论的整体性特征与发展历程入手，人们才能准确理解"radical need"的哲学意蕴以及赫勒需要理论的本质特征与旨归。

关键词：赫勒；需要理论；激进需要；根本需要

阿格妮丝·赫勒（Agnes Heller，1929—2019）是东欧新马克思主义的重要代表和布达佩斯学派的核心成员，她以马克思主义经典著

---

① 由于该文涉及与赫勒需要理论的核心概念"radical need"相关的一种解释，特别在此附上，以供读者参考，在此，笔者欢迎任何诚恳的批评。

作为依托，深入考察了马克思在不同时期对"需要"概念的阐释，并结合东欧社会主义国家的实践探索，进行了独创性的阐发，形成了自己的需要理论。"人的需要"的生成与满足是赫勒需要理论的立足点和生长点，即如何通过人类需要结构的革命，实现个性的丰富与类的统一。"radical need"在《马克思的需要理论》中出现56次、在《激进哲学》中出现27次，作为赫勒需要理论中的关键概念，国内一些学者将其译为"激进需要"。我们认为，这种译法没有完整准确地阐释赫勒赋予该词的要义，更无法承载她赋予人类需要革命和理性乌托邦的历史任务，会影响人们对于赫勒需要理论的整体性理解。而将"radical need"译为"激进的"还是"根本的"，不仅是一个技术问题，还涉及人们如何准确全面地理解赫勒的需要理论本身及其与马克思主义需要理论的内在联系。因此，只有深入考察马克思需要理论的"在场"，梳理赫勒在《马克思的需要理论》《激进哲学》等重要著作中使用"radical need"概念的思想基础与历史语境，人们才能充分理解她赋予这一概念的深刻哲学意蕴，并厘清她的需要理论的内在要素与结构。我们将立足文本和赫勒需要理论的内在逻辑，论证为何将"radical need"译为"根本需要"更加符合作者的本意，并澄清"激进需要"的译法对于理解赫勒需要理论所造成的疑难与混淆。

一 "Radical need"译作"激进需要"的理由与疑难

赫勒借助需要理论中"radical need"的概念揭示了依附（subordination）和统治（super-ordination）的社会关系中人的需要得不到满足的现状，并将彻底革命的矛头对准了资本主义的需要结构。由于资本家把他人当作手段和工具的需要压倒了其他需要，人们要获得基本的生存需要，有赖于从现有的需要结构中生成革命性的、超越现存统治的社会关系。"激进需要"具有三个特征：一是只有超越依附和统治关系才能满足"激进需要"，"激进需要"的个体带有彻底革命的特

附录 "激进的"抑或"根本的"：赫勒需要理论中一个重要的翻译问题

质，旨在从根本上消除将人当作手段和工具的需要结构；二是资本主义不仅生产了异化，也生产了关于异化的意识，"激进需要"革命的任务是重建现存的需要结构，以"联合生产者社会"取而代之；三是"激进需要"作为维持资本主义运转的"血液"，具有支撑资本主义进行新陈代谢、再造资本动能的作用。一些国内学者将"radical need"译为"激进需要"的依据如下。

一是人们通过"激进需要"取得需要革命的胜利。"激进需要"对于人来说是根本性的，如果不能得到满足，人的需要就会异化。马克思将工人需要的丰富性作为人的本质属性，但是在资本主义社会工人的生存现状中，人的需要沦为动物维持身体机能的需要，人作为类本质但却始终得不到满足。"radical need"是使人成其为人的需要，是超越资本主义社会的根本动力，"在赫勒那里，这些'激进需要'发展的结果就是新的需要体系的建立"①。

二是"激进需要"拒斥资本主义。"赫勒认为当前社会的革命只能是基于主体激进需要的革命，如果说阶级斗争仍然是当前社会发展的动力，那么在其背后发挥作用的一定是某种未被满足的激进需要"②。"激进需要""激进主义""激进行动者"突出了批判、拒斥依附和等级社会、通过革命改变资本主义生活方式的特质。将"radical need"译为"激进需要"，主要是由于这种需要是批判和拒斥资本主义的、是革命性的。"在布达佩斯学派那里，'激进'意味着一种彻底的、根本性的批判（拒斥），这的确暗合了'radical'一词的基本语义。"③但是，真正的革命要彻底改变社会和人的需要结构，就要确定"radical need"是在非暴力的前提下撬动旧的需要结构，使之向合

---

① 王秀敏：《从生产范式到需要范式——兼论赫勒对马克思理论范式的解读》，《马克思主义与现实》2023年第6期。
② 颜岩：《激进需要与激进乌托邦——赫勒人类需要理论评析》，《哲学动态》2009年第9期。
③ 颜岩：《"激进"与"民主"的联姻意味着什么？——布达佩斯学派激进民主理论评析》，《马克思主义与现实》2011年第6期。

· 215 ·

理的需要结构过渡，这种需要具备唤起群众运动和作为整体社会制度"崩溃点"的特质。

将"radical need"译为"激进需要"面临两个方面的困难：一是没有体现出依附和统治关系需要之本质的内在局限，即资本主义社会不能满足作为人之类存在的"根本需要"，阻碍人的创造性能力的发展，禁锢人的自由；二是没有严格确定超越资本主义社会需要结构的基本界限，"根本需要"反映了人的需要的本质，不仅是资本主义社会根本变革的着眼点，而且是向新社会制度飞跃的关键力量。"根本需要"的革命是有条件和限度的，即掌握人的应然需要的"物质力量"，以最少"质"的需要发挥人的最大潜能，因而，"激进需要"不能成为消除资本主义社会需要系统局限性的重要杠杆，也不能成为"联合生产者社会"满足人的需要的原则和社会关系彻底性改变的充分条件。只有对"根本需要"作出这样的限定，才能使需要革命富于自发性，"根本需要"既是对社会结构的根本变革，也是对人的需要的根本变革，是社会革命的本质力量所在，只有当"现实的个人"将需要复归于自身，并且满足作为"人"的类存在需要的时候，才能抓住"人的需要"的实质和核心，发挥出人固有的能动性，才能使需要成为更根本和更重要的革命运动。将"radical need"译为"激进需要"突出了"拒斥依附和统治关系"的特质，但是这样处理掩盖了赫勒以"根本需要"为依托批判资本主义社会异化需要的意图，也不符合马克思主义需要理论的"在场"。

二 马克思主义需要理论整体视域下"radical need"的哲学内涵

赫勒的需要理论是对马克思主义需要理论的继承和发展，因此，对于她的需要理论及其核心概念"radical need"的理解不能脱离马克思主义需要理论的整体视域，由此人们才能准确把握赫勒需要理论的

附录 "激进的"抑或"根本的"：赫勒需要理论中一个重要的翻译问题

生成背景及其哲学使命。

首先，马克思认为资本主义社会中同时存在资产者需要的丰富和无产者需要的贫困，资本主义生产方式决定了工人的需要被资本增殖的需要所遮蔽，只有超越这种被束缚、被奴役、被压迫的生产关系，工人才能为满足自己的需要而劳动。工人为改善生存条件，以罢工等方式开展提高工资、缩短工作时长、改善工作条件的改革运动，但这些旨在改革的运动并未从根本上改善工人的生存状况。这些革命运动是由得不到满足的"根本需要"引发的，这种"根本需要"是人作为类存在物的应然需要，只有超越依附和等级关系才能触动资本主义社会的需要结构，实现对类本质的真正占有。赫勒认为，"radical need"（根本需要）是一种颠覆资本主义制度的革命力量，它在异化的资本主义社会中孕育了"革命"的种子，"这些需要是资本主义社会本身的有机组成部分，但在资本主义社会得不到满足，所以产生了超越这种社会的革命动机和实践"[①]。阶级革命是一种旨在实现政治和社会根本变革的群众运动，革命的目的是进行根本的、彻底的社会变革。资本主义的生产方式造成了工人的贫困，为了改变这种生产关系，人们"人们用以生产自己的生活资料的方式，首先取决于他们已有的和需要再生产的生活资料本身的特性"[②]。"根本需要"只有掌握人本身，才能促进人的生存状况的变革，实现从必然王国到自由王国的飞跃。

其次，马克思认为人具有属人的"类本质"需要。他在《1844年经济学哲学手稿》中指出，人的自由自觉活动是与动物区别的根本标志，也是人的本质。人们根据自己的需要能动地改造自然界，按种的尺度和美的规律来生产，这些创造性的活动都是在"根本需要"得到满足的前提下进行的。人的需要是对象化的活动，人作为类存在的

[①] Agnes Heller, *The Theory of Need in Marx*, London: Allison and Busby, 1976, p.88.
[②] 《马克思恩格斯选集》第1卷，人民出版社2012年版，第147页。

· 217 ·

需要被压制，就无法进行主观世界的改造，"人是类存在物，不仅因为人在实践上和理论上都把类——他自身的类以其他物的类——当做自己的对象"①。包括人在内的各种物种的需要是由所属的"类本质"规定的，而动物的"根本需要"是由具体的种的属性规定的，如马吃草、老虎吃肉，如果把草放到老虎面前，把肉放到马面前，两者都可能会饿死。"radical need"（根本需要）所承载的人的类本质需要是由人的本质派生的，如果这类需要得不到满足，人的需要就会异化为动物的需要。人与动物不同，其本质是真正符合人的本性的应然需要，是一切社会关系的总和。马克思阐明了人从"自然的本质"演进为"社会存在物的本质""人具有的需要"发展为"人的需要"等对自然本性超越的过程，人具有吃、喝、生殖等与动物相同的自然性需要，人在生产实践中形成的自由活动、尊重和关怀、充分发挥主观能动性的需要是其与动物相区别的需要。只有依靠实践，使"根本需要"得以满足，人才能发挥主观能动性、释放潜能，人只有在类生活的"根本需要"得以满足的基础上，较高层次的需要才能逐渐得以显现。马克思认为，工人阶级对自由时间的需要和为工资而斗争的需要是其作为类存在的基础，"当人们还不能使自己的吃喝住穿在质和量方面得到充分保证的时候，人们就根本不能获得解放"②。因此，类存在的"根本需要"为发展创造条件，促进人的自由个性的生成。

再次，马克思强调，"人们为了'创造历史'，必须能够生活，但是为了生活，首先就需要吃喝住穿以及其他一些东西"③。物质资料是创造历史的前提，也是人们最迫切的现实诉求，人只有满足了基本生存的需要才能开展历史活动。在依附性的社会，人类为了争夺饭碗而斗争，劳动人民只有获得作为人而存在的前提，才能从根本上改善其

---

① 《马克思恩格斯选集》第1卷，人民出版社2012年版，第166页。
② 《马克思恩格斯选集》第1卷，人民出版社2012年版，第154页。
③ 《马克思恩格斯选集》第1卷，人民出版社2012年版，第158页。

附录 "激进的"抑或"根本的"：赫勒需要理论中一个重要的翻译问题

生存状况。"现实的个人"是开展一切历史活动的前提，感性的物质活动指向"他们的活动和他们的物质生活条件，包括他们已有的和由他们自己的活动创造出来的物质生活条件"①。马克思指出，人们在物质生产的过程中形成与生产力相符合的思维方式，这种生产方式塑造了社会交往形式。人们在创造物质资料的过程中形成的生产关系决定了"现实的人"的情境和制度，进而决定了现实问题的理论形态。在资本主义社会，无产阶级需要的匮乏源于资产阶级占有生产资料的物质现实，无产阶级除了出卖劳动力无以为生，他们的需要是被支配和奴役的，这种以增殖为目的的生产方式决定了资本主义社会"现实的人"的需要是抽象的、异化的。

最后，需要是创造历史的前提和动力。人类的生存依赖物质资料的生产，物质生产活动不仅能创造和满足人们的需要，还能产生对象化的需要关系。人与人之间相互需要的关系是特定物质资料生产方式中社会关系的反映，只有物质资料得到满足，人们才能创造条件发展人的个性、发展人的各项才能。资本主义社会中工人最为持久和迫切的生存和发展的需要长期得不到满足，而这些需要是人们开展社会活动的前提，工人阶级犹如动物般的生活状况以及他们"根本需要"的缺失是资本主义社会的典型表征，而满足"根本需要"成为无产阶级革命的重要历史任务。

三 "Radical need"的词源考察及其译法辨析

首先，"Radical"一词源于拉丁文 radix，原意是"根"，所有格是 radics，意思是"根的"或"拥有根的"。从"radical"的拉丁文词源、语根和所有意来看，这个词的意思都是"与根或根部有关的"。其次，根据《辞源》中的释义，"激进"指的是急于变革，"根本"指

---

① 《马克思恩格斯选集》第 1 卷，人民出版社 2012 年版，第 146 页。

的是事物的基础、根基或本质、最初本因,"本下曰根,木下曰本,比喻事物的本源或关键部分"①。《辞海》将"根本"释为"事物的本原,彻底地、根本地。如根治、根除、根绝"②,《汉语大词典》将"根本"释为"事物的根源、基础,最主要的部分"③,将"激进"释为"急进"④。由此不难看出,将"radical need"译为"激进需要"重在强调这种需要是极端的、急于变革之意,与之相对的是温和的、妥协的,没有充分体现出"触及根本、掌握群众"这一层含义。"激进"一词在现代汉语中常常指人们对待社会改革或政治上的革命急于作出改变,而"根本"指的是事物的关键所在,即"从根本上改变"。因此,将"radical need"译为"根本需要"更加能够凸显人的类存在需要触及根本、掌握群众的作用,只有这种"根本需要"被牢牢把握时,才能急于"根本"摆脱被奴役的状态。

在赫勒1976年出版的著作《马克思的需要理论》中,明确指出"radical need"这一概念源于马克思的《〈黑格尔法哲学批判〉导言》,是分析资本主义社会发展内在动力的关键,并将其作为颠覆资本主义的力量。

"批判的武器当然不能代替武器的批判,物质力量只能用物质力量来摧毁;但是理论一经掌握群众,也会变成物质力量。理论只要说服人 [ad hominem],就能掌握群众;而理论只要彻底,就能说服人 [ad hominem]。所谓彻底,就是抓住事物的根本。而人的根本就是人本身。"⑤ ("The weapon of criticism obviously cannot replace the criticism of weapons. Material force must be overthrown by material force. But theory also becomes a material force once it has gripped the

---

① 何九盈、王宁、董琨等:《辞源》第2册,商务印书馆1980年版,第1563页。
② 辞海编辑委员会:《辞海》中册,上海辞书出版社1979年版,第2928页。
③ 汉语大词典编辑委员会:《汉语大词典》第4卷,汉语大词典出版社1989年版,第1013页。
④ 汉语大词典编辑委员会:《汉语大词典》第6卷,汉语大词典出版社1990年版,第177页。
⑤ 《马克思恩格斯选集》第1卷,人民出版社2012年版,第9—10页。

附录 "激进的"抑或"根本的"：赫勒需要理论中一个重要的翻译问题

masses. Theory is capable of gripping the masses when it demonstrates ad hominem, and it demonstrates ad hominem when it becomes radical. To be radical is to grasp things by the root, but for man the root is man himself.")[1]

马克思在《〈黑格尔法哲学批判〉导言》中强调"理论只要彻底，就能说服人"，中译文"彻底"对应的英文是"radical"，指的是能够彻底掌握群众，而如何才能做到彻底，必须抓住事物的根本。英文"radical"被人们译为"激进的"或"根本的"。就"radical"作为根本的、基本的意思而言，是指理论的"彻底性"，而非浮于表面，但是这层"彻底的"含义比较隐晦，不容易被读者察觉；而就"激进的"意思而言，它可能"触及根本"，是"触动根基以至于激进"，也可能表达了手段、方式或者态度"急进"，与"温和""保守"相对立而未必触及根本。因此，"激进的"未必是"触及根本的"，有可能只是形式上差异巨大，甚至可能是冒失的。目前一些学者认为"激进的"既可以当作褒义词来用，有时也有贬义的用法，表达急于变革之意，带有冒进甚至偏激和片面的色彩。他们将"radical need"译为"激进需要"，主要是取其褒义用法。但是由于"激进"一词在现代汉语中兼具褒贬两种用法，使得读者容易对"激进需要"产生一些误解，更重要的是，"radical"一词"触及根本"的含义在"激进"的译法中容易被遮蔽。

如果进一步联系赫勒需要理论的整体特征和理论旨趣，将"radical need"译为"根本需要"比"激进需要"更加符合她的本意，也有更好的内部与外部文本的支持。

首先，赫勒已经明确指出，她在《马克思的需要理论》中使用的"radical"一词源于马克思的《〈黑格尔法哲学批判〉导言》中"理论

---

[1] Agnes Heller, *The Theory of Need in Marx*, London: Allison and Busby, 1976, p. 88.

只要'彻底'就能掌握群众"的表述，赫勒对于"radical"一词的使用明显是继承马克思的用法，强调需要"根本性""彻底性"的一面，就是要抓住事物的根本。"马克思说过，根本、彻底（radical）就是深入事物的根基（the root of things）。并且他补充道，事物的根本就是人本身"①，赫勒希望她的哲学研究能够触及根本、深入根本，而"radical need"恰恰是她用于分析资本主义社会发展动力与社会矛盾的重要概念。资本主义社会产生了工人在该体制中不能满足的、人成其为人的"根本需要"，赫勒的相关文本中在"彻底的、根本的"意义上使用"radical"一词，印证了她为何引用马克思在《〈黑格尔法哲学批判〉导言》中将"radical"解释为"抓住事物根本"，用作表达超越资本主义、掌握群众"根本需要"的含义。所以，我们对于"radical need"的理解不能脱离马克思与赫勒的文本，尤其是他们关于"彻底性""根本性"的哲学阐释。

其次，赫勒提到：只有以集体为主体（工人阶级）的斗争才能推翻旧社会、建立新社会，这种革命是"彻底的""根本性的""总体的"（Only the struggle of the collective subject is capable of bringing about the new society: its revolution is radical, "from the root", and total）。②赫勒在这里明显也是追随马克思在《〈黑格尔法哲学批判〉导言》中的用法，她认为只有通过集体的斗争才能产生新社会，进行彻底的、根本的、总体的革命，"根本需要"是彻底革命的动力，很显然，我们不能将这里的"radical"理解为"激进的"，因为文中"from the root, and total"已经对"radical"作了解释、补充和说明。因此，这里的"radical"译为"根本的"更为恰当。"根本需要"的

---

① Agnes Heller, *Radical Philosophy*, Oxford: Basil Blackwell, 1984, pp. 136-137.
② Agnes Heller, *The Theory of Need in Marx*, London: Allison and Busby, 1976, p. 86.

附录 "激进的"抑或"根本的":赫勒需要理论中一个重要的翻译问题

满足是超越资本主义社会的基础,"资本主义具有社会的整体性①(as a totality),作为一个社会主体(social body),不仅产生异化现象,而且产生异化意识,即'根本需要'"②。马克思认为,"人的需要的丰富性"是人的本质属性,资本主义社会将人变为"无需要""动物式需要"的存在物,这种需要是异化的。生产社会化与生产资料私有制的矛盾使得资本家压制人们的需要,是对人自身的否定,生产社会化是对人的需要的否定之否定。资本主义的发展程度越高,发展越快,就越成为"根本需要"的限制力量,资本家越是加快生产,也就更彻底地限制工人需要的满足。以增殖为目的的生产造成供给的丰富与无产阶级需要的贫困形成反差,赫勒认为,资本主义社会对人的"根本需要"的剥削和限制是其先天的"脆弱"之处,根本需要的满足会导致资本主义体系的"崩溃"和"断裂"。赫勒希望以"根本需要"为基点,变革需要的结构和资本主义生产关系。一场"根本需要"的革命运动是建立在个人真正"质"的需要之上,建立在人的生存本源之上的。"根本需要"蕴含着资本主义必然灭亡的内在辩证法,一方面,资本主义社会的发展压制和奴役人的"根本需要",离开"根本需要"资本主义就无法运转;另一方面,资本主义的发展将人变成动物,人们得不到满足的根本需要使其彻底变革现存社会制度的愿望越发强烈。"劳动时间的减少迫使资本家不断地提高劳动生产率,他们从追求绝对剩余价值转向追求相对剩余价值"③,只有将工人异化为动物,才能维持资本主义的正常运转,工人"根本需要"的缺失是维持资本

---

① 赫勒认为社会的总体性(totality)很重要,源于马克思的社会总体(the social totality)概念,是确定"集体应然"的基础。资本主义的需要结构是相互依存的整体,为了能够作为"社会形态"而存在,资本主义必须在其需要结构中具有某些内部不能满足的需要。根据马克思的观点,"根本需要"是资本主义需要结构的固有方面,没有它们资本主义就无法运转,所以它每天都在创造新的"根本需要"。
② Agnes Heller, *The Theory of Need in Marx*, London: Allison and Busby, 1976, p. 94.
③ Agnes Heller, *The Theory of Need in Marx*, London: Allison and Busby, 1976, p. 91.

主义运转的动力，而工人根本需要的满足将导致资本主义的灭亡。

赫勒认为这种源于人本身的"根本需要"是在窘迫的生存处境中能够彰显人的本性的需要。资本主义社会中人的需要被异化成动物的需要，真正属人的需要是人的"根本需要"，是获得更高级需要的途径，也是必经阶段。只有依据人的本性，才能区分出对人有益和有害的需要，只有属人的需要才能实现人、解放人，违反人的本性的需要是痛苦的、不利于人的发展的。符合事物的根本、人本身的需要才是有益的、值得人们追求的需要，而资本主义社会中充斥着异化的、非人的"根本需要"。

赫勒基于对资本主义社会需要异化的分析，描绘具有"根本需要"的个体，进而提出"根本需要革命"的构想，希望通过人类需要结构的改造达到人的个性的丰富以及个体与类的统一。一场深入的革命只能是一场根本需要的革命。根本需要的承载者是那些能够将彻底的理论付诸现实的人。因此，将"radical need"译为"激进需要"并未体现出"现实的人"的需要，而译为"根本需要"或"彻底需要"，就很容易理解人成为人的需要在资本主义社会缺失、被压制、不被满足，理论只有深入地被具有根本需要的人所掌握，才能变成物质力量。赫勒认为，如果说无产阶级是被压迫和奴役的阶级，那么他们联合起来革命的动力一定源于未得到满足的"根本需要"。

最后，从赫勒的相关文本中"radical need"概念出现的具体语境来看，它是指"在依附（subordination）和统治关系（super-ordination）为基础的社会中出现的，但在这样的社会中不能被满足的需要"①。根本需要是人区别于其他动物存在的、与类的需要相一致的需要，赫勒进一步列举了几种典型的根本需要，比如，合理的价值讨论、废除战争、自由时间等。她认为，"在马克思看来，对自由时间

---

① Agnes Heller, *Radical Philosophy*, Oxford: Basil Blackwell, 1984, pp.141-142.

附录 "激进的"抑或"根本的":赫勒需要理论中一个重要的翻译问题

的需要是一个根本的（elemental）需要"[1]，因此，将"radical need"译为"根本需要"更有助于人们理解无产阶级在资本主义生产方式中需要贫困的现状与根源。无产阶级的"根本需要"是革命的动力，人们要为满足自己作为类存在的需要奋起反抗，这是赫勒需要理论和实践的核心，只有人类生存对象的"根本需要"得到满足，才能实现资本主义需要制度的超越。赫勒借助"根本需要"概念将人的客观需要从操纵资本主义需要统治的外衣中剥离出来，通过"根本需要"的满足实现人的解放。

四 合理性的乌托邦的现实载体与关键力量

"马克思的'应然'（what ought to be），他的合理性的乌托邦就是共产主义。"[2]赫勒认为，"根本需要"是紧迫的、掌握群众的物质力量，旨在发动群众进行革命，最终实现合理性的乌托邦。只有明确"根本需要"的革命目标、超越现存社会需要的结构、唤起"根本需要"意识，才能导致依附和统治关系的终结，重建需要的结构，实现"集体应然"（collective ought）[3]。"根本需要"要实现以下三个目标。

第一，"资本主义中已经产生根本需要的个体是集体应然的承担者。"[4]赫勒认为，马克思指出了只有依托社会整体革命才能变革资本主义，变革社会的承载者将是那些具有根本需要的人，工人阶级的需要就是这种根本需要，"根本需要"是对资本主义生产关系的否定，同时也是马克思所说的向联合生产者社会过渡的前提。共产主义社

---

[1] Agnes Heller, *The Theory of Need in Marx*, London:Allison and Busby, 1976, p. 91.
[2] Agnes Heller, *Radical Philosophy*, Oxfod: Basil Blackwell, 1984, p.138.
[3] 赫勒认为，马克思把共产主义的实现看作一种"应然"（ought），这种"应然"激励群众，尤其是无产阶级，当他们认识到自己是戴上"根本需要"锁链的阶级时，激进哲学就能掌握群众成为物质力量，超越资本主义社会，向共产主义转变，成为"集体的应当"（collective ought）。
[4] Agnes Heller, *The Theory of Need in Marx*, London:Allison and Busby, 1976, p. 86.

会"各尽所能,按需分配"的前提是每个人都享有丰富的需要,充分发挥自己的能力。赫勒提出,只有确立根本需要的革命任务和革命主体,才能激励集体主体(工人阶级)开展革命斗争的实践,建立人的本质与类统一的需要结构。"根本需要"驱使主体需要结构发生转变,并促使一切具有"根本需要"的个体挣脱依附和统治的关系,向共产主义社会过渡,积累联合生产者社会过渡的基础。共产主义社会是一种"应然",通向"应然"的途径直指人类需要结构的变革,"根本需要"不仅关乎人成其为人的本源问题,更关乎自由、民主的问题。"根本需要"之所以能成为超越资本主义社会的动力,原因在于掌握了人成为人的物质力量,"根本需要"是需要的根基,蕴含着向社会高级阶段迈进的需要的潜能,昭示着自由人联合体的理论自觉。

第二,"根本需要"旨在从性质(qualitative)上变革现有需要结构。在资本主义社会,资本增殖的需要迫使工人生产庞大数量的商品,而工人创造的劳动产品不属于自己,导致人与劳动产品的对立和疏离,无产阶级的质的需要得不到满足,他们具有联合起来发动革命的意愿。资本增殖的需要迫使工人生产庞大数量的商品,而工人创造的劳动产品不属于自己,导致人与劳动产品的对立和疏离。赫勒强调,人类活动是围绕着丰富需要而展开的,而质的需要是本质力量的根基,"根本需要"是以质取胜的,而使人的本质力量得以彰显的需要,侧重于发展那些不能在数量上得到满足的需要。资本主义社会过于注重量的需要,导致盲目占有无用性商品的扩张,未来社会中人类所有的物质和非物质需要都更注重质量,"共产主义社会是以拓宽人的质的需要(非异化的需要)为主导,以质的需要压倒人的量的需要(异化需要)的社会过程"[①]。赫勒认识到自然资源和人力资源的过度使用、效率不高等问题,这是对人类需要满足的威胁,她对需要量化扩

---

① Agnes Heller, *The Theory of Need in Marx*, London: Allison and Busby, 1976, p. 63.

张的批判是对现代性问题的回应，基于生命的本质性需要与外在需要脱节、量的需要扩张造成人们的需要永不知足以及量的需要引起资源能源供应紧张等问题，赫勒强调"根本需要"以质为主，人类具有的"根本需要"通过遏制量的扩张，对趋于片面的、萎缩的需要进行革命，并塑造新的生存方式和新的需要结构，"如果我们单纯考虑量的需要，很难确定在哪个点上它们能够达到'饱和水平'。只有质的需要占统治地位才能阻止量的（异化的）需要的无限积累"[①]。

第三，"根本需要"以解救那些需要被压制却不自知的人为己任。在资本主义社会，由于人们并未意识到他们的需要是非人的，革命的潜力被削弱了，需要的革命沦为乌托邦式的设想。赫勒意识到革命意识的成熟程度是革命是否彻底的关键要素，在资本主义社会，一方面，商品的种类和数量以惊人的速度扩张，人的需要随着生产力的发展与日俱增；另一方面，工人的需要降低为动物生存的需要，只有以质的需要为中介和核心才能"切中"需要。因此，赫勒以"根本需要"作为类存在的需要之本源唤醒革命的主体，只有"根本需要"的意识要渗透群众赖以生存的需要之根本，才能具备组织"根本需要"革命共同体的物质力量；人只有意识到自己人之为人的"根本需要"，产生需要的意识，这种"根本需要"才能具有革命性并成为社会变革的动力；只有唤醒"根本需要"得不到满足的人，才能进行有效的需要革命，超越资本主义社会的需要结构。

五 结论

对于"radical need"这一重要概念的准确把握是人们研究赫勒需要问题的理论基石，这不是一个简单的翻译问题，因为对其模糊和狭

[①] [匈]阿格妮丝·赫勒：《从人的需要的观点理解理论和实践》，载衣俊卿《社会主义的人道主义——布达佩斯学派论文集》，黑龙江大学出版社2017年版，第63页。

窄的理解会导致人们误解其需要理论的实质，进而导致对其哲学体系整体认识的偏差，无法理解她为何将"需要"作为微观革命的立足点和方向。

如前所述，"radical need"一词究竟译为"根本需要""彻底需要"还是"激进需要"，首先要从"radical"一词的常见译法入手，辨析多种不同译法之间的区别与联系；其次，人们要结合文本，按照这一概念出场的语境以及赫勒赋予这一概念的内涵、历史任务、与马克思需要理论的连贯性、从上下文和其思想的整体性中去理解"radical need"的含义。因此，我们认为，将"radical need"译为"根本需要"不仅符合赫勒需要理论的原初语境，同时还与马克思的需要理论一脉相承，更有助于阐明赫勒对资本主义的批判向度，尤其是资本主义将人的需要异化为动物的需要、阻碍人多元需要的满足；资本主义异化需要的结构使人的能力得不到充分发挥、不利于人的全面发展。而"根本需要"的满足与压制之间的矛盾必然驱使受压迫者努力实现需要结构的根本性变化，通过需要革命建立合理性的乌托邦。

后 记

本书的完成，是我博士求学岁月的终结，亦是我步入学术殿堂的新篇章。尽管它还不算尽善尽美，仍存在着可继续推进和完善之处，但这些亟须日臻完善的地方正是我在学术这条道路上赓续前行的动力，在此，我欢迎任何诚恳的批评。此书是在我博士论文的基础上几经修改而成，我满怀敬意，向我的导师曹青云教授致以最深的谢意。尽管我的研究领域与她的专长略有偏差，但她那孜孜不倦的治学态度和严谨的学术风范，无疑是我学术征途上的明灯。她以持之以恒的精神精耕细作，不断产出卓越成果，这份坚守与执着，令我由衷钦佩。愿我能将她的这份精神化为己用，成为我学术探索的"秘籍"。

此书的定稿和成形凝聚着喻郭飞教授的辛勤汗水。我由衷地感谢喻老师的悉心指导，他不仅在论文的选题、撰写乃至答辩的每一个环节倾注了无数心血，更是在我屡遭挫败之时，以智慧与耐心指引我前行。论文的每一个标点、每一处格式、每一句表述，都曾因他的严格要求而反复打磨，这份精益求精的态度，使我受益匪浅。他教导我们，阅读文献需讲求策略，深入研读方能洞见真知，这无疑是学术研究的金科玉律。我将铭记于心，力求在未来的学习与工作中，持之以恒地探索，不断进步。

感谢我的硕士生导师李兵教授的持续关怀。他以温文尔雅的姿态，包容了我的无知与青涩，他的智慧与仁慈，如同春风化雨，滋润着我干涸的心田。他的话语间流淌着对学生的深切关怀,他的教诲如醍醐灌顶,让我在迷惘中找到方向。他曾说:"人生应追求平凡中的不凡,无惧失败。"这句话,如同灯塔,在我每一次面临抉择与挑战时,都为我照亮前行的道路,我的感激之情难以言表。

感谢王建兵副教授,他以实际行动诠释了何为真正的领袖风范。他在日常琐碎中传授我为人处世的道理,他的宽容与大度,让我在学生工作中学会了如何应对突发状况,如何在挫折面前保持自信。他的每一次严厉批评,都是我成长的催化剂;而他的每一次鼓励,则是我前进的动力源泉。他的正直、客观与专业,是我未来职业生涯中永远的标杆。

对于中南财经政法大学的颜岩教授,虽未曾谋面,但他对学术的严谨却感同身受。在本书的撰写过程中,我认真地阅读和参考了颜岩教授的相关成果,几次向他请教相关学术问题,他都耐心地解答了我的疑惑,他的每一次主动分享,都如同甘霖,滋养着我的学术土壤。在学术会议中相遇的杜红艳教授,她的见解独到,启迪了我的思考,让我在学术的道路上又迈进一步。感谢所有给予我善意与帮助的人们,你们的温暖与支持,是我学术旅程中最宝贵的财富。

在博士论文的审阅和答辩中,我收获师长和同仁的许多意见。我要向袁群教授、白利鹏教授、杨荣教授、杜敏教授,以及厦门大学的林育川教授、大理大学的赵金元教授表示衷心的感谢。在论文开题与答辩的关键时刻,他们提出了宝贵的建议,为我的研究指明了方向。同时,也要感谢王勇、杨春华、郭焕焕、徐拓、王恩明、部凡等诸位朋友,你们既是良师也是益友。在我失落时给予安慰,在我迷茫时给予鼓励,在我懈怠时给予鞭策,你们的陪伴与支持,让我在学术的道路上不再孤单,你们的友情是我最宝贵的财富。

向我的父母和我的先生陈波,献上我最深切的感激。他们的默默付出与无私奉献,是我学术旅途中的坚实后盾。他们承担起家庭重

后　记

担，让我得以心无旁骛地投身学术研究。在我遭遇学术困境，身心俱疲之际，是他们给予我最坚定的支持与慰藉。

　　此书能够面世，还要感激昆明理工大学马克思主义学院的大力支持，感谢王海云教授和张燕教授，她们提携后辈，亦师亦友，包括这本书出版在内的很多工作，都得到了她们的点拨、指点和帮助。最后，我要感谢中国社会科学出版社杨晓芳编辑以及帮助我一字一句修改书稿的编辑老师，感谢她们的细心、耐心、责任心，还有出版社其他为此书出版付出辛劳的朋友们。

濮蒲天

2024 年 12 月